내가 죽는 날

추천의 말

죽음은 평생의 모든 경험 중에서도 가장 고독한 것이지만, 사람들은 대부분 죽음을 통제할 수 없다. 해닉은 이 책에서 조력 사망을 개괄하고, 인생의 마지막을 선택하고 싶어 하는 사람들을 차분하고 균형 잡힌 시각으로 묘사한다.
섈리 티스데일, 《인생의 마지막 순간에서》 저자

조만간 출현할 중요한 사회 문제를 다룬, 우리에게 꼭 필요한 책이자 하나의 계시다.
피터 리처드슨, 〈오리건주에서 죽음을 맞이하는 방법How to Die in Oregon〉 감독

해닉은 미국에서 조력 사망의 역사와 고통을 끝내려는 개인이 직면한 현실을 생생하고 연민 어린 문장으로 제시한다. 또 불행밖에 남지 않은 삶을 스스로 마무리하려는 실제 인물들의 이야기를 그 자신의 연구와 실무 경험을 바탕으로 자세히 들려준다. 환자와 의사가 읽고 깨우침을 얻도록 전국의 모든 진료실에 비치해야 할 책이다.
다이앤 렘, PBS 다큐멘터리 〈나의 때가 오면〉의 인터뷰어 겸 내레이터

해닉은 다양한 말기 환자의 사연을 다루며 조력 사망의 절대적 중요성을 여실히 드러낸다. 환자와 가족 그리고 의사도 공감하는 불변의 진리가 하나 있다. 잘 죽고 싶은 마음은 단지 잘 살아온 삶의 연장선이라는 것이다. 이 책은 우리가 인생의 마지막 장에서 불가피한 죽음뿐 아니라 인류애와 인간성도 발견할 수 있다는 사실을 보여준다.
댄 디아스, 임종 선택권 운동가

해닉은 많은 사람이 건드리길 두려워하는 주제에 대담하게 파고든다. 조력 사망은 논란의 여지가 있지만 세계적으로 점점 더 많이 받아들여지고 있으며 더 이상 무시할 수 없는 주제다.
제시카 지터, 의사 겸 철학박사, 《극단적 조치: 삶의 마지막을 위한 더 나은 길 찾기 Extreme Measures: Finding a Better Path to the End of Life》 저자

THE DAY I DIE
: The Untold Story of Assisted Dying in America
Copyright © (2022) by Anita Hannig originally published in the United States
by Sourcebooks, LLC. www.sourcebooks.com.
Korean translation copyright © 2025 by SuoBooks, Inc.
Korean translation is published by arrangement with Sourcebooks,
LLC through Alex Lee Agency ALA.

이 책의 한국어판 저작권은 알렉스리 에이전시 ALA를 통해서
Sourcebooks, LLC사와 독점 계약한 도서출판 수오서재에 있습니다.
저작권법에 의하여 한국 내에서 보호를 받는 저작물이므로
무단전재와 복제를 금합니다.

내가 죽는 날   THE DAY I DIE

존엄사의 최전선에서,   문화인류학자의 기록

애니타 해닉 Anita Hannig
신소희 옮김

수오서재

놀라운 선구자
데리애나에게

질병은 나를 낡은 침대 시트에 눕히네.
그리고 내가 바랐던 것처럼 나를 키우네.

그의 손에서 나는 소금 뿌린 배를 받아먹네.
나는 그를 따라 말 없는 솔직함의 미로로 들어가네.

그는 나를 저 멀리 이끌어가네.
여물어가는 풀씨의 약속으로부터

서리 내린 벌판으로, 불룩한 흙무더기 군데군데
들쥐의 맹목적인 확신이 구덩이를 파놓은 벌판으로.

그는 내 머리에 차가운 비를 성수처럼 내리네.
비가 그쳤을 때 시간은 더 이상 시간이 아니네.

나는 햇볕 아래에서 하염없이
내 인생의 날들을 헤아려보네.

샘 세스킨, 〈눈을 맞은 후에 To Have Been Snowed On〉

차례

머리말 이건 블루스가 아니야 ·········· 15
서문 새로운 죽음의 방식 ·········· 37

1부 | 통제력 상실

1 내 삶이 사라졌다 ·········· 53
2 호스피스로는 부족하다 ·········· 77

2부 | 장애물 극복

3 제한적 법률 ·········· 99
4 보이지 않는 죽음 ·········· 119
5 관료적 미로 ·········· 139
6 의사의 역할 ·········· 163
7 임종 과학 ·········· 187
8 가족 문제 ·········· 213

3부 통제력 회복

9 자유로이 날아가다 ·········· 233
10 건너가다 ·········· 255
11 슬픔 속에 함께하다 ·········· 277

4부 앞으로 나아갈 길

12 새로운 영역 ·········· 295

맺음말 ·········· 315
감사의 말 ·········· 319
독서 모임 가이드 ·········· 323
저자와의 대화 ·········· 327
참고 자료 ·········· 333
후주 ·········· 335

작가의 말

이 책은 논픽션이다. 모든 사건은 내가 묘사한 대로 일어났다. 꾸며낸 인물이나 허구적 요소는 없다. 그러나 사생활 보호를 위해 환자와 가족의 이름은 대부분 바꾸었으며 성은 기록하지 않았다. 경우에 따라 환자를 특정할 수 없도록 의사나 지역 이름을 바꾸기도 했다. 이 책의 모든 오류는 내 책임이다.

머리말

이건 블루스가 아니야

켄이 죽던 날 아침 나는 옷장 앞에 서서 무엇을 입을지 고민했다. 켄은 자신의 죽음이 우울한 일이 되길 원치 않을 테니까. 그는 준비되어 있었고 심지어 들뜨기까지 했다. 사서司書풍의 칙칙한 원피스는 확실히 상황에 맞지 않았고 청바지는 너무 캐주얼하게 느껴졌다. 나는 멋져 보이고 싶었다. 켄의 죽음에 적당히 무게감을 주는 동시에 그가 바라는 대로 이날을 축하하고 싶었다. 옷걸이를 죽 넘기면서 나는 누군가의 마지막 순간에 입을 옷을 고른다는 사실에 부조리를 느낄 수밖에 없었다. 조력 사망을 취재한 지 3년째지만 아직도 이런 상황에 관한 공식 지침 같은 건 없었다. 어쨌든 빨리 결정하지 않으면 늦을 게 뻔했다. 결국 나는 헐렁한 여름용 줄무늬 바지에 남색 민소매 새틴 블라우스, 가죽 샌들을 골랐다. 그리고 노트북을 챙겨 달려 나갔다.

동쪽으로 30블록 떨어진 포틀랜드의 유명한 도시공원 근처에서 켄도 그날 하루를 준비하고 있었다. 거의 평생 예의범절 따윈 무시하며 살아온 그였지만 임종의 순간만큼은 단정한 차림을 하기로 결심한 터였다. 그는 은근한 아침 햇살을 받으며 짧고 뾰족한 백발 턱수염을 다듬고 깨끗한 면바지를 입었다. 올리브색 드레스셔츠 단추를 채우고 진회색 조끼도 걸쳤다. 이어 빨간 스카프를 찾아 목에 두르고 깔끔하게 삼각 매듭을 지은 뒤, 낡은 체크무늬 실내화를 코가 길쭉하고 우아한 가죽 정장 구두로 갈아 신었다.

그날 켄의 아침 식사는 단출했다. 완숙 달걀 하나에 파이어볼 위스키를 넣은 블랙커피 한 잔. 아침 식사에 반주를 곁들이는 습관은 없었지만(그는 심장약을 복용하고 있었다) 그날은 축하하고 싶었다. 그날이 오기를 몇 달간 기다렸으니까.

오전 10시 30분, 나는 켄이 지내는 실버타운 로비에서 그의 처방 의사 닐 마틴을 만났다. 마틴은 새파란 드레스셔츠에 리바이스 블랙 진, 등산화 차림이었다. 왕진 가방만 아니었으면 의사로 보이지도 않았을 것이다. 그는 2009년부터 오리건주 존엄사법을 이용하려는 말기 환자들을 지원해왔다. 2015년 가정의학과에서 은퇴한 후에도 내과의로서 자원봉사를 계속할 수 있도록 의사 면허를 유지했다.

마틴과 나는 방문객 등록부에 서명하고 복도 반대쪽 끝에 있는 켄의 아파트로 향했다. 공동 식당 입구에는 저녁 빙고 게임과 아쿠아로빅 등의 프로그램 알림장이 붙어 있었고, 그 옆에는 보행기가 무더기로 세워진 채 주인이 돌아오길 기다리고 있었다. 우리는 널따란 복도를 따라가다가 왼쪽으로 방향을 바꿨다. 벽에는 졸졸 흐르는 시냇물과 돌다리를 그린 소박한 수채화가 쭉 내걸려 있었다. 누구나 공감할 달콤한 향수를 불러일으키는 그림들이었다. 켄은 그것들이 딱 질색이라고 말했지만.

켄의 아파트에 들어서니 벌써 모두가 와 있었다. 켄, 그의 두 아들 토니와 잭, 캘리포니아에서 날아온 손녀 그리고 켄이 아끼는 간병인 소피까지. 가족 가운데에 서서 이야기를 나누는 사람은 환자와 그 가족의 조력 사망 과정에 동행하는 비영리 단체 엔드 오브 라이프 초이스End of Life Choices 오리건의 자원봉사자 데리애나 무니였다. 만사를 순조롭게 진행하여 켄이 원하는 대로 임종을 맞이할 수 있게 도우러 온 것이었다.

아파트 내부는 지난번에 왔을 때와 똑같았다. 가구와 거대한 화초, 켄이 직접 그린 그림, 종이 더미가 가득했다. '9'와 '0' 모양의 황금색 헬륨 풍선 두 개가 아직도 크게 부풀어 오른 채 천장에 붙어 있었다. 마치 병마개 아래에 갇힌 탄산 거품처럼. 켄은 정확히 일주일 전 아흔 살이 되었다.

아흔 번째 생일에 이르기까지 몇 년 동안, 켄은 아내 클라라와 함께 남부 캘리포니아의 집을 떠나 안락하지만 못 견디게 지루한 포틀랜드의 실버타운에서 지내다가 아내가 기억력 치료 시설에 들어간 후로는 혼자 살았다. 아버지의 건강 쇠퇴와 어머니의 치매 악화를 염려한 아들들이 부모님을 설득해 샌버나디노 근교의 집을 팔고 자기네와 가까운 포틀랜드로 이사하게 한 것이었다. 이사 후 6년간 켄이 실버타운 내의 원룸 아파트에서 클라라를 직접 돌봤으나 결국 의료진에게 도움을 요청할 수밖에 없었다. 60년 넘게 함께 살아온 아내와의 물리적 이별은 켄에게 커다란 충격을 안겨주었다.

클라라가 시설에 들어간 이후 켄은 일주일에 네 번씩 아내를 찾아갔다. 그러나 지난 몇 달간은 방문 횟수를 줄여야 했다.

"이제 내가 힘이 없어서요. 저 언덕을 올라가기가 너무 힘들어요."

그는 내게 말하며 아파트 안뜰에서 주차장까지의 경사면을 가리켰다.

켄은 더 이상 운전하지 않았고 간병인인 소피의 낡은 토요타 캠리를 얻어 타고 클라라가 있는 병원에 갔다. 최근 소피는 켄을 위해 휠체어를 구해 왔지만 켄은 아직 휠체어를 타기는 싫다고 했다.

"휠체어에 실려 클라라를 만나러 가긴 싫어요. 그래서 버티고 있는데 점점 더 힘들어지네요."

이제 켄은 아내가 자신을 알아보는지도 확신할 수 없었다.

"상태가 몹시, 몹시 나빠지고 있어요. 문병을 가도 아내가 날 알아보는지 의심스러워요. 그래도 가야죠."

켄은 아흔 번째 생일을 며칠 앞두고 마지막으로 클라라를 찾아갔다. 클라라는 알츠하이머로 아무것도 이해할 수 없었고, 의사소통도 못 하게 된 지 오래였기에 제대로 작별 인사를 하기는 어려웠다. 켄은 죽음을 앞당기기로 한 자신의 결정을 클라라가 지지하리라고 믿었다. 젊은 시절 두 사람은 어떻게 죽고 싶은지를 두고 여러 번 철학적 대화를 나눴다고 했다. 켄은 자신이 아내의 승인을 받았다고 확신했다.

내가 켄의 가족과 인사하는 동안 마틴, 데리애나, 켄은 한데 모여 마지막 순간에 필요한 몇 가지 사항을 검토했다. 그런데 뭔가가 잘못된 듯했다. 켄의 목소리가 평소보다 더 거칠었고 눈빛도 공포에 질려 있었다. 켄이 심장 박동기를 착용하고 있다는 사실을 마틴이 깜박한 것이다. 마틴은 켄의 심장이 멎었다가 박동기로 인해 되살아나는 사태를 막으려면 죽기 전에 심장 박동기를 끄는 편이 안전하다고 했다. 심장 박동기를 끄기 위해서는 심장 전문의의 승인을 받아야 했고, 이는 켄의 죽음을 미뤄야 한다는 뜻이었다. 마틴은 전화를 걸러 침실로 들어갔다.

켄은 자신을 책망했다. 모든 걸 제대로 처리하려고 그토록 주의했는데. 이틀 전에는 밤늦게 데리애나에게 전화를 걸어 죽는 날에도 심장약을 먹어야 하는지 묻기도 했다. 데리애나는 그럴 필요 없다고 대답했다. 켄은 치사량의 약물이 체내에 온전히 흡수되게 하려면 어떤 음식을 피해야 하는지도 물어보았고, 데리애나가 기름진 음식을 피하라고 조언했기에 저녁에 스테이크도 먹지 않았다. 한데 이 꼴이 되다니.

몇 분 후 마틴이 돌아와 심장 박동기를 끄지 않아도 괜찮다는 희소식을 전했다. 켄의 심장 박동기는 다른 모델과 달리 제세동기가 없어서 임종 계획에 방해되지 않는다고 했다. 켄은 안도의 한숨을 내쉬며 후리후리한 몸을 안락의자에 눕혔다. 켄의 반려견인 하얀 시추 강아지 플러피가 그의 무릎 위로 뛰어올랐다. 켄은 활짝 웃으며 혈관이 튀어나온 두 손으로 플러피를 감쌌다. 그와 마틴의 눈빛이 마주친 순간 마틴이 고개를 끄덕이며 다가왔다.

마틴은 켄 앞에 무릎을 꿇고 눈높이를 맞추었다. 그의 엄지와 검지 사이에 강력한 바르비투르산인 세코날 병이 쥐어 있었다. 병 라벨에는 켄의 이름과 성이 적혀 있었다.

"이 약을 먹으면 어떻게 되는지 알아요, 켄?"

마틴이 물었다. 환자가 앞으로 일어날 일을 완전히 이해했는지 확인하기 위해 의사가 매번 수행하는 절차였다.

켄은 눈썹을 치켜세우고 입술을 오므렸다. 뭔가 농담을 하려다 마지막 순간 마음을 고쳐먹은 듯했다. 그는 똑바로 고쳐 앉았다.

"다시는 깨어나지 않겠지요."

"그래도 계속하고 싶어요?"

마틴은 확인해야 했다.

켄은 참지 못하고 농담조로 대꾸했다.

"지금 와서 내뺄 생각은 없어요. 이미 파티가 한창이고 손님들도 다 왔잖아요."

마틴의 커피색 눈이 켄의 눈을 향하더니 다시 한번 생각해 보라는 듯 찬찬히 그의 얼굴을 살폈다. 나는 마틴이 환자와 대화하는 모습을 볼 때마다 그 섬세한 태도에 놀라곤 했다. 처음엔 수줍어하고 내성적인 성격이라 오해했으나 사실 그것은 인간의 고통에 대한 깊고 끈질긴 공감이었다. 때로는 그가 의학을 선택한 것인지, 아니면 의학이 그를 선택한 것인지 궁금했다. 마틴은 켄에게 아직 늦지 않았다고, 마음을 바꿔도 된다고 말했다. 지금 당장 모든 것을 취소할 수도 있다고 차분하게 이야기했다.

켄의 얼굴에 불안감이 스쳐 지나갔다.

"아니요, 계속하고 싶어요."

켄이 의사의 눈을 마주 보며 말했다. 방금 전보다 한결 더 진지하고 결연한 목소리였다.

두 사람의 대화를 듣자니 나도 한 달쯤 전 켄과 비슷한 이야기를 나눈 기억이 났다. 마지막이 가까워지면 마음이 바뀔 가능성이 있느냐고 묻자, 그는 여태껏 본 적 없는 단호한 표정으로 나를 쳐다보았다.

"아니요! 그럴 일은 없어요. 나는 은행 강도도 한번 하겠다고 말했으면 하는 사람이라고요, 알았죠?"

나는 웃고 말았다. 켄이 은행 강도 짓을 한다면 나도 기꺼이 가담할 것 같았다. 그런 켄이 마음에 들었다. 그의 유머 감각을 못 견뎌 하는 사람도 있겠지만, 내게는 그의 솔직함이 신선하게 느껴졌다. 아흔이 넘었어도 켄은 좀처럼 남의 설득에 넘어갈 사람이 아니었다. 그렇지만 자신의 삶이 곧 끝난다는 안도감에 공감하지 못할 사람도 있다는 것 또한 알고 있었다.

"우리 애들 의견도 존중해야죠. 애들이 슬프다는데 억지로 기뻐해달라고 할 생각은 없어요. 그 애들 말이 현실이겠죠."

켄의 아들들은 아버지가 매일 겪는 신체적 고통을 알고 있었다. 저릿저릿한 통증이 하루가 다르게 팔 위로 올라오고, 체액 저류로 팔다리가 부풀어 오를 뿐 아니라 소변에 피가 섞여 나오고 있다는 것을. 몸을 움직일 때마다 가슴에 날카로운 통증이 느껴지고, 보행 보조기와 소피의 도움을 받아 15미터 떨어진 뒷문 밖 주차장까지만 걸어가도 심장마비가 올 듯하다는 것을.

"하루가 다르게 악화하는 중이에요."

늘어진 눈꺼풀과 색안경 탓에 켄의 얼굴은 한층 더 초췌해 보였다.

"이러다 뇌졸중이 오면 아들놈들이 아내와 나를 돌봐야 할 텐데, 그건 싫어요. 죽기보다 살기가 더 두려워요."

켄은 몇 번이나 죽을 고비를 넘겼다. 고등학생 시절에는 친구 다섯 명과 1941년형 플리머스를 타고 바닷가 절벽을 내달리다가 떨어졌다. 차는 완전히 박살 났지만 그들은 무사히 탈출했다. 산타크루즈 지역 신문은 이 사건을 '성 패트릭의 날에 일어난 기적'이라고 불렀다. 마흔 살 되던 해에 또 자동차 사고가 났다. 이번에는 과속으로 코너를 돌다가 차가 말을 듣지 않고 한 바퀴 빙 도는 바람에 도로 밖으로 죽 미끄러졌다. 켄은 핸들을 붙잡은 채 생각했다.

'이번엔 진짜 끝이다, 이 개자식아.'

그렇지만 다음 찰나 생각을 고쳐먹었다.

'아냐, 젠장. 살 수 있어.'

차가 나무에 부딪히면서 그 충격으로 엔진이 바로 옆 좌석을 뚫고 튀어나왔다. 연료가 좌석에 뚝뚝 떨어지는 동안 그는 한쪽 발이 골절되고 갈비뼈에 금이 간 채 잔해에서 빠져나와 제방을 기어 올라갔다. 그런 다음 고속도로 순찰대원들의 차를 얻어 탔다.

그런가 하면 12년 전에는 목 협착증으로 꼼짝하기도 어려웠다. 그는 걷지 못하고 사지에 감각이 사라진 데다 숨쉬기도 힘든 상태로 캘리포니아 남부의 한 병원으로 이송되었다. 전문의가 수술하기에 너무 늦었을지도 모른다고 말하자 켄은 의사를 노려보며 대꾸했다.

"죽이든지 살리든지 해주쇼. 그 중간은 안 돼요."

켄은 수술실에서 여덟 시간 반을 보냈고 수술 결과는 성공적이었다. 안도한 것도 잠시뿐, 이번에는 대장암 진단을 받았다. 의사는 켄의 내장을 1.8미터나 잘라냈는데, 켄은 지금까지도 의사가 그걸 어떻게 했는지 모르겠다고 농담처럼 말하곤 했다. 게다가 얼마 후에는 심장 박동기를 달았다.

아흔 살이 되자 켄은 자신의 운이 다했음을 알았다. 그는 울혈성 심부전, 심장 판막 누출, 공격적 전립선암에 시달리고 있었다. 내가 켄을 만나기 다섯 달 전 담당 의사가 마침내 그를 가정 호스피스 환자로 등록했다.

켄이 오리건주 존엄사법을 이용하겠다고 말했을 때 큰아

들 잭도 그에게 동의했다. 이후 잭은 내게 말했다.

"아버지는 원래 몇 년 전 자연사로 세상을 떠나셨을 분인데, 현대 의학 덕분에 몇 년 더 살아남은 거라고 봐요. 아버지의 목숨을 부지해주는 약들을 전부 끊고 심장 박동기를 떼면 일주일 안에 돌아가시겠죠. 그렇게 하든 아니면 약을 먹고 좀 더 빨리 죽든 결국 마찬가지예요. 결과는 똑같으니까요."

켄에게 건강 악화 다음으로 중대한 문제는 과거 그의 삶을 의미 있게 해준 일들을 더 이상 할 수 없다는 것이었다. 그는 거의 하루 종일 의자에 앉아 TV만 보았다. 여전히 머릿속으로는 노래를 만들고 그림을 그릴 수 있었지만, 손가락 관절염으로 블루스 기타를 연주하지 못했고 그림 그리기도 힘겨워졌다. 그는 여전히 경마, 권투 경기, 골프 대회를 시청했으나 이젠 누가 이기든 신경 쓰지 않았다. 온갖 구질구질한 질병이 그의 삶을 고단하게 만들고 여생의 즐거움과 목적을 모두 빼앗아 갔다.

"애들은 다 자라서 떠났어요."

우리가 방문했을 때 켄은 아들네 가족사진 액자를 가리키며 말했다. 그들은 1년에 한 번씩 하늘색 배경 앞에서 이를 드러내고 활짝 웃으며 기념사진을 찍는다고 했다.

"손주들을 만나는 건 즐거워요. 일주일에 한 번은 보러 가죠. 하지만 손주들이 더 오래 살 이유가 될 수는 없어요."

최근 토니가 아버지에게 손주들과 더 친해지도록 같이 살자고 제안했으나 켄은 거절했다. 이제는 아이들과 한 번에 한 시간 이상 놀아줄 기력이 없었기 때문이다. 대신 그는 토니와 함께 인근 도시공원을 돌아다니며 화장한 뒤 유골을 뿌릴 장소를 찾았다.

"나는 평생 살아남으려고 노력했어요. 항상 더 좋은 집에서 더 좋은 옷을 입고 더 좋은 음식을 먹으려고, 더 좋은 자동차를 타고 더 좋은 영화를 보려고 애썼죠. 늘 스스로 발전하고 더 나은 삶을 살아야 한다고 생각했어요. 그런데 갑자기 그런 게 완전히 무의미해진 거예요."

켄이 멈칫하더니 기침하기 시작했다. 그는 가래를 뱉어내고 숨을 골랐다.

"현대 의학이 아니었다면 이곳의 늙다리들은 한참 전에 사라졌겠죠."

그는 다른 아파트와 연결된 복도를 고개로 가리키며 말을 이었다.

"다들 엄청난 가치라도 있는 것처럼 목숨에 매달려요. 정말 그렇게 매달릴 만한 가치는 없는데."

켄의 거실에서 마틴이 약사가 내준 종이봉투를 열었다. 봉투에는 치사량의 세코날을 삼키기 전 켄의 위장을 안정시키고 메스꺼움과 불안을 완화할 예비 약물이 들어 있었다. 이 약의 효과가 나타나려면 보통 한 시간 정도 걸린다. 이제 절차에 따라 물리적 조력 사망 과정이 시작된 것이다. 마틴이 약병 두

개를 열었다. 그는 조프란 한 알과 레글란 두 알을 꺼내 켄에게 건넸다. 시계는 오전 10시 50분을 가리켰다.

켄은 만족스러운 표정으로 안락의자에 기대 누웠다. 그는 가족과 함께 자신의 불건전한 과거를 회상하기 시작했다. 샌프란시스코에서 부동산 사업으로 벌었다가 날린 재산, 번창하다가 망해버린 세차장, 평생 소유한 자동차 서른두 대, 블루스 뮤지션으로 활동하며 방탕하게 지낸 젊은 시절, 클라라와 정착하기 전에 쫓아다녔던 여자들, 자기 손으로 지은 집. 청중은 켄의 이야기에 귀 기울이며 그와 함께 지나간 시대의 아련한 추억에 잠겼다.

"아버지는 멋지게 사셨어요. 동생과 내게 노력의 가치를 알려주셨죠."

잭의 말에 켄이 환하게 웃었다. 그의 인생은 충만했다. 내게도 몇 번 그렇게 말했듯.

데리애나와 나는 그날 아침의 내키지 않는 임무를 수행하기 위해 부엌으로 물러났다. 켄의 약을 준비해야 했다. 데리애나는 둘이 하면 두 배 빨리 끝낼 수 있다고 말했고, 나도 뭔가 실제적인 일을 하고 싶었다. 캡슐을 열고 가루를 꺼내는 건 가족도 충분히 할 수 있었지만, 데리애나는 가능한 한 가족에게 그 일을 시키지 않으려 했다. 사랑하는 사람이 죽겠다고 결정한 데 동의하는 것과 실제로 치사 약물을 준비하는 것은 별개의 문제니까. 나는 데리애나 맞은편의 식탁 의자에 앉았다.

데리애나는 켄의 세코날 약병 뚜껑을 열고 내게 시범을 보여주었다. 캡슐을 열어 가루를 그릇에 붓고, 남은 가루도 솔이 달린 특수 플라스틱 이쑤시개('1달러 가게'에서 샀다고 했다)로 깨끗이 쓸어 담으라고 했다.

캡슐 몇 개를 열면서 자꾸만 손이 떨렸다. 켄이 바로 옆방에서 수다를 떨고 있는데 우리는 그의 삶을 끝낼 약을 준비하고 있다니, 마음속에서 죄책감이 솟구쳐 올랐다. 누군가가 죽는 걸 돕는 것은 처음이었다. 하지만 데리애나는 수십 번이나 해온 일이었다. 일흔일곱 살인 데리애나는 오리건주에서 가장 나이가 많고 가장 오래 활동한 조력 사망 자원봉사자로, 은색 프리우스를 타고 주 전역과 인근 워싱턴주까지 다니며 환자들의 마지막 시간을 함께했다.

과거에 간호사이자 조산사였던 데리애나는 죽음을 출산과 같은 방식으로 대했다. 양쪽 모두 한 존재에서 다른 존재로의 엄숙한 전환이었다. 데리애나는 자신의 임무가 그 전환을 촉진하고 환자가 생사의 경계를 넘어가도록 돕는 것이라고 여겼다.

"우리는 그들과 함께 문턱까지 가서 배웅하지만, 실은 문을 넘어서까지 그들을 보살피고 돌보는 거예요."

그 말을 떠올리자 떨림이 멈췄다. 나는 묵묵히 캡슐을 열고 가루를 붓는 데 집중했다. 30분 후 작업이 끝났다. 한 그릇에는 빈 오렌지색 캡슐 100개가, 다른 그릇에는 하얀 가루 무더기가 쌓여 있었다. 우리는 부엌 싱크대에서 손을 깨끗이 씻었다. 싱크대 위의 근사한 명판에는 이런 문구가 적혀 있었다.

'이 집에 살림꾼은 없다.'

데리애나와 나는 웃음이 터지려는 것을 참았다. 거실에서는 켄이 큰 소리로 이야기하고 있었다. 그는 증손주들을 떠올리며 "깨물어주고 싶도록 귀여운 애들이야"라고 외쳤다. 자기가 죽으면 이 집 벽에 걸린 그림을 누가 가져가야 할지 하나하나 정해주기도 했다.

그런 다음 목소리를 한층 높여 나와 데리애나에게 외쳤다.

"아, 맞다. 냉장고에 있는 술은 마음대로 가져가요. 내가 떠난 후 여길 깨끗이 치워주는 것도 잊지 말고요!"

데리애나는 쿡쿡 웃으며 짧은 잿빛 곱슬머리를 유쾌하게 흔들었다. 켄의 허세에도 불구하고 나는 그가 눈앞에 다가온 죽음을 두려워하고 있다는 걸 알았다. 그는 앞서 셰익스피어의 문장을 인용하며 이렇게 고백했다.

"'그 숲에 들어가면 아무도 돌아오지 않는 미지의 나라'로 떠난다는 건 누구에게나 불안한 일이겠지요. 설사 내가 계획했고 후회하지 않는 여행이라도 두렵긴 마찬가지예요. 신앙이 있는 사람이라면 더욱 두려울 테고요."

켄은 평생 확고한 무신론자로 지냈다. 그와 소피는 영적 문제에 의견이 달랐다. 간혹 소피는 켄에게 신과 사후 세계를 향한 믿음을 전해주려 했지만 소용없는 일이었다. 소피는 내게 귀띔했다.

"당신은 어떤지 모르겠지만 나로서는 켄의 영혼이 정말 걱정돼요."

켄은 그런 염려 따윈 하지 않았으나, 그렇다고 자기 계획의 심각성을 모르는 건 아니었다. 임종 전 마지막으로 찾아갔을 때 그는 생각에 잠겨 진지한 표정으로 말했다.

"내가 없는 세상은 어떨지 상상하고 있어요."

그의 목소리에 살짝 회한이 묻어나는 듯했다. 하지만 그가 죽던 날 아침에는 전혀 그런 모습을 찾아볼 수 없었다. 접대에 항상 아낌이 없었던 켄은 대화가 소강상태에 빠지려 할 때마다 손님들에게 음식과 술을 권했다. 그는 모임에는 치즈와 크래커를 충분히 준비해야 한다고, 그래야 손님들이 바로 장례식 밤샘에 들어갈 수 있을 게 아니냐고 말하며 웃음을 터뜨리더니 곧이어 또 다른 농담을 던졌다.

"날 시신 가방에 넣을 때 손가락 까딱할 공간은 남겨두렴. 지퍼를 도로 열어야 할 수도 있으니까."

잭이 우리에게 윙크하며 대꾸했다.

"걱정하지 마세요, 아빠. 종bell을 넣어드릴게요."

부엌에서 데리애나는 가루약을 와인 잔에 옮겨 담고 지퍼백에 넣어온 거품기를 꺼냈다. 가루가 뭉치지 않고 잘 녹도록 뜨거운 물로 갠 다음 차가운 물을 추가했다. 약이 다 섞이자 나더러 한번 맛보라고 손짓했다. 내가 세코날의 악명 높은 쓴맛을 궁금해한다는 걸 기억했기 때문이다. 취재 중에 만난 유족들은 종종 이 문제를 언급했고 인생 최후의 맛이 그토록 지독할 수밖에 없느냐며 안타까워했다.

나는 거품기에 묻은 것을 검지로 찍어 입에 넣어보았다. 딱 한 방울인데도 어찌나 역한지 미뢰 전체가 욱신거릴 정도였다. 누군가가 쓴맛의 정수만 우려낸다면 바로 이런 맛이리라. 나는 얼른 입가심할 음료를 찾았다. 데리애나가 자기도 잘 안다는 듯한 눈빛을 보냈다.

"꼭 마셔야 하는 경우가 아니라면 이런 걸 마실 사람은 없을걸요."

데리애나와 동료 자원봉사자들은 세코날의 쓴맛을 눅일 방법을 찾으려 애썼다. 가루약을 달콤한 주스에 섞거나, 환자가 독주로 입가심하도록 권하기도 했다. 최근의 아이디어는 치사량을 다 마신 후 김빠진 콜라를 머금게 하는 것이었다. 나도 데리애나가 가져온 콜라를 머금어보았으나 별로 효과가 없었다. 세코날의 끔찍한 맛은 몇 시간이 지나도록 입안에 남아 있었다.

켄은 여전히 안락의자에 기대어 앉아 있었다. 아이폰을 만지작거리며 여기저기 메시지를 보내기도 했다. 누군가와의 마지막 연락일 거라고 생각하니 문자 메시지 입력이라는 흔한 행동이 문득 지극히 평범한 동시에 돌이킬 수 없는 순간으로 다가왔다. 켄의 죽음도 마찬가지였다. 모든 것이 중대하면서도 이상하리만큼 평범하게 느껴졌다. 사람들은 죽음의 순간에도 배가 고프고, 화장실에 가고, 휴대전화를 들여다본다. 그렇지만 다들 뭔가 특별한 일이 일어나려 한다는 것을 알고 있다.

켄은 휴대전화를 내려놓고 마틴을 바라보았다. 오전 11시 45분이었다. 시간이 거의 다 되었다.

켄은 소변을 보러 가겠다며 위태롭게 일어나 보행기를 짚고 카펫 위를 걸어갔다. 몇 분 후 도로 나온 그가 자기 침실로 들어갔다. 그러더니 손녀를 부르며 이리 와서 잠시 둘만의 시간을 보내자고 했다. 얼마 후 그는 나머지 가족들도 전부 불렀다.

켄은 두 발을 방바닥에 딛고 침대 끄트머리에 앉아 있었다. 그는 가족에게 침대 양옆에 앉아달라고 말했다. 마틴, 데리애나, 소피 그리고 나는 문간에 모여 섰다. 나는 침실에 등을 기대며 의지할 벽이 있다는 데 감사했다.

토니가 음악을 틀었다. 켄이 죽음의 순간을 위해 선곡한 노래였다. 아들들의 도움을 받아 직접 작사하고 작곡하고 연주한 〈이건 블루스가 아니야 Nothin' about the Blues〉라는 곡이었다. 한 달 전 켄은 내게 복사본 CD를 주면서 말했다.

"이 곡에는 내 인생의 많은 단계가 담겨 있어요. 내가 어떻게 살아왔는지 잘 보여주죠. 딱히 자랑스러워할 건 없지만 그래도 신나는 삶이었어요."

켄의 요청에 따라 데리애나가 치사 약물이 담긴 와인 잔을 건넸다. 걸쭉한 유백색 약이었다. 쓴맛을 감지하는 미각 수용체를 우회해 빨리 식도로 넘어갈 수 있게 굵은 빨대를 꽂아놓았다. 하지만 켄은 빨대를 쓰지 않겠다고 했다. 데리애나는 놀라지 않았다. 많은 남성 조력 사망자가 빨대를 거부한다고 했다. 빨대를 쓰는 걸 수치스럽고 남자답지 못한 행동이라 느끼기 때문이다.

스피커에서 노래의 첫 구절이 흘러나오는 순간 켄이 잔을 들어 내용물을 꿀꺽 삼켰다. 쓴맛에도 전혀 당황하지 않는 기색이었다. 약이 넘어가자 데리애나가 켄의 요청대로 파이어볼 위스키를 넣은 콜라를 건넸다. 켄은 단숨에 들이켜고 손등으로 입술을 닦은 뒤 빈 잔을 데리애나에게 돌려주었다.

내 목구멍이 다 조여드는 것 같았다. 켄은 정오까지는 모든 게 끝났으면 한다고 말했다. 그가 시계를 보았다. 오전 11시 52분이었고 음악은 계속 흘러나왔다.

"내가 이기든 지든 상관없어."

켄이 자신의 노래를 따라 불렀다. 음반에서 나오는 소리보다 조금밖에 크지 않은 바리톤의 음성이었다.

"나는 블루스 같은 건 몰라."

그다음부터는 모든 일이 순식간에 일어났다. 자신의 묘비명처럼 가사를 흥얼거리는 켄의 목소리가 어눌해지며 뚝뚝 끊겼다.

실 한 가닥에 매달려

살얼음판을 내딛네

산 것도 아니고

죽은 것도 아니야

난 이제 끝났어

더 줄 것도 없어

> 내 시간은 지났어
> 그저 목숨을 붙잡고
> 버둥거릴 뿐이야
> 그래서 택한 거야
> 그만 살겠다고
> 세상은 나 없이도
> 잘 돌아갈 테니까

켄은 눈을 감았다. 고개를 가슴에 떨구고 잠이 들었다. 토니와 잭은 켄의 신발을 벗기고 다리를 침대 위로 들어 올려 편하게 옆으로 눕혔다. 반려견이 켄의 허벅지 사이에 앉아 그의 배에 자기 다리를 올렸다. 토니와 잭이 켄의 손녀를 에워싸고 서로 부둥켜안은 채 흐느꼈다.

나도 눈시울이 뜨거워졌으나 유족 앞에서 울고 싶진 않았다. 다행히 데리애나가 내게 손짓하며 소피, 마틴과 함께 거실로 가자고 불렀다. 우리는 주머니에 손을 넣고 우두커니 서서 두런두런 이야기하며 시계를 지켜보았다. 이제 기다리는 일만 남았다.

늘 주도적으로 살아온 사람들이 죽음마저 스스로 결정하고 싶어 한다는 건 충분히 이해가 갔다. 켄도 그런 사람이었다. 일주일 전 그는 실버타운이 6월 임대료를 못 챙길 걸 생각하니 깨소금 맛이라고 말했다. 임종 예정일이 5월 말 전몰장병기념일 며칠 전이었기 때문이다. 그 기억을 떠올리니 눈물 사이로

웃음이 새어 나왔다. 나는 켄이 행복하길 빌었다. 그는 자신이 원하던 죽음을 맞이하는 데 성공한 것 같았다. 그와의 대화가 그립긴 했으나, 그가 죽음을 선택하지 않았어도 오래 버티지 못했으리라는 것 역시 알았다.

10분 후 마틴이 침실로 들어갔다. 데리애나와 나도 뒤따랐다. 켄의 피부는 이미 헬쑥했고 입은 살짝 벌어져 있었다. 의사가 몸을 굽혀 켄의 심장에 청진기를 갖다 댔다. 이어 켄의 목에 손을 대고 맥박을 짚더니 가슴에 손을 얹었다. 그러고는 침실 시계를 올려다보았다. 정오에서 8분이 지나 있었다. 마틴이 거칠게 갈라지는 목소리로 말했다.

"임종하셨습니다."

모두가 방에서 나갔다. 플러피만 켄의 생명 없는 몸에 그대로 달라붙어 있었다.

토니와 잭이 아버지의 죽음을 받아들이기까지 잠시 시간이 필요했지만, 그런 뒤 두 형제는 마틴과 데리애나에게 다가왔다. 아버지가 원하는 방식으로 죽을 수 있게 해주어 고맙다고 말했다. 두 사람 모두 켄이 정말 빨리 떠났다며 놀라워했다.

"그분은 떠날 각오를 하고 있었으니까요."

데리애나가 유족들의 손을 꼭 잡으며 말했다. 시간을 충분히 갖고 편할 때 아버님의 임종을 호스피스에 알리라는 얘기도 했다. 호스피스 간호사들은 이미 켄의 계획을 알고 있었다.

소피는 플러피를 입양하기로 했고, 데리애나와 내가 켄이 남긴 처방약을 정리하는 것도 도왔다. 다 모으니 거의 스무 병이었다. 셋이서 2리터짜리 지퍼 백에 약을 비운 후 데리애나가 원두커피 찌꺼기를 추가해 쓰레기통에 버렸다. 혹시라도 약이 재활용되는 일을 막기 위해서였다. 호스피스 간호사들도 똑같이 처리하겠지만, 데리애나는 그들의 일손을 덜어주고 싶어 했다.

잭이 부엌에 들어와 우리를 거들었다. 그는 아버지와 작별 인사를 할 기회가 주어져 정말 감사하다고 말했다. 지난 몇 달간 예상치 않던 전화가 걸려 올 때마다 아버지가 갑자기 죽은 것은 아닐까 싶어 무서웠다고 했다. 아버지가 언제 어떻게 죽을지 계획을 세워 임종을 준비하자 자신도 아버지와 어떻게 작별하고 싶은지 좀 더 차분히 생각할 수 있었다고 했다. 잭은 전날 아버지와 오래 대화를 나눴다.

"하고 싶은 말은 다 했어요. 아버지를 사랑하고 아낀다고 말했어요. 아버지가 저를 키우면서 해주신 모든 일에 감사한다고요."

잭은 켄의 죽음을 앞두고 무엇을 준비해야 하는지 알 수 없었다. 뭐라도 해야 할 것 같아 샌드위치를 잔뜩 사 왔는데 냉장고에 그대로 들어 있다고 했다.

"뭘 어떻게 해야 적절할지 잘 모르겠더라고요."

나도 그날 무슨 옷을 입을지 고르느라 고심한 것을 떠올리며 고개를 끄덕였다. 정말 어떻게 하는 것이 적절한 것인지 알

수가 없었다.

　마틴, 데리애나 그리고 나는 켄의 가족과 소피에게 작별 인사를 한 뒤 로비로 돌아와 퇴거 신고를 했다. 아무리 생각해도 이상하게 느껴졌다. 방문객 등록부의 두 표시 사이에 한 사람이 사망하다니.

　우리 셋은 한낮의 따뜻한 햇살을 받으며 밖으로 나왔다. 그리 많은 말이 오가지는 않았다. 헤어지기 전 데리애나는 우리가 방금 목격한 죽음에 관해 한마디 했다.

　"켄은 노래하면서 떠난 거예요."

　그는 미소를 지었다.

서문

새로운 죽음의 방식

켄은 세상을 떠날 때 가족과 친구들을 불러 모아 이별의 순간을 준비했다. 남겨질 사람들을 생각하면 애달프기도 했으나 어차피 여생이 얼마 남지 않았음을 알았기에 차라리 안도감을 느끼며 죽음을 향해 나아갔다.

　죽을 시간과 장소를 직접 따져보고 선택하는 것은 지금껏 미국에서 상상할 수 없던 일이다. 여전히 상상할 수 없는 일이라고 생각하는 사람들도 있을 것이다. 죽음을 최대한 눈에 띄지 않게 양로원, 병원, 영안실 등에 은폐하는 미국 문화 관점에서 죽을 날을 고르고 임종의 자리에 사람들을 초대하는 것은 경박해 보일지도 모른다. 그러나 의사에게 시한부 진단을 받은 환자들은 실패했거나 포기한 치료법의 기나긴 여정 끝에서 자기 나름대로 나아갈 길을 모색해야 한다. 오늘날 점점 더 많은 주에서 조력 사망을 선택할 길이 열리고 있다. 그렇지만 우리는 이제야 그 가능성을 검토하고 이해하기 시작했다. 이 책에서는 그 길을 가로막는 의학과 법률, 문화 그리고 감정상의 장애물은 무엇이고 켄 같은 이들이 그 길을 선택하는 이유는 무엇인지 살펴본다.

의료 조력 사망은 정신이 온전한 성인 말기 환자가 의사에게 처방받은 치사 약물을 섭취해 합법적으로 생을 마감할 경로이다. 미국에서 진행성 치매 같은 중증 인지장애 환자는 시한부 진단을 받았어도 조력 사망법을 이용할 수 없다. 또한 조력 사망법은 환자가 스스로 치사 약물을 섭취할 수 있어야 한다고 명시한다. 의사가 치사 약물을 투여해 환자의 생명을 끝내는 안락사는 절대 금지다.

오리건주는 1997년부터 2008년까지 10년 넘게 미국에서 유일하게 의료 조력 사망이 가능한 주였다. 이후 다른 아홉 개 주와 워싱턴 DC에서 조력 사망을 합법화했다. 2021년 7월에는 미국인 다섯 명 중 한 명이 합법적 조력 사망이 가능한 주에서 살게 되었다.[1] 이제는 진보 성향이 아닌 주에서도 조력 사망을 논의하고 있다. 미국 전역에서 점점 더 많은 사람이 본인의 죽음을 어떻게 맞이할지 의견을 표명하고 싶어 한다. 2018년 갤럽 설문조사에 따르면 미국인 열 명 중 일곱 명은 의사가 말기 환자의 죽음을 도와야 한다고 생각한다.[2]

미국뿐 아니라 세계의 많은 국가가 그 어느 때보다 더 조력 사망을 합법화하는 방향으로 나아가고 있다. 뉴질랜드, 오스트레일리아(빅토리아주와 서부 지역), 벨기에, 네덜란드, 룩셈부르크, 캐나다, 콜롬비아, 스위스는 이미 조력 사망을 합법화했다. 독일, 이탈리아, 스페인, 포르투갈도 그 대열에 합류하기 위해 결정적 조치를 마련하고 있다. 심지어 스페인 같은 소위 가톨릭교 국가에서도 조력 사망에 관한 대중의 용인容認이 증가하는 추세다.[3]

켄이 사망한 2018년 오리건주에서 조력 사망은 전체 사망의 0.5퍼센트에 불과했음에도[4] 대중의 관심을 사로잡았다. 캘리포니아 출신의 젊은 여성 브리트니 메이너드는 공격적 뇌종양에 걸리자 2014년 오리건주로 이주해 조력 사망을 실행했다. 메이너드의 슬픈 사연이 알려지면서 조력 사망은 전국에서 주목을 받았다. 주요 언론 매체는 조력 사망을 다룬 특집 보도를 내놓았고, 지역 신문은 하루가 멀다 하고 관련 사설을 게재했다. 조력 사망에 관한 영화와 TV 드라마도 여러 편 등장했다.[5] 죽을 권리는 예전에도 중요했지만 오늘날에는 더욱 그렇다.

나는 이 주제의 전모를 파악하고자 5년간 미국에서 조력 사망의 최전선에 있는 사람들을 따라다니며 취재했다. 무엇보다 조력 사망 접근성이 미국인의 죽음을 어떻게 바꿔놓고 있는지 알아보려 했다. 환자는 어떤 마음으로 치사 약물을 삼킬 결심을 하는 걸까? 가족은 사랑하는 사람을 영원히 잃을 것을 알면서 어떻게 그 결심을 존중하는 걸까? 의사에게 환자를 치료하는 역할뿐 아니라 죽음을 돕는 역할까지 요구할 때 의학의 목적은 어떤 식으로 변할까? 그리고 조력 사망을 합법화한 지 20년이 넘었는데 왜 아직도 이토록 많은 장애물이 존재하는 것일까?

나는 환자와 그 가족이 임종 선택을 결정하기까지 혼란스러운 미로를 헤쳐가며 현대 의학의 약속과 이런저런 함정을 저울질하는 과정을 지켜보았다. 그러려면 거실과 병실을 비롯해 내밀한 공간에 들어서야 했다. 나는 미국에서 가장 먼저 조력사망을 합법화한 태평양 연안 북서부를 중심으로 전국의 법정, 공청회, 주정부 기록 보관소를 방문했다. 8개월 동안 호스피스 자원봉사자로 일하며 임종을 앞둔 환자들의 마지막 몇 주를 함께하기도 했다.

내 연구 과정은 내가 문화인류학자로서 받은 훈련과 깊은 관련이 있다. 인류학은 먼 옛날뿐만 아니라 오늘날에도 존재하는 인간의 모든 차이를 연구하는 학문이다. 분야의 참여관찰 방법론에 따라 나는 내가 연구하는 공동체에 직접 뛰어들었고, 공식 인터뷰 이외의 자리에서도 함께 어울리며 그 구성원의 다양하고 어지러운 인생사를 포착했다. 인류학자는 연구 대상인 사람들의 삶으로 들어가 그들의 언행을 면밀하게 관찰하고 경청하며 그대로 따르려고 노력한다. 또한 대다수 언론인과 달리 자신을 서사에 포함하는 일인칭 서술을 채택한다. 우리가 사건을 객관적으로 목격하기는 어렵다는 것을 인정하기 때문이다. 우리는 처음부터 항상 사건을 자신의 사회적 조건에 따라 이해하며, 때로는 우리가 관찰하는 역학관계가 우리 존재로 인해 변화하기도 한다.

내가 금세 깨달은 사실이 있다. 죽음은 다른 학문 주제와 같은 방식으로 연구할 수 없다는 점이다. 죽음과 일정 거리를 유지하거나 하루 일을 마친 뒤 죽음을 마음속 서랍에 처박아버리는 건 불가능했다. 연구는 나를 집어삼켰고 내 마음속 가장 깊은 곳을 건드렸다. 죽어가는 환자와 인터뷰하고 나서 자전거를 타고 귀가하는데 길에서 지나치는 모든 사람이 암 환자처럼 보이기도 했다. 내 책장은 도서관의 '유족을 위한 서가'와 비슷해졌고, 잠들기 직전만큼은 죽음에 관한 책을 읽지 않으려 노력해야 했다. 나 자신을 감정적으로 보호하려 애썼으나, 실수로 치사량의 바르비투르산을 삼키고 부모님에게 내가 곧 죽을 거라고 3분 안에 전해야 하는 꿈을 꾸기도 했다. 인간 사회는 생사의 경계를 지키고자 많이 노력해왔는데, 연구에 몰두하면서 그 경계가 위태로울 만큼 희미해지는 걸 느꼈다.

가장 놀라웠던 것은 조력 사망 세계가 내가 두려워한 것만큼 슬프지도 침울하지도 않다는 점이었다. 내가 참관한 죽음 중에는 어찌나 유쾌하고 즐겁고 아름다운지 그것이 죽음이라는 사실조차 잊은 사례도 있었다. 가령 켄 같은 사람들이 죽는 방식은 그들이 살아온 방식과 직결되어 있었다. 관습을 무시하고, 유머를 즐기고, 슬픔 속에서도 경쾌함을 찾아내기.

이 책은 우리 시대 문화의 가장 중요한 과제 중 하나를 다룬다. 바로 첨단 의학 시대에 임종 과정의 존엄성과 의미를 되

찾을 방법이다. 지난 50년 동안 높아져온 조력 사망 접근성은 우리가 죽는 방식을 근본적으로 바꿔놓았다. 오늘날 대다수 미국인은 병원, 그것도 주로 중환자실에서 죽음을 맞이한다. 많은 사람이 최첨단 의료가 고통을 연장할 뿐이라는 사실을 깨닫지 못하거나 너무 늦게 깨달아 지체된 죽음의 굴욕을 견뎌내고 있다. 외과의사 아툴 가완디는 《어떻게 죽을 것인가》에서 이렇게 썼다.

"지난 수십 년간 의학은 수 세기에 걸쳐 인간의 죽음을 둘러싸고 축적해온 경험과 전통과 언어를 폐기했고, 인류에게 '어떻게 죽을 것인가'라는 새로운 난제를 제시했다."[6]

조력 사망은 우리가 의학의 잠재력을 이해하는 방식을 재구성한다. 생명 연장이 아니라 죽음 과정을 완화하는 방법으로 말이다. 조력 사망은 단순히 치사량의 약물을 삼키는 것이 아닌 그보다 훨씬 더 넓은 의미에서 우리가 살아가고 죽는 방식, 미래를 상상하는 방식을 바꿔놓는다. 나아가 의료 조력 사망은 인간이 삶의 마지막을 직접 결정할 새로운 가능성을 열어준다. 나는 죽음의 방식을 고민하는 사람들과 함께하고 그들의 임종을 직접 목격하면서, 자신의 죽음을 예측하고 연출하는 것이 죽어가는 사람은 물론 남겨진 사람에게도 큰 힘을 줄 수 있음을 깨달았다. 환자는 죽음의 시간과 장소를 직접 지정하며 완전한 무력감에서 벗어나 새롭게 통제권을 찾았다. 가족에게 유산을 어떻게 분배할지 생각하고, 인간관계를 회복하고, 자신이 원하는 최후를 계획했다. 조력 사망은 애도 과정을 덜 복잡하게 만들기도 한다. 유족이 무방비 상태에서 죽음에 기습당하지 않기 때문이다.

그렇다고 어느 날 갑자기 자리에서 일어나 죽겠다고 결정할 수 있는 것은 아니다. 미국의 조력 사망 관련법은 세계에서 가장 엄격하다. 미국 최초의 조력 사망법인 오리건주 존엄사법은 한 세기에 걸친 논쟁과 분투 끝에 탄생했다. 중증 환자의 임종과 관련해 특정 형태의 의료 지원이 합법화되었다. 인접 주에서는 투표 발의에 실패했으나, 오리건주에서는 엄청난 반대와 타협해 작은 양보를 이끌어낸 끝에 법안이 만들어졌다. 이후 조력 사망법을 채택한 거의 모든 주에서 오리건주의 엄격한 조건을 따랐으며, 하와이의 경우 더 많은 제한을 추가했다. 이런 법은 일부 환자의 임종 과정에서 고통을 덜어줄 수 있다. 그렇다고 임종 자체를 쉽게 해주는 것은 아니다. 현재의 법에 따르면 몇몇 중증 질환의 경우 조력 사망을 이용할 수 없으며, 다른 환자들도 여전히 많은 장벽을 넘어야 접근이 가능하다. 그렇다 보니 죽음의 방식에 관한 통제권을 찾으려는 과정에서 그나마 남은 권한마저 빼앗기는 환자들도 있다.

미국에서 조력 사망은 가장 무난한 길이긴커녕 오히려 가장 어려운 길이다. 이 길을 가고자 하는 사람은 건강이 급격히 악화하는 시기에 겹겹의 장애물과 관료주의를 물리쳐야 한다. 더구나 그 어떤 환자도 조력 사망을 혼자 실행할 수 없다. 의사, 약사, 호스피스 간호사, 자원봉사자, 가족 등 환자의 죽음을 승인하고 실현하며 함께 책임져줄 여러 사람과의 관계에 의지해야 한다. 이 과정을 무사히 통과해 그토록 원하던 조력 사망 약물을 확보하는 환자도 있지만, 도중에 문제가 생겨 계획 자체가 무너지는 환자도 있다. 그리고 계획을 완수하기 전에 죽는 환자도 있다.

나는 연구를 진행하면서 조력 사망 과정의 다양한 단계에 있는 사람들을 만났다. 좌절한 사람도 있고 승리한 사람도 있었으나 대개는 그 중간 단계에 있었다. 조력 사망에 동참해줄 의사를 몇 달씩 찾았지만 실패한 환자도 있었는데, 가톨릭교 의료진이 운영하는 시설밖에 없는 시골에서는 더욱 그랬다. 임종 장소를 찾는 것도 쉽지 않았다. 조력 사망을 금지하는 여러 요양 시설에서 지내는 사람들은 다른 장소를 찾거나 인근 모텔을 예약해야 했다. 일부 호스피스는 조력 사망을 원하는 환자에게 협조하지 않아 환자가 자포자기에 빠지기도 했다. 가끔은 조력 사망 약물이 듣지 않는 환자도 있었다. 몇 분 안에 죽을 줄 알았는데 시간이 한참 걸리거나, 심지어 죽지 못하는 사례도 있었다.

이 책은 나 자신의 경험, 그리고 새로운 죽음의 방식에 관여하는 사람들과의 무수한 대화를 바탕으로 한다. 특히 본인의 죽음을 통제하기 위해 온갖 노력을 아끼지 않은 평범한 미국인의 사연을 담아내려 했다. 왜 사람들이 그 길을 택하는지, 왜 그들을 도우려는 사람들이 있는지 이해하려면 조력 사망법과 관련된 사람들의 실제 경험을 알아야 한다. 이 책에서는 그런 경험을 기반으로 '삶의 마지막에 의학의 역할은 무엇인가'라는 긴박한 화두에 접근하겠다.

이 글을 쓰는 시점에 미국에서 조력 사망을 합법화한 주는 대개 진보 성향이다. 구체적으로는 오리건, 워싱턴, 버몬트, 캘리포니아, 콜로라도, 하와이, 컬럼비아 특별구, 뉴저지, 메인, 뉴멕시코 주다. 보수 성향이면서 조력 사망이 가능한 주는 몬태나뿐인데, 사람들에 따르면 이곳 특유의 자유주의 풍조로 인한 예외적 상황이라고 한다. 실제로 몬태나주에서 조력 사망을 비범죄화한 것은 2009년 어느 환자가 죽을 권리를 인정해달라며 소송을 제기했기 때문이다(백스터 대^對 몬태나). 몬태나에서는 조력 사망을 법으로 명문화하지 않았기에 조력 사망에 관한 법적 지침이 없다.[7] 다만 의사가 환자에게 치사 약물을 처방해도 기소되지 않을 뿐이다.

사실 조력 사망은 지지 정당을 넘어서는 문제다. 죽음과 관련해 정치 성향이 일관성 있는 지표는 아니다. 때로는 신앙심이 조력 사망 선택 여부를 판단하는 더 나은 지표다. 오리건주의 은퇴한 정신과 의사이자 조력 사망을 수십 년간 연구한 린다 간지니는 오리건주 존엄사법을 이용하는 환자 대부분이 비종교적인 편이라고 말한다. 간지니에 따르면 이들은 "모든 환자 중에서도 가장 비종교적인 부류"다. 물론 예외도 있다. 보수 성향이고 종교적인 사람은 조력 사망을 원치 않는 경우가 많지만, 신앙심이 깊어도 조력 사망을 선택하려는 사람이 있을 수 있다. 중증 질환자는 대체로 가능한 모든 수단을 이용하려 한다.

과연 어떤 사람들이 조력 사망법을 이용할까? 유효한 통계에 따르면 주로 고령 환자가 의료 조력 사망을 선택하는 것으로 나타났다. 오리건주에서는 2020년 조력 사망을 신청한 사람의 81퍼센트가 65세 이상이었는데 대다수(약 3분의 2)가 암 환자였다.[8] 또한 그해 조력 사망 환자의 97퍼센트가 백인이었다.[9] 오리건주 전체 인구의 75퍼센트가 백인이라는 걸 고려하면 조력 사망을 선택한 환자가 통계적으로 과대 대표된 셈이다.[10] 다른 주들을 살펴봐도 비슷한 추세를 확인할 수 있다. 캘리포니아주 전체 인구 중 백인은 37퍼센트에 불과하지만, 2019년 캘리포니아주 임종 선택법을 이용한 사람들의 87퍼센트는 백인이었다.[11]

유색인종의 조력 사망법 이용률이 낮은 이유는 무엇일까? 몇 가지 설명이 가능하다. 보험료가 낮아서 열악한 의료 서비스를 받거나 그나마도 거부당하는 데 익숙한 커뮤니티에서는 적극적인 연명 의료를 받을 수 있다면 그쪽을 선택할 가능성이 크다.[12] 역사적으로 의료 기관에서 부당한 대우를 받아온 사람들은 특히 치료를 중단하면 의사가 자신을 위해 최고의 방법을 모색하지 않을 거라고 의심한다.[13] 연구에 따르면 흑인은 호스피스 이용률이 상대적으로 낮으며 임종에 관해 의사와 상담하는 일도 적은 것으로 나타났다.[14] 유색인종 커뮤니티에는 여전히 체제적 인종 차별이 존재한다. 죽음 자체가 뿌리 깊은 보건 불평등의 결과인 만큼, 이들에게 죽음을 앞당기는 것은 매력적인 선택이 아닐 수 있다.[15]

일부 유색인종 커뮤니티 구성원이 조력 사망을 선호하지 않는 또 다른 이유도 있다. 흑인과 라틴계는 미국인 중에서도 가장 신앙인이 많은 인종인데, 조력 사망을 선택하는 것은 이들의 신앙에 정면으로 위배하는 것일 수 있다.[16] 의료적 결정이 환자 개인의 몫이 아닌 경우도 있다. 일부 유색인종 커뮤니티에서는 환자의 가족이 임종 의료에 개입하는 까닭에 호스피스 이용률이 낮다.[17] 가족 구성원이 조력 사망에 반대하는 목소리를 내는 일이 흔하며, 이 경우 조력 사망을 원하는 환자 본인의 욕구가 뒷전으로 밀려날 수 있다.

설령 조력 사망을 원할지라도 결국에는 접근성 문제가 따르게 마련이다. 조력 사망을 원하지만 관련 법의 존재 여부나 이용 방법을 모르는 사람도 있을 터다. 조력 사망을 시도하려면 상당한 사회적·재정적 자본이 필요하다. 메디케어 같은 연방 정부 지원 보험 프로그램은 조력 사망 자격 심사 진료나 약물 처방 비용을 보장하지 않는다.[18] 연방 예산은 조력 사망 비용을 지원하지 않으며, 따라서 연방 정부 기금으로 운용하는 메디케어 또는 제대 군인 보험도 치사 약물을 보장하지 않는 것이다. 의사가 조력 사망 관련 진료비나 상담료 전반을 감면해주지 않으면 이 비용만으로도 큰 부담이 된다. 더구나 환자가 조력 사망 관련 절차를 밟으려면 도움이 필요하게 마련인데, 어디에 문의해야 할지 모르면 금세 좌절할 수 있다.

이 책은 다양한 의견을 불러일으킬 것이다. 일부 독자는 불편함을 느낄지도 모른다. 의료 조력 사망에 반대하는 이유는 사람마다 다를 수 있다. 어떤 사람은 종교적 이유로 조력 사망에 반대하며 인간의 생명을 끝낼 권한은 신에게만 있다고 말한다. 또 어떤 사람은 조력 사망이라는 개념이 결국 살 만한 삶에 관한 암묵적 판단을 내포하고 있으며, 자기 통제력과 온전한 신체를 중시하는 우리 문화의 편향을 강화한다고 주장한다. 일부 의사는 조력 사망이 생명을 구해내는 그들의 사명에 어긋나며, 임종의 고통은 완화 의료로도 충분히 누그러뜨릴 수 있다고 말한다. 이 모두는 무시할 수 없는 관점이며 그중 상당수가 이 책에 등장한다.

한편 자기 삶을 온전히 자신만의 것으로 생각하는 사람도 있다. 스스로 죽음의 과정과 시기를 선택할 권리를 원하되 그 결정이 다른 사람의 선택에 영향을 미치지 않기를 바라는 사람도 있다. 이들에게도 공감과 관심 그리고 그들의 관점에서 생각하려는 선의가 주어져야 마땅하다. 그렇다고 조력 사망과 관련하여 만사가 긍정적인 것은 아니다. 조력 사망에도 결함이나 오류가 있고 모두가 바라는 대로 진행되지 않을 때도 있다. 그 한계를 솔직히 터놓고 이야기해야 임종 의료를 개선할 수 있다. 고통으로 삶의 의욕을 잃은 환자에게 조력 사망이 줄 수 있는 위안과 혜택을 짚어보는 것 역시 중요한 일이다.

어쨌거나 한 가지는 확실하다. 조력 사망이 쉬운 길은 아니라는 점이다. 삶의 마지막을 앞당기는 것은 의지력과 엄청난 용기가 필요하다. 그러려면 본인의 죽음이라는 냉혹한 진실을 받아들이고 눈을 똑바로 뜬 채 죽음을 향해 걸어가야 한다.

1

통제력 상실

1

내 삶이 사라졌다

워싱턴주 밴쿠버에 있는 조의 집무실 벽에는 수십 개의 반짝이는 메달과 육상 대회 사진 액자가 가득했다. 신체적 위업의 정점을 향해 자신을 밀어붙인 시간과 날의 기념비다. 메달과 사진 하나하나에 탄수화물이 풍부한 식사, 행운의 출전 번호, 알록달록한 스포츠 음료의 생생한 기억이 담겨 있다. 이제 그것은 특별한 노력은커녕 아무 생각 없이도 신체 근육을 뻗고 당기고 내저을 수 있던 과거의 삶을 무심하게 증명해줄 뿐이었다.

40대 후반쯤의 조를 찍은 사진도 있다. 그는 남색 반바지와 연노랑 티셔츠를 입고 짧은 머리에 흰 머리띠를 두른 채 애비에이터 선글라스를 썼다. 결연한 표정으로 포틀랜드 마라톤 결승선까지 마지막 몇 킬로미터를 전력 질주하고 있다. 직선 코스만 남은 가운데 선수들이 관중의 함성 속에 도심을 가로질러

달린다. 조 바로 뒤에서 다리 근육이 강인한 젊은이가 추월 기회를 노리고 있다. 그러거나 말거나 조는 정면을 응시하며 힘차게 발을 내디딘다. 그는 결코 싸움을 포기하지 않을 터였다.

조와 내가 만난 2018년 초 일요일 아침, 그의 신체적 위업은 이미 먼 옛날이야기였다. 내가 인사하러 다가갔을 때 조는 거실 한가운데에 놓인 검은 가죽 전동 안락의자에 누워 꼼짝하지 않았다. 목까지 끌어올린 갈색 이불이 더 이상 생각대로 움직일 수 없는 몸을 따뜻이 감싸고 있었다. 동그란 금속 테 안경 너머 조의 새파란 눈동자가 나를 마주 보았다. 근엄하고 예리한 눈빛이었다. 그 뒤에서 빗줄기가 미닫이 유리문을 두드려댔다. 뒤뜰은 벌써 비에 흠씬 젖어 있었다. 2월 하순에 태평양 연안 북서부에서 비를 보는 건 이상한 일이 아니었지만, 그 때문에 거실 안이 한층 더 어두컴컴하게 느껴졌다.

앞서 나는 조의 파트너 애나와 통화하며 방문 일정을 잡았다. 전화가 연결되자마자 애나는 그들이 워싱턴주의 조력 사망 자격을 획득하는 과정에서 직면한 온갖 장애물에 관해 늘어놓기 시작했다. 그는 아무도 이야기를 들어주지 않아 좌절한 사람처럼 속사포로 말을 이어갔다. 조력 사망법 이용 절차를 밟으려면 신경 쓸 일이 많아 직장을 그만두어야 할 정도라는 건 다른 가족들을 조사하면서 알고 있던 터였다. 하지만 확실한 시한부 선고를 받은 환자에게도 조력 사망이 그토록 어렵다는 사실은 놀라웠다.

2016년 9월, 일흔두 살이던 조는 근위축성 측삭경화증ALS

진단을 받았다. ALS는 근육 운동을 관장하는 신경세포가 파괴되는 진행성 신경 질환으로 흔히 루게릭병이라고 알려져 있다. 미국에서는 해마다 6,000여 명이 루게릭병 진단을 받지만 병의 원인은 여전히 수수께끼다. 일단 증상이 나타나면 신체 근육이 하나씩 마비되면서 보통 2년에서 5년 안에 사망한다.

조의 말투는 점잖고 온화했다. 웃으면 입이 비뚤어졌으나, 꼼꼼하게 다듬은 새하얀 턱수염 덕분에 간혹 정말로 재미난 일이 있을 때 말고는 가려져 있었다. 대화를 시작하고 30분 뒤 나는 조와 애나에게 지난 1년 반 동안의 일을 다시 정리해달라고 부탁했다. 조가 신경질적인 기침을 내뱉더니 턱으로 그와 애나 사이 탁자에 놓인 물 잔을 가리켰다.

"오늘따라 유난히 입안이 건조하대요."

애나가 내게 설명하듯 말했다. 그러고는 유리잔을 집어 들고 조가 혀로 빨대를 붙잡을 수 있게 입가에 갖다 대주었다.

"수동 기침 보조기가 필요한 것 같아."

조가 꺼끌꺼끌하고 힘없는 목소리로 속삭였다. 애나는 자리에서 일어났다.

"루게릭병에 걸리면 기침하는 데 필요한 횡격막과 복부 근력이 사라져요."

애나는 조가 덮은 이불을 걷어 창백하고 근육이 거의 사라진 팔다리를 드러내며 말했다.

"그래서 기도의 점액을 제거하는 기계를 들였지만, 조는 내가 도와주는 편이 더 효과적이라고 느끼나 봐요."

애나는 조의 머리와 목에 댄 받침대를 빼고 전동 안락의자의 버튼을 눌렀다. 조의 몸이 천천히 의자에서 미끄러져 내려왔다. 조가 신은 털가죽 슬리퍼가 거실 바닥에 닿자 애나가 뒤에서 그를 붙잡고 일으켜 세웠다(조는 아직 일어설 수 있었으나 상체에 힘이 거의 없어서 붙잡아주지 않으면 거꾸러졌다). 애나는 조보다 체구가 훨씬 작았지만 그리 힘들어 보이지는 않았다. 그만큼 조의 몸은 종잇장처럼 여위어 있었다.

조는 헝겊 인형마냥 애나의 품에 매달려 있었다. 머리는 가슴에 떨구고 어깨는 구부정하게 수그렸으며 두 팔은 폭풍에 끊긴 전화선처럼 양옆으로 늘어졌다. 한때는 그도 건장한 남자였으나 루게릭병이 그의 척수를 압박하고 있었다. 애나가 조를 꽉 껴안고 양손으로 깍지를 껴 그의 갈비뼈를 받치며 물었다.

"준비됐어?"

조가 방바닥을 내려다보며 웅얼웅얼 대답했다. 애나가 하나, 둘, 셋 하고 세면서 손깍지로 조의 복부를 빠르게 쳐올렸다. 그와 동시에 조가 억지로 기침을 뱉었으나 희미한 소리만 새어 나왔다. 애나는 같은 동작을 반복했다. 한 번 더, 또 한 번 더.

"타이밍이 중요해요. 아시다시피 우리는 댄서라서 타이밍은 잘 알죠."

애나는 이렇게 말하며 미안하다는 듯 나를 바라보았다. 나는 괜찮다고 말했다. 어쩌다 보니 두 사람의 서글픈 춤사위를 지켜보게 되었지만, 애나가 그 순간만큼은 내 존재를 잊기를 바랐다.

네 번 만에 조가 사납고 힘차게 기침을 내뱉었다.

"잘했어."

애나는 조심스럽게 두 팔을 풀고 조가 다시 안락의자에 앉도록 거들어주면서 말했다. 조는 여전히 방바닥을 내려다보고 있었다. 목 근육에 힘이 없어서 고개를 똑바로 들 수 없기 때문이다.

"어때요, 엄청 간단하죠?"

애나는 민망해진 분위기를 풀려는 듯 말했다. 애나가 백발이 된 생머리를 귀 뒤로 넘기며 조를 흘깃 쳐다보자 그가 미소를 보냈다. 한순간이었지만 애나가 알아보기에는 충분했다.

애나는 베개 두 개와 목 받침대로 조의 머리를 받쳐주었다. 모든 것을 어떻게 배치해야 하는지 정확히 아는 듯했다. 수백 번도 더 해본 게 분명했다. 이 모든 시련이 조를 목마르게 했고, 애나는 다시 그가 빨대를 물 수 있도록 물 잔을 입가에 올려주었다. 조는 눈을 감았다. 저러다 잠드는 게 아닐까 걱정했으나, 다음 순간 그가 눈을 뜨더니 나를 바라보며 다음 질문에 대답할 자세를 취했다.

2016년 한여름, 조는 매주 하던 피클볼 경기 중 왼손의 힘이 빠지는 것을 느꼈다. 피클볼은 배드민턴, 테니스, 탁구를 결합한 스포츠로, 소형 코트에서 나무나 합성 소재 패들을 휘둘러

공을 쳐야 한다. 오른손잡이인 조는 평소처럼 왼손으로 공을 잡았지만 손에 힘이 들어가지 않았다. 처음에는 손목시계가 죄어 혈액 순환이 차단된 게 아닌지 의심했다. 그런데 시계를 풀고 경기를 해도 계속 손에 힘이 빠져서 손목이 삐었거나 잠을 잘못 잔 모양이라고 짐작했다. 어쩌면 신경이 눌렸을 수도 있었다. 몇 주가 지나도 손이 나아지지 않자 그는 신경과 전문의를 찾아갔다.

조가 병원에서 돌아왔을 때 애나는 부엌에 서 있었다. 별일 아닐 거라고 예상했다. MRI나 엑스레이 촬영을 예약했다는 얘기를 들을 줄 알았다. 하지만 조가 전한 것은 전혀 다른 소식이었다.

"누구나 언젠가는 죽게 마련이지."

"뭐라고!?"

애나는 발밑의 땅이 푹 꺼지는 듯했다.

"의사가 나더러 루게릭병인 것 같대. 아니, 확실하대."

조는 루게릭병이 치명적이라는 건 알았지만 그 진행 과정은 전혀 몰랐다. 그날 조를 진료한 신경과 전문의도 자세히 설명해주지 않았다.

애나는 부엌 조리대를 붙잡고 눈물을 흘렸다. 그는 루게릭병 진단이 어떤 의미인지 잘 알고 있었다. 30대 후반에 루게릭병으로 사망한 초등학교 친구가 있었기 때문이다. 그래서 루게릭병이 신체 부위를 차례로 마비시키는 동안에도 뇌 기능은 멀쩡하게 작동한다는 걸 알고 있었다. 애나의 표현대로 "지독한 농담" 같은 병이었다.

몇 달 후 조는 톰 새뮤얼스에게 진료를 받기 시작했다. 새뮤얼스는 루게릭병에 따르는 난관을 오랫동안 연구해온 의사였다. 포틀랜드의 호흡기 전문의로 워싱턴주에서는 의사 면허가 없었지만, 조의 건강보험 덕분에 컬럼비아강 건너 오리건주의 프로비던스 병원에서 그를 진료할 수 있었다. 포틀랜드의 카페에서 나를 만난 새뮤얼스는 루게릭병이 세 가지 근육에 영향을 미친다고 설명했다.

"루게릭병은 신체 말단, 즉 팔다리에 영향을 줍니다. 환자 중 3분의 2 정도가 첫 번째로 겪는 증상이죠. 발 처짐이나 한 손에 힘이 빠지는 증상도 나타나는데 점점 더 악화합니다. 환자 중 3분의 1 정도는 언어와 연하嚥下 능력에 가장 먼저 문제가 생기며, 이를 숨뇌형 발병이라고 합니다. 환자의 약 1퍼센트는 호흡기 근육이 영향을 받아 호흡 곤란 증상부터 겪습니다."

그러고는 이렇게 덧붙였다.

"그렇지만 결국에는 모든 환자가 이 모든 증상을 겪습니다. 그만큼 오래 산다면 말이죠."

나는 새뮤얼스에게 루게릭병 환자의 사망 원인이 무엇인지 물어보았다.

"99퍼센트는 호흡 부전으로 사망합니다. 호흡기 근육이 너무 약해지는 바람에 이산화탄소를 배출하지 못해서 이산화탄소가 쌓이는 거예요. 희소식이라면 이산화탄소가 모르핀처럼 작용해 말 그대로 뇌를 잠들게 한다는 거죠. 대체로 급성 발작이 아니라 서서히 악화해 혼수상태에 빠진 뒤 사망합니다. 간혹 질식사하는 환자도 있어요. 그렇게 죽으면 무척 괴롭겠죠."

새뮤얼스의 설명을 들으니 새삼 내가 조를 만난 날 아침 애나의 하임리히 응급처치가 떠올랐다. 애나는 그가 질식사할까 봐 겁먹었던 걸까? 새뮤얼스가 말한 것처럼 루게릭병 환자가 대부분 호흡 부전으로 사망한다면, 조와 애나로서는 가만히 시간만 흘려보낼 수는 없을 터였다.

진단 후 처음 몇 달간 애나와 조는 멍해 있었다. 한편으로는 현실을 부정하고 또 한편으로는 이제부터 닥쳐올 일을 두려워하며 몇 주를 흘려보냈다. 두 사람 모두 진단의 무게를 온전히 감당할 준비가 되어 있지 않았다. 초반에는 너무 괴로워서 그들이 처한 상황을 두고 대화하는 것도 피했다. 그해 크리스마스에는 트리를 세우지 않았으나 콘트라 댄스 모임에는 여전히 매주 참석했다. 조는 피클볼 경기와 불과 몇 달 전 시작한 줌바 강습을 그만두지 않았다.

조와 애나는 2010년 콘트라 댄스 모임에서 만났다. 이혼 후 타코마에 살던 애나가 포틀랜드에서 열린 24시간 콘트라 댄스에 참석한 것이다. 두 번 이혼 경력이 있는 조는 무도장에 들어서자마자 애나를 눈여겨보았다. 그날 밤에는 쑥스러워서 자신을 애나에게 제대로 소개하지 못했으나 왈츠를 다섯 번이나 신청했다. 이후로 두 사람은 쭉 함께였다. 애나는 조가 소프트웨어 엔지니어 일에서 은퇴한 뒤 마련한 밴쿠버의 집으로 들어가 둘만의 가정을 꾸렸다.

좀 더 오랫동안 함께 춤추고 싶었던 조와 애나는 가능성 있는 치료법을 찾는 데 몰두했다. 초반의 현실 부정 직후 한동안 치열한 협상 단계가 이어졌다. 애나가 회상했다.

"그야말로 별의별 방법을 다 고려했어요. 무슨 치료법이 있지? 누가 어떤 연구를 했지? 일본에 가서 임상시험을 받을 수 있을까? 이걸 할 수 있을까? 저걸 할 수 있을까?"

그들은 온갖 치료법 정보를 모아 다음번 루게릭병 클리닉 진료에 들고 갔다.

"결국 우리가 솔깃하게 받아들인 모든 정보가 실제로는 가망이 없다는 걸 알게 됐죠."

신경과 전문의는 조가 시도할 만한 치료를 몇 가지 제안했으나, 그러려면 날마다 클리닉에 와서 정맥 주사를 맞아야 했다. 애나가 말을 이었다.

"말 그대로 평생 그렇게 살아야 해요. 그래봤자 병세 진행을 늦추는 정도에 불과하고요. 더구나 몸이 이미 많이 나빠졌고 신체 기능을 대부분 상실했다면 진행 속도를 늦출 이유가 없어요. 그렇게 나쁜 상태를 유지하는 건 의미가 없거든요. 암처럼 다양한 화학 요법이나 방사선 요법이 있는 게 아니에요. 루게릭병은 그저 내리막길이에요. 다만 얼마나 빨리 끝날 것인지가 문제이죠."

우리 사회는 질병을 이야기할 때 군대의 은유를 사용한다. 암 환자는 '전사'이자 '생존자'이고 암세포는 외부 '침입자'다. 이런 사회에서 조금이라도 시간을 벌 기회를 포기한다는 건 성급한 항복처럼 느껴질 수 있다. 애타게 기다려온 기적의 치료제가 조만간 등장할 수도 있지 않은가. 이번에 나왔다는 실험용 약물이 한 번만 더 임상시험을 통과한다면….

작가 수전 손택은 이렇게 썼다.

"자본주의 사회에서 군대의 은유가 남용되는 것은 필연적일 수 있다. 전쟁은 사람들이 드물게 '실용적' 관점에서 보지 않는 활동이다. 비용이나 실질적 결과를 따지지 **않는다**는 것이다. 전면전은 철저하고 아낌없는 지출이자 그 어떤 희생도 과도하지 않은 비상사태로 정의한다."[1]

연명 의료라는 강력한 문화 장치를 거부하기란 강물을 거슬러 올라가는 일만큼 힘들 수 있다. 조력 사망을 선택한 환자들은 "개똥밭에 굴러도 이승이 낫다"라는 보편적 논리에 반발한 대가로 '패배자' 취급을 받고 괴로워하기도 한다. 지금 여기서 누릴 수 있는 인생을 붙잡기 위한 '싸움'을 멈추겠다는 건 거의 양심적 병역 거부만큼이나 어려운 결정이다.

하지만 조는 루게릭병 환자에게 허락된 유일한 미래를 감내할 생각이 없었다. 움직이지도, 말하지도, 삼키지도 못하고 정신만 멀쩡한 채 점점 더 심한 산소 결핍으로 숨 막혀 죽어갈 수는 없었다. 처음에는 마땅한 치료법이 없다는 사실에 좌절했으나 곧 결단을 내렸다. 이 잔인한 질병에 굴복하고 말 때까지 무력하게 마음 졸이며 기다릴 수는 없었다. 다른 길이 있으니까. 언제 어떻게 죽을지는 그 자신이 결정해야 했다.

그는 삶의 끝을 앞당기기로 했다.

―――――――

미국에서 불치병 진단만으로는 조력 사망 자격을 얻을 수 없다. 환자가 임종에 가까워져야 한다. 조력 사망은 호스피스와 마찬가지로 시한부 6개월 진단을 받아야 신청할 수 있다. 그런데 루게릭병같이 고통스러운 만성 퇴행성 질환은 예후를 추측하기 어려워 시한부 조건을 충족하지 못하는 경우가 많다. 그러다 결국은 환자의 호흡기가 심각하게 손상되고 만다.

워싱턴주와 오리건주 의사들은 보통 루게릭병 환자의 폐활량이 눈에 띄게 악화하고 나서야 시한부 6개월 진단을 내린다. 새뮤얼스 같은 전문의는 다양한 폐 기능 검사로 환자가 시한부 6개월에 가까워졌는지 확인한다. 폐활량 검사도 그중 하나다.

새뮤얼스는 다음과 같이 설명한다.

"숨을 최대한 깊이 들이마셨다가 끝까지 내뱉습니다. 그렇게 나온 공기의 양이 폐활량입니다. 키와 나이에 따라 다르긴 해도 대략 성인 여성은 4리터, 성인 남성은 5리터죠. 루게릭병을 진단받은 환자는 폐활량 검사를 받습니다. 환자의 폐활량이 진단 당시의 50퍼센트 이하로 떨어지면 사망이 가까워졌다는 뜻입니다. 폐활량이 얼마나 빨리 줄어드는지도 중요합니다. 1월에 100퍼센트였는데 6월에 50퍼센트로 떨어졌다면 연말까지 버티지 못할 수도 있습니다. 반면 2012년에 100퍼센트였고 2018년에 75퍼센트라면 아직 멀었다고 봐야죠."

루게릭병 환자가 시한부 6개월 진단으로 조력 사망 자격을 얻었을 때면 이미 스스로 치사 약물을 삼키기 어려울 수 있다. 스스로 약물을 삼킬 수 있어야 한다는 것은 미국 조력 사망법의 기본 전제다. 이 전제는 루게릭병 외에도 여러 진행성 신경퇴행성 질환의 신체 증상과 충돌한다. 루게릭병 환자는 대부분 호흡 능력이 떨어지는 동시에 연하 능력도 상실한다. 환자가 약물을 삼킬 수 없는 경우 다른 방법으로 투여할 수 있긴 하다. 의사들이 '섭취'를 인체의 소화 기관과 관련된 모든 방법을 의미하는 개념으로 해석하기 때문이다. 입으로 복용하는 것 외에도 영양 보급관이나 직장 카테터로 약물을 투입할 수 있다. 환자 스스로 주사기 밀대를 누를 수만 있다면 말이다.

다만 한 가지 문제가 있다. 조처럼 손을 사용할 수 없는 환자는 뭔가를 누르는 게 거의 불가능하다. 애나는 조가 본인의 죽음을 스스로 실행해야 한다는 사실에 화가 났다. 그런 규칙은 자의적이고 가혹하다는 것이다.

"왜 꼭 환자가 스스로 약물을 섭취해야 하는 거죠? 환자가 원하는지 확인할 다른 방법도 있잖아요. 왜 본인이 직접 해야 하나요? 행위의 전제는 끝내고 싶다는 의지 아닌가요? 잠들어 깨어나고 싶지 않다는 건 깨어났을 때 겪을 일 때문이에요.

조가 아무것도 삼키지 못하게 되면 어떡하죠? 어느 날 아침 깨어났는데 갑자기 삼키지 못할 수도 있어요. 그러면 조는 완전히 절망에 빠질 거예요."

새뮤얼스도 자가 투여에 관한 질문에 애나와 비슷한 반응을 보였다.

"루게릭병 환자에게는 부적당한 법이에요. 스스로 약을 섭취할 수 있어야 한다는 얘긴데, 내가 본 환자 중에는 아무것도 삼키지 못하는 사람이 많았어요."

환자, 의사, 가족은 조력 사망법에 따라 자가 투여 지침을 준수하기 위해 온갖 곡예를 펼친다. 가령 아무것도 삼키지 못해도 손가락은 약간 움직이는 환자라면 고무 밴드를 당기거나 클립을 빼는 방식으로 영양 보급관에 약물을 투여할 수 있다. 일부 환자는 머리로 주입 펌프를 누른다. 남은 힘을 한 손가락에 끌어모아 휠체어 레버를 밀고 벽에 비스듬히 충돌해 주사기 밀대가 눌리게 한 환자도 있다. 요점은 환자가 스스로 약물 투여를 시작하고 중단할 수 있어야 한다는 것이다. 이 조치는 아무리 사소한 것이라도 미국인에게 소중한 가치이자 환자의 자발적 죽음을 보장하기 위한 최후의 안전장치, 즉 자유 의지를 나타내는 것으로 여겨진다.

오리건주 존엄사법에 따라 수년간 치사 약물을 처방해온 종양 전문의 찰스 블랭크는 휠체어 사례를 얘기할 때마다 분노를 터뜨렸다.

"루게릭병 환자더러 휠체어로 벽에 충돌하라니 어불성설

입니다. 아니, 환자가 자기 의사를 분명히 밝힌 뒤 그의 아들이 주사를 놓아주는 것과 뭐가 다른가요? 물론 아들에게는 다른 일이겠지만, 환자에게는 뭐가 다르냐고요!"

블랭크는 병세가 위중해 치사 약물을 스스로 투여할 수 없는 환자들이 조력 사망법 대상에서 아예 제외되었다는 사실을 비판했다.

"더구나 그런 환자가 많습니다. 차별받는 거죠."

환자는 연하 능력에 따른 스트레스로 노심초사한다. 조력 사망 시기를 확정하는 문제에서는 더욱 그렇다. 약물을 너무 일찍 복용하면 아직 살 만한 삶이 끝나버릴 수 있다. 그렇다고 너무 오래 기다렸다가는 복용 기회를 놓칠 수 있다. 미국의 많은 환자가 조력 사망법을 이용할 수 있는 기간이 점점 줄어든다는 현실로 인해 실제로 원하는 시기보다 더 일찍 죽음을 선택한다.

조는 자신이 워싱턴주 존엄사법을 이용할 수 있을 때까지 연하 능력을 유지할지 확신하지 못했다. 그는 더 이상 못 견딜 만큼 병세가 악화할 경우를 대비하고 싶어 했다. 그래서 진단의 충격이 채 가시기도 전에 스위스에서 내국인뿐 아니라 외국인에게도 조력 사망을 지원하는 단체 디그니타스를 조사했다. 조는 디그니타스에 연락해 서비스 이용 필수 조건인 240달러를 내고 회원으로 가입했다. 디그니타스를 통한 실제 조력 사망 비용은 훨씬 더 비싸다. 약물 투여, 의료 상담, 조력 사망 완료 수수료를 합해 최소 8,000달러부터다. 조가 디그니타스에 끌린 이유는 워싱턴주의 한정적 법률로 적격 판정을 받을 때까지 기다릴 필요가 없다는 점이었다. 그는 자신의 시간표를 스스로 정할 수 있었다.

2017년 1월, 조는 자신의 병을 공개했다. 그는 '소식 전합니다'라는 제목으로 공개서한을 작성해 친구들에게 메일로 보냈다.

"나는 루게릭병에 걸렸습니다. 루게릭병이 신경과 근육을 공격하는 질병이라는 건 다들 알겠지요. 더구나 불치병이고요. 완치 방법은 없고, 진행 속도를 늦추거나 상태를 완화하는 치료법도 별 효과가 없습니다. 당연한 얘기지만 애나와 나는 이 상황을 받아들이려 노력하는 중입니다. 우리 생활을 어떻게 바꿔야 할지 계획하고, 끝낼 수 있을 때 끝내야 할 일을 파악하고, 내게 남은 시간과 능력을 어떻게 써야 할지 고민하고 있습니다. 당분간은 여러분과 함께 내가 좋아하는 활동을 계속하고 싶습니다. 무도장에서, 피클볼 경기장에서, 줌바 강습에서 만나면 항상 그랬던 것처럼 평범하게 인사해주세요. 언젠가는 이 모든 것을 포기해야겠지만, 그렇다고 오늘의 즐거움을 긍정하지 않을 이유는 없습니다. 여러분을 알게 되어 기쁘고 앞으로도 여러분과 소통할 수 있기를 기대합니다."

조는 메일 서명 아래 음표로 선을 긋고 맺음말을 적어 넣었다.

"음악이 그치기 전에는 자리에 앉지 말아요."

조는 좀처럼 휠체어에 앉지 않으려 했다. 그것까지는 받아들이기가 어려웠다. 휠체어를 쓴다는 건 이미 그의 삶을 대부분 앗아간 질병에 패배했음을 인정하고 포기하는 셈이었다.

그러나 병세가 악화하면서 조도 점진적인 신체 기능 상실을 감내해야 했다. 그는 한 손으로도 자동차를 운전할 수 있게 운전대에 손잡이를 설치하는 등 활동 제한을 극복할 방법을 모색했다. 더 이상 콘트라 댄스를 할 수 없게 되자(팔을 뻗기 어려웠고 왼쪽이나 오른쪽으로 빙 돌 수도 없었다) 왈츠로 전환했다. 평생 능숙한 댄서였기에 왼팔을 옆구리에 늘어뜨리거나 파트너의 몸에 대충 얹고 나머지 한 팔로도 충분히 리드할 수 있었다.

그렇지만 애나는 꾸준히 악화하는 조의 상태를 지켜보기가 힘들었다.

"움직이고 춤추고 운전하기를 좋아하는 사람이 그 모든 것을 잃을 거라 생각하니 너무 슬펐어요. 조만간 춤도 출 수 없겠죠. 그이에게 남은 유일한 즐거움인데 말이에요. 여러모로 스트레스도 해소되고요. 우리 앞날이 어떻게 될지 훤히 보이는 것 같았어요."

그해 여름 조와 애나는 2주 동안 태평양을 지나 알래스카까지 가는 크루즈 여행에 나섰다. 조가 호텔로 차를 몰았고 거기서 관광버스에 올라 크루즈 출발점인 캐나다 밴쿠버로 갔다.

"배 위에서 식사할 때는 대체로 뷔페식당에 갔어요. 조는 한 손밖에 못 썼기 때문에 내가 음식을 가져다줬죠. 그래도 그

때는 조가 컵에 든 음료를 마실 수 있었어요. 포크도 쓸 수 있었고요. 가장 중요한 건 해피아워에 함께 건배를 할 수 있었다는 거였죠!"

애나의 회상에 조가 웃으며 말했다.

"그래요, 즐거운 시간이었어요. 크루즈 여행을 갔다 오길 정말 잘했어요."

여행에서 돌아오자 냉혹한 현실이 그들을 기다리고 있었다. 조의 거동이 점점 더 힘들어져 두 사람은 살던 집을 팔고 휠체어 사용이 가능한 집으로 이사하기로 했다. 주택 매매 절차가 끝난 9월, 조는 서명하는 것도 어려운 상태였다. 더 이상 오른손으로 펜을 잡을 수 없어서 공무 전반에 사용할 서명 도장을 마련했다. 비슷한 시기에 운전 능력도 잃었다. 피클볼도 할 수 없었다. 무도장에 가는 것도 중단했다. 샌드위치를 집거나 숟가락을 입에 갖다 대지도 못했다. 체중이 9킬로그램이나 줄었다. 머리는 가슴까지 수그러졌고 상체 전체가 앞으로 굽었다. 애나는 그 무렵을 이렇게 기억한다.

"허리 받침대를 착용하지 않으면 눈높이가 나랑 똑같았어요. 내 키는 166센티미터고 조는 186센티미터인데도 그랬어요. 고개를 들어 올리지 못했으니까요. 똑바로 서지도 못했고요. 모든 것이, 온 세상이 한꺼번에 무너져 내리는 것 같았어요."

조는 상반신을 위태롭게 앞으로 굽히고 양팔을 옆으로 늘어뜨린 채 집 안을 걸어 다녔다. 애나가 루게릭병 클리닉에서 가져온 휠체어는 여전히 쓰지 않으려 했다.

12월 말 조의 형 토머스가 방문했다. 토머스는 포틀랜드에서 일하다 은퇴한 물리치료사였다. 조가 비틀대며 복도를 걸어가는 모습을 본 그는 애나를 한구석으로 데려가 동생이 더 이상 걷지 못하게 하라고 말했다.

"조가 균형을 잃고 기우뚱하기라도 하면 그대로 넘어질 거예요. 손과 팔을 쓰지 못하니 바닥에 이마를 찧어 머리뼈에 금이 가겠죠. 그러면 죽을 수도 있어요."

토마스의 경고에 애나는 고개를 끄덕였다. 자신이 지켜보고 있어서 아직은 조가 넘어져 다친 적이 없다는 게 다행이긴 했지만, 그가 계속 집 안을 돌아다니면 재앙이 일어날 수밖에 없다는 것도 알았다. 만약 조가 넘어진다면 애나 혼자 일으켜 세우지 못할 터였다. 애나는 조에게 이렇게 간청했다고 기억한다.

"물리치료사인 당신 형이 더 이상 걸으면 안 된다고 했어. 이제부터는 걷지 말고 휠체어를 써야 해."

놀랍게도 이번에는 조도 저항하지 않았다. 내가 그 이유를 묻자 애나는 어깨를 으쓱했다.

"현실을 받아들인 거죠. 냄비 속 개구리처럼요."

천천히 끓어오르는 냄비 속에서 뛰쳐나오지 않는 개구리처럼, 조는 자신의 병에 항복하는 단계에 이르렀다. 그도 낙상이나 불의의 사고로 처참하게 죽고 싶지는 않았다. 자기 신체를 통제할 능력을 대부분 잃었지만 죽음만큼은 자기 방식대로 준비를 마친 뒤 자발적으로 선택하고 싶었다. 그래서 선택의 시간이 올 때까지 걷기를 그만두고 휠체어를 쓰기로 했다.

신체 기능을 상실할수록 점점 더 많은 것을 받아들여야 했다. 예전에는 상상할 수도 없던 일이 점차 새로운 일상으로 자리 잡았다. 이제 조의 집은 신체 기능을 대신 해주는 기계로 가득했다. 수동과 전동 휠체어, 환자용 리프트, 허리와 목 받침대, 과도한 타액을 빨아들이는 흡입기, 자동 기침 보조 장치, 안면 마스크로 호흡을 보조하는 기도 이중 양압기 등.

고개를 들지 못하는 조의 증상은 목 부분 척추측만증 때문에 더 악화했다. 매일 밤 양치질하기도 고역스러웠다. 애나는 등을 뒤로 젖힌 수동 휠체어에 조를 비스듬히 앉힌 채 양치질을 해주었다. 조의 몸을 뒤로 젖혀놓았기 때문에 묽은 치약에 질식하지 않도록 타액 흡입기를 입에 넣어주어야 했다. 조의 취침 일과를 완수하느라 밤마다 두 사람 모두 녹초가 되어 침대에 쓰러지곤 했다. 조는 환자용 침대에, 애나는 그 옆에서 둘이 함께 쓰던 퀸사이즈 침대에 홀로 누웠다. 조는 환자용 침대 시트에 강력 접착 테이프로 페달을 부착했다. 한밤중에 애나를 깨워야 할 때 발가락으로 페달을 누르면 알람을 울릴 수 있었다. 조는 양압기 마스크를 쓰고 있었기에 소리 내어 불러도 애나에게 들리지 않았던 것이다.

15개월 동안 조는 점차 많은 것을 양보했지만, 죽음을 앞당기겠다는 애초의 계획만큼은 고수했다. 그는 죽음이 산비탈

위의 바윗덩어리 같은 기세로 자신에게 떨어지리라는 것을 알고 있었다. 바윗덩어리를 멈출 힘은 없으니 이쪽에서 선수를 치는 것이 최선이었다. 바야흐로 삶과 죽음 중에서 선택하는 게 아니라 어떤 죽음의 방식이 다른 방식보다 더 나을지 결정해야 하는 상황이었다.

이제 디그니타스를 이용할 생각은 없었다. 진단 후 몇 달만 해도 거동이 가능했고 스위스까지 비행기로 날아가는 수고와 비용을 감당할 수 있었다. 하지만 시간이 지날수록 조는 점점 더 무력하고 취약해졌다. 취리히에 도착한 후에도 2주나 대기해야 한다는 걸 알고 나니 죽기 위해 외국까지 간다는 게 너무 비현실적이고 값비싼 선택지로 여겨졌다. 조와 애나가 워싱턴주 조력 사망법을 좀 더 진지하게 알아보기 시작했을 무렵, 그들은 스위스로 가려던 계획을 거의 포기한 상태였다.

2018년 1월, 조와 애나는 3개월 만에 정기 검진을 받으러 신경과 전문의를 찾아갔다. 의사는 조에게 가정 호스피스 치료를 추천해야 할 것 같다고 말했다. 호스피스를 이용할 수 있다는 것은 환자가 시한부 6개월 이하라는 의미였다. 애나는 그 말에 얼마나 경악했는지 회상했다.

"조가 그렇게 빨리 쇠약해지리라고는 아무도 예상하지 못했을 거예요. 우리에게도 충격이었죠. 조와 나는 서로 마주 보며 '이걸로 끝인가 봐'라고 생각했어요. 조는 호스피스를 이용할 수 있다는 말을 듣자마자 존엄사를 신청하기로 했지요. 시한부 6개월이라는 마법의 숫자가 나왔으니까요."

그렇다고 조가 호스피스에 무관심한 것은 아니었다. 그는 즉시 치료를 신청하고 임종 돌봄에 어떤 선택지가 있는지 조사했다. 호스피스 업체인 프로비던스 직원들은 조의 공황 발작을 관리하고 산소 결핍을 완화하기 위해 최선을 다할 것이라고 했다. 그러나 그들의 다짐에도 불구하고 조는 질식사할지 모른다는 불안에 시달렸다. 그는 이미 숨쉬기가 힘들어진 상태였다. 조는 자신의 병세를 두고 이렇게 말했다.

"다 소용없어요. 내가 왜 이 모든 수고와 고통을 겪고 또 신체 기능을 잃으며 시간을 낭비해야 하죠? 어차피 다 끝났어요. 그냥…."

그의 목소리가 잦아들었다. 애나가 대신 말을 이어갔다.

"깨어 있는 모든 시간을 그저 목숨을 부지하고 계속 숨 쉬려고 발버둥을 치며 보낸다면…."

"그건 사는 게 아니에요."

조가 말을 툭 내뱉더니 천장을 올려다보았다.

나와 만나기 몇 주 전, 조는 음성 인식 소프트웨어의 도움을 받아 힘겹게 최후의 상념을 기록했다. 그중에는 조가 가장 좋아하는 작가인 J. R. R. 톨킨의 작품 속 죽음을 성찰한 내용도 있었다. 조는 예전부터 요정족의 동맹으로 유명한 누메노르인에게 열광했다. 요정족은 성숙한 장년기의 어느 시점에 노화가

멈추고 사고나 전쟁으로 죽지 않는 한 불로불사하는 반면, 누메노르인은 말 그대로 필멸의 존재다. 다만 그들은 자신의 목숨이 다해간다고 느끼면 자발적으로 삶을 포기할 수 있다. 다시 말해 쇠약해지는 것을 견디는 대신 죽음을 선택할 수 있다. 조는 이렇게 썼다.

"누메노르인은 죽음의 그늘 밑에서 살아가되 나를 나답게 하는 자질을 상실한 후에도 억지로 살아갈 필요가 없는 아름답고 고귀한 생명체의 예시다."

조는 그를 그답게 했던 자질을 대부분 잃었다. 그는 오랫동안 신체적 날렵함과 춤추고 몸을 가누는 능력으로써 자신을 인식해왔으나, 이제는 다양한 기계에 일거수일투족을 조종당했다. 이 낯선 사이보그는 더 이상 조 자신이 아니었다. 사고하고 판단하는 능력은 남아 있었어도 그것만으로는 자아를 지탱할 수 없었다. 조처럼 질병에 많은 것을 빼앗긴 사람에게는 죽음의 시기와 조건을 직접 결정하는 것이 구원일 수 있다.

조는 이런 결론을 내렸다.

"톨킨의 책은 판타지다. 우리는 누메노르인이 아니다. 루게릭병 같은 질병에 걸리면 삶의 끝이 눈앞에 다가온다. 필연적으로 닥쳐올 죽음은 지극히 고통스럽고 불쾌할 것이 분명하며, 의지력만으로는 그런 현실을 피할 수 없다. 다행히 오리건주나 워싱턴주에 사는 사람은 차선책을 택할 수 있다. 친절하고 자비로운 이들이 최후의 선택을 하도록 도와줄 것이며, 적어도 선택하고 싶지 않은 상황을 강요당하는 것은 피할 수 있다."

조가 겪은 일들은 결코 그의 선택이 아니었다. 그나마 그는 자신의 신체가 통제를 벗어나는 것을 지켜보면서도 언제 어떻게 세상을 떠날지 스스로 결정할 수 있다는 믿음에 안도하고 있었다. 앞으로 부딪칠 온갖 난관은 예상치 못한 채.

2

호스피스로는 부족하다

조처럼 중증인 환자에게는 보통 호스피스가 기본 선택지다. 실제로 환자가 호스피스 덕분에 심한 통증을 달래기가 쉬워지면 의료 조력 사망을 원치 않을 거라고 보는 의사들도 있다. 그렇지만 그대로 가만히 죽어갈 수 없었던 조에게 호스피스만으로는 부족했다. 호스피스 측에서는 그가 고통스럽게 죽지 않을 것이라고 장담할 수 없었다. 조는 호스피스 직원들을 좋아했으나 그곳에서는 자신이 절실히 원하는 단 하나를 보장받을 수 없다는 걸 알았다. 무력하게만 느껴지는 상황에서도 일말의 주체성을 지키는 것 말이다.

나는 호스피스 자원봉사자로 일하면서 이 문제를 실감했다. 환자가 임종을 결정하는 맥락을 더 잘 이해하기 위해 포틀랜드의 호스피스 자원봉사 단체에 나가기도 했다. 그렇게 만난 환자 중 특히 기억에 남는 두 명이 있다. 한 명은 씩씩하고 건장했던 80대 흑인 여성 엘라다. 엘라는 에티오피아인 부부가 운영하는 포틀랜드 외곽의 성인 위탁 가정에서 살았고, 얼마 전에 호스피스를 신청한 터였다. 그는 울혈성 심부전으로 불시에 가슴을 파고드는 날카로운 통증에 시달리고 있었다. 하지만 그렇게 아파도 매주 빙고 게임장에 가는 것만은 포기하지 않았다. 그에게 여전히 짜릿하게 느껴지는 유일한 활동이었으니까.

나는 화요일마다 포틀랜드 커뮤니티 센터 주차장에서 엘라를 기다렸다가 빙고 게임장으로 데려갔다. 현란한 분홍색 립스틱을 바른 엘라는 승합차에서 휠체어 경사로로 내려오며 외치곤 했다.

"자기야, 즐겨보자고!"

우리가 빙고 책자를 사 들고 식당으로 가면, 히프색에 컬러 마커를 가득 챙겨온 노인들이 자리를 잡고는 게임 중에 먹을 과자를 쌓아놓고 있었다.

첫 번째 숫자가 나오는 순간부터 엘라는 게임에 집중했다. 엘라가 빙고를 하는 것은 사교 활동이 아니라 이기기 위해서였다. 그는 상금을 받으면 새 신발이나 우아한 블라우스를 사겠다고 했다. 엘라는 미시시피주 잭슨에서 네 남매 중 장녀로 태어났다. 그의 가족은 형편이 넉넉한 적이 없었다. 부모님은 엘라가 어렸을 때 온 가족을 데리고 태평양 연안 북서부로 이사했다. 엘라의 아버지는 그랜드쿨리댐 공사장을 거쳐 조선소에서 일했다. 엘라는 20년 동안 새크라멘토에서 장거리 버스 승

차권을 발권하다가 포틀랜드시에서 건설 인허가 담당자로 취직했다. 여행을 무척 좋아해서 시간만 나면 오리건 해변으로 떠났지만, 지난 10년간 거동 범위를 점차 줄여야 했다. 이제는 일주일에 한 번 빙고 게임장에 가는 게 전부였다. 갈수록 게임을 따라가기도 어려워졌으나, 엘라는 여전히 매 순간을 즐겼다.

게임이 시작되자 숫자가 번개 같은 속도로 쏟아져 나왔다. 엘라가 게임판을 훑어보고 스탬프를 찍기가 무섭게 다음 숫자가 나왔다. 나는 한 눈으로는 내 게임판을, 다른 한 눈으로는 엘라의 게임판을 주시하며 숫자를 놓치거나 빙고에 가까워지면 알려주려 했다. 게임장이 한 치의 양보도 없는 장소라는 건 금세 알 수 있었다.

"중단시키지 말아요!"

우리가 숫자를 한 번만 더 불러달라고 요청할 때마다 사람들이 투덜거렸다. 엘라는 그들의 불평에 개의치 않았고 도리어 맞받아치기까지 했다. 그러나 실수로 "빙고!"라고 외친 사람은 가엾게도 모두의 매서운 눈총에 시달려야 했다. 우리가 함께 게임장에 간 몇 주 동안 엘라는 한 번도 이기지 못했으나 그래도 즐거웠던 것 같다.

엘라의 상태는 빠르게 악화했다. 네 번째로 외출했을 때는 호흡이 가빴고 줄곧 날카로운 가슴 통증에 시달렸다. 그럼에도 엘라는 호스피스 간호사 레일라에게 빙고 게임장에 계속 다니게 해달라고 간청했다. 레일라는 승인했지만 외출 조건은 더 엄격해졌다. 다섯 번째로 외출했을 때 엘라는 가방에 경구용 모르핀 주사기를 넣어 왔고, 레일라는 내게 엘라의 통증 강도를 계속 확인해달라고 요청했다. 엘라가 통증이 1에서 10까지 중에서 4 이상이라고 하면 호스피스에 전화하기로 했다. 그날 빙고 숫자가 쏟아지는 동안 엘라는 입술을 깨물며 심장을 움켜쥐었고 숫자 세 개를 연달아 놓쳤다. 나는 두려움에 속이 울렁대는 것을 느끼며 엘라에게 통증 강도를 물었다. 엘라가 "7이요"라고 중얼거렸다. 얼른 호스피스에 전화하니 레일라가 엘라의 가방 속 주사기를 꺼내라고 했다. 엘라는 손가락을 덜덜 떨며 액상 모르핀을 입에 털어 넣었다. 그쯤엔 나도 우리가 다시는 빙고 게임장에 오지 못하리라는 걸 알았다.

엘라를 마지막으로 본 건 그가 지내던 위탁 가정에서였다. 나는 그곳으로 가던 길에 레일라와 마주쳤다.

"엘라는 죽어가고 있어요."

레일라의 말이 여름날 뜨거운 살갗에 닿은 얼음물처럼 오싹하게 느껴졌다. 그렇게 급격히 악화하리라고는 전혀 예상치 못했다. 나는 잠시 망설이다가 엘라의 방으로 들어갔다. 그는 모르핀에 취해 깊이 잠들어 있었다. 레일라가 말했다.

"편안하게 해주려고요."

침대에 누운 엘라는 바깥을 돌아다닐 때보다 훨씬 작아 보였다. 이마에 얹힌 새까만 가발 아래로 숱이 적은 흰머리가 드러났다. 손톱이 자라 그 위에 접착제로 붙인 주홍색 네일팁이 손톱뿌리 살갗에서 밀려 나와 있었다. 그 아래에 조용하지만 집요하게 존재하는 생명을 보여주듯. 나는 침대 옆 의자에 앉았다.

나는 엘라가 자신에게 일어난 일을 어떻게 생각하는지 전혀 몰랐다. 우리는 엘라의 죽음에 관해 이야기한 적이 없었다. 적어도 엘라가 저승사자를 기다리며 죽어가는 동안 통증이 심하지 않을 거라 믿고 싶었다. 그렇게 생각하니 마음이 좀 누그러졌지만, 과연 엘라도 이처럼 홀로 망각의 바다를 표류하며 정신이 들락날락하는 상태를 원했을지 의구심이 들었다. 병원에서 죽거나 고통스럽게 죽어가는 것보다는 분명 나았으리라. 그러나 이 용감하고 의지 강한 여성은 기회만 주어졌다면 다른 길을 택하지 않았을까? 얼마 후 나는 일어나 그 자리를 떠났다. 엘라는 이틀 뒤 사망했다.

다른 한 명도 호스피스 환자였지만 엘라와는 완전히 다른 사람이었다. 백한 살인 테레사는 10년 전 중증 치매 진단을 받고 메디케어를 소진할 때까지 포틀랜드 전역의 여러 전문 요양원을 전전했다. 곰처럼 푸근하고 편안한 인상의 70대 아들 스티븐은 좁은 집에 살고 있었지만 어머니를 모셔오기로 했다. 테레사는 말할 수 없고 거의 움직이지도 못했기에 24시간 간병이 필요했다. 스티븐은 어머니의 전일제 간병인이었다. 그는 일주일에 한 번, 교대 간병인인 내가 테레사를 돌보는 네 시간 동안만 외출할 수 있었다.

스티븐이 나를 테레사와 함께 쓰는 비좁고 어둠침침한 침실로 안내했을 때, 가장 먼저 다가온 것은 요강에서 풍겨오는 지린내였다. 스티븐은 사과하며 얼른 요강을 비웠다. 내가 도착하기 전에 집 안을 치워보려 애쓴 흔적이 역력했다. 화장실에는 방금 빤 자루걸레가 놓여 있었고 부엌 건조대에는 설거지한 접시가 잔뜩 쌓여 있었다. 그는 최선을 다하고 있었다. 테레사는 높이 쌓아 올린 베개로 머리를 받친 채 웅크리고 누워 있었다. 잠든 테레사의 하얀 얼굴을 듬성한 백발 가닥이 뒤덮고 있었다. 스티븐은 어머니가 대체로 밤에 활동하고 낮 동안 잠을 잔다고 말했다. 그리고 내게 너무 가까이 다가가지 말라고 했다. 그랬다간 어머니가 벌컥 화를 내며 깨물지도 모른다는 것이었다. 한번은 당신을 진찰하려는 의사의 뺨을 때린 적도 있다고 했다.

스티븐은 이제부터 외출해 볼일을 보고 교회 식품 창고에서 자원봉사를 할 것이라고 했다. 그동안 나는 침실 문을 열어놓고 거실에 앉아 있다가 가끔 어머니를 봐주면 된다고 했다. 그는 부엌으로 가서 바닐라와 초콜릿 맛 영양 보충 음료 두 병을 섞어 뚜껑 달린 플라스틱 머그잔에 붓고 빨대를 꽂았다. 그런 뒤 다시 침실로 들어갔다.

"엄마, 모닝커피 마실 시간이에요."

스티븐은 목소리를 높여 유쾌하게 말하려 했으나 오히려 괴로워하는 것처럼 들렸다.

"엄마, 모닝커피!"

테레사는 잠이 덜 깬 채 한쪽 눈을 반쯤 뜨며 사나운 눈빛으로 바라보았다. 스티븐은 테레사가 빨대를 물 수 있도록 머그잔을 턱 가까이 왼쪽 팔꿈치 안에 대주었다. 테레사는 음료를 한 모금 마시더니 도로 까무룩 잠들었다. 빨대가 뺨을 파고들었다.

스티븐의 집에서 보낸 시간은 별다른 사고 없이 지나갔지만, 나는 지독한 불안감에 시달렸다. 간혹 침실에서 오싹한 신음이 들려오면 테레사의 상태를 확인하러 들어갔다. 하지만 매번 비몽사몽간에 낸 소리였다. 테레사가 깨어나면 무슨 일이 일어날지 두려웠기에 다행이라고 생각하면서도 그 사실을 인정하기가 괴로웠다. 내게 테레사는 한 인간의 아득한 그림자 같은 존재로 느껴졌다. 그는 무엇에 의지해 살아왔을까? 의지할 것이 있는 삶이었을까? 언제쯤 자신을 대변할 수 있는 단계를 지나버렸을까? 다른 길을 선택할 수 있었더라도 크게 달라질 게 있었을까?

이후 테레사가 어떻게 되었는지는 모른다. 나는 동부로 돌아가야 했고 새로운 자원봉사자가 내 자리를 대체했다. 그저 테레사의 미래도 현재와 크게 다르지 않으리라고 예측할 수밖에 없었다. 어쩌면 앞으로 수년을 그렇게 살아갈 수도 있을 터였다.

내가 말한 두 환자의 사례가 일반적인 것은 아니다. 미국에서 호스피스는 전형적인 임종 방식이 아니다. 오늘날 미국인의 60퍼센트는 병원, 그것도 중환자실에서 유언도 제대로 남기지 못한 채 사망한다.[1] 엘라와 테레사 이야기를 꺼낸 이유는 그들을 만났을 무렵 내가 조력 사망 연구에 몰두했고, 환자 스스로 죽음의 방식과 시기를 정할 수 있으면 상황이 어떻게 달라지는지 확인했기 때문이다. 내가 만난 다른 환자들도 엘라와 테레사처럼 시한부 질환으로 괴로워하다가 더 이상 시도할 치료법이 없자 호스피스에 등록한 경우였다. 그렇지만 그들은 엘라나 테레사와 달리 호스피스에서 구할 수 있는 것 이상을 원했고, 몸과 자아가 스러져가는 와중에도 임말의 통제권을 지키려 했다.

　　엘라와 테레사가 조력 사망을 선택해야 했다는 것은 아니다. 엘라는 본인의 죽음을 논의할 상황이 아니었고 대체로 현재에 만족하는 것처럼 보였다. 테레사는 오리건주 존엄사법을 이용할 자격이 없었을 것이다. 정신이 명료하지 않은 환자는 부적격 판정을 받으니까. 하지만 만약 엘라와 테레사가 호스피스에 의존하며 서서히 죽어가기를 원치 않았다면 어떻게 되었을까? 두 사람의 경험과 내가 만난 다른 환자들의 경험이 얼마나 다른지 확인하고 나니, 호스피스에서 답을 찾기 어려운 환자에게 조력 사망이 어떤 도움을 줄 수 있는지 실감하게 되었다.

　　호스피스와 완화 의료가 죽음을 생각하고 관리하는 방식을 바꿔놓은 건 분명하다. 완화 의료는 임종 돌봄으로 중증 환자의 증상을 완화하는 데 중점을 둔 비非치료성 전문 의료 서비스를 아우르는 명칭이다. 이는 병에 따르는 증상뿐 아니라 치료에 따르는 고통도 줄여준다. 완화 의료 전문의는 병원에서 질병의 단계에 따라 환자에게 협조하며, 이 과정은 종종 실제 치료와 병행한다. 환자가 시한부 판정을 받고 치료를 중단하면 그 이후는 호스피스의 몫이다. 완화 의료의 일종인 호스피스는 삶의 마지막 단계에서 고통을 줄여주는 다양한 방법을 활용한다.

호스피스와 완화 의료는 불필요하고 더러 해로운 연명 의료에서 죽음의 과정을 수용하고 완화하는 방향으로 패러다임을 전환하는 데 앞장서 왔다. 기술 개입으로 생명 연장 범위가 점점 더 커지면서 1970년대에 이르자 무조건 오래 살수록 좋다는 현대 의학의 폭거에 맞설 해독제로 완화 의료가 부상했다. 인공호흡기 같은 특수 의료는 원래 고난도 수술 중 환자의 생명을 유지하기 위한 것이었고, 실제로 오랫동안 극한 상황에서만 사용했으나, 오늘날에는 일상적으로 쓰이고 있다. 케이티 버틀러가 저서 《아무도 가르쳐주지 않은, 괜찮은 죽음에 대하여》에서 보여주었듯, 환자는 일방적인 침습 의료 단계에 따라 움직이는 "빠른 의료의 컨베이어 벨트"에서 벗어나기가 어려워졌다.[2] 임종 단계에 첨단 의료 기술을 동원하면 며칠이나 몇 주를 더 살 수 있겠지만 불필요한 고통도 연장된다.

    미국에서 호스피스는 보통 특수 시설에 들어가기보다 가정에서 서비스받는 형태로 이뤄진다. 내가 교육 중에 들은 말처럼 "호스피스의 핵심은 건물이 아니라 철학"이기 때문이다. 메디케어로 호스피스를 신청하려면 시한부 6개월 이하 판정을 받은 환자이고 증상 완화 외의 실제 질병 치료(화학 요법이나 투석 등)를 중단했어야 한다. 호스피스는 환자가 며칠 더 사는지보다 그동안 얼마나 잘 살 수 있는지를 우선시하며, 죽어가는 환자와 가족의 심리, 신체, 감정, 종교 문제를 보살핀다. 내가 연구 중에 만난 호스피스팀은 무엇보다 환자를 치료의 중심에 두고 있었다. 호스피스팀은 대체로 의사, 간호사, 사회복지사, 물리치료사, 종교상담사 등을 포함한다. 환자 대부분은 호스피스 등록 기간이 길지 않다. 내가 일한 호스피스에서는 환자들이 평균 20일 정도 만에 사망했다.

호스피스 기관은 조력 사망과 관련해 난감한 처지에 놓여 있다. 호스피스의 설립 원칙은 생명을 연장하지 않되 죽음을 앞당기지도 않는 것이다. 그런데 조력 사망은 환자에게 죽음을 앞당길 권한을 부여한다. 최근까지 오리건주 존엄사법에 관여한 의사와 자원봉사자들은 조력 사망을 '서두르기hastening'라고 불렀다. "우리는 서두를 거야" 또는 "샐리가 서두르고 있어" 하는 식이다. 이 표현은 계속될 삶을 적극적으로 중단하는 것이 아니라 환자의 말기 예후에 따라 피할 수 없는 운명을 앞당긴다는 의미를 강조한다.

'서두르다'라는 표현은 한동안 호스피스가 조력 사망 개념을 받아들이는 데 장애물로 작용했다. 그러나 단지 표현의 문제만은 아니었다. 오리건주 세일럼에 있는 윌러멧 밸리 호스피스의 전무이사를 지낸 린다 다우니는 오리건주에서 처음 조력 사망을 합법화했을 때 호스피스가 처한 난관을 설명했다.

"환자는 애초부터 호스피스에 오지 않으려 합니다. 여기에 온다면 자신이 죽어가고 있다는 사실을 인정하는 셈이니까요. 호스피스가 죽음을 적극 돕는 곳이라고 생각하면 더욱 오기가 꺼려지겠지요. 그래서 우리는 정말 조심해야 했습니다."

조력 사망에 반대하는 완화 의료인과 호스피스 의사들은 죽음을 앞당기지 않아도 완화 의료로 임종 환자의 증상을 덜어줄 수 있다고 주장한다. 스탠퍼드대학교의 완화 의료 전문의이자 정신과 의사인 케리 브레너는 완화 의료가 임종 단계의 통증과 우울증을 충분히 완화해준다고 말한다. 그는 2017년 보스턴에서 열린 조력 사망 법안 공청회에서 이렇게 증언했다.

"우리는 이미 더 나은 죽음의 방식이 있다는 걸 압니다. 해결책은 더 강력하고 광범위한 완화 의료와 호스피스입니다. 실제로 우리는 환자의 선택과 가족의 가치에 부합하는 치료를 개발합니다."

완화 의료인 커뮤니티는 전반적으로 조력 사망을 두고 아직 의견이 분분하다.[3] 많은 임상의가 완화 의료로 고통을 대부분 해소할 수 있다는 브레너의 생각에 공감하며, 자신이 환자의 죽음을 돕는 데 개입하면 남들에게 어떻게 보일지 염려한다.[4] 완화 의료에 관한 일반 대중의 불신은 많은 의사의 골칫거리다. 완화 의료와 호스피스를 혼동하는 대중의 인식 탓에, 의사가 완화 의료를 권하면 치료를 중단하고 임종 돌봄으로 대체하라는 의미로 오해하는 환자도 있다.[5] 일부 전문의는 자신이 조력 사망에 관여하면 이런 의심이 더 강해질 것을 우려한다. 반면 완화 의료와 호스피스가 모든 고통을 해소할지 의문을 제기하며 조력 사망이라는 선택지가 생기는 것을 환영하는 의사도 있다.[6]

법에 따르면 호스피스 기관은 조력 사망에 관여할 의무는 없지만, 조력 사망을 원하는 환자를 관리할 책임이 있다. 또한 환자가 사망하는 시점 이후까지 동행할 책임도 있다. 오리건주에서 조력 사망법을 제정한 직후부터 많은 호스피스 기관이 조력 사망에 '신중한 중립studied neutrality' 입장을 보여왔다. 앞으로 조력 사망이 중요한 임종 선택지가 될 것이 분명한데 조력 사망을 원하는 환자를 저버릴 수는 없었기 때문이다. 오늘날 오리건주의 많은 호스피스 기관이 조력 사망에 관한 환자의 질문에 응답하고 환자가 이 선택지를 검토하는 데 유용한 자료를 제공한다. 그러나 대개는 자체 규정에 따라 환자가 치사 약물을 섭취할 때 동석하지 않는다. 다만 호스피스 간호사가 인접한 공간에서 기다렸다가 임종 후 환자의 가족과 함께 사후 절차를 도울 수는 있다.

 소수긴 해도 보다 직접적으로 환자의 조력 사망 과정을 지원하는 호스피스도 존재한다. 카이저 퍼머넌트Kaiser Permanente는 호스피스 환자에게 자체 의료 기관의 코디네이터를 소개해 조력 사망 과정을 안내한다. 또한 환자와 가족이 조력 사망을 선택할 수 있게 돕는 자원봉사 단체인 '엔드 오브 라이프 초이스 오리건'과도 긴밀히 협력한다. 반면 가톨릭계 호스피스는 대부분 조력 사망에 절대 반대하며 어떤 형태로든 관여하지 않는다. 프로비던스는 오리건주에서 손꼽히는 대규모 의료 서비스 업체로 여러 병원과 호스피스를 운영한다. 가톨릭교에서 운영하는 프로비던스는 직원의 조력 사망 관여를 공식 금지하고 있으며, 임종 환자의 조력 사망 신청을 방해하곤 한다. 조력 사망법을 이용하려는 환자들은 한시가 중요한 상황에서 호스피스의 지원 거부로 심각한 지체를 겪는다.

 오리건주에서 존엄사법이 통과된 1997년 이후 주 내의 호스피스 이용이 대폭 증가했다. 2013년 메디케어 환자의 호스피스 이용률은 전국적으로 20퍼센트 미만이었으나 오리건주에서는 40퍼센트까지 늘어났다.[7] 이는 우연이 아니다. 오리건주 의료계와 보건 당국은 조력 사망이 임종 돌봄 전반을 대체하는 사태를 원하지 않았기에 호스피스 인력에 많은 자원을 투자했다. 오리건보건과학대학교 가정의학과 부교수인 닉 기디언스는 주 내의 호스피스 서비스 확대가 조력 사망법 제정에 따른 부수 효과라고 말한다.

"조력 사망법이 생기면서 호스피스와 완화 의료가 환자의 필요를 최대한 충족하려는 선의의 경쟁에 뛰어들었다고 봅니다. 오리건주 존엄사법이 환자의 돌봄을 모든 면에서 개선했다는 것은 여러모로 분명한 사실입니다."

사실 호스피스와 조력 사망은 상충하는 선택지가 아니다. 2020년 오리건주 존엄사법을 이용한 사람들의 약 95퍼센트가 호스피스 프로그램의 일환으로 조력 사망을 선택했고, 이는 양자택일 문제가 아니었다.[8] 조력 사망을 호스피스의 대안이 아니라 보완책으로 보면, 임종 환자가 기존 호스피스에서 구할 수 없는 무언가를 조력 사망이 제공한다는 게 드러난다.

삶이 끝나가는 환자가 스스로 어떻게 임종할지 결정하기는 어려울 수 있다. 간신히 병원에서 죽는 상황을 면했더라도

말이다. 인생은 순식간에 흘러가고, 사건은 그 자체의 과정과 논리에 따라 전개되며, 죽어가는 사람은 스스로 절대 선택하지 않았을 상황에 놓인다. 호스피스는 고통과 불안을 덜어주고 죽음을 받아들이게 도와줄 수 있다. 그러나 호스피스를 이용한 임종이 모든 개인의 자율성과 존엄성을 지켜주지는 못한다. 더구나 죽어가는 사람을 돌봐야 하는 가족에게는 그 과정이 힘겨울 수 있다.

앤드루의 아내 수전은 예순두 살이던 2011년 4월에 전이성 췌장암 말기 진단을 받았다. 그는 불과 몇 달 만에 포틀랜드 북부의 자택 침대에 갇혀 하루 종일 남편, 언니, 아들들과 임시 호스피스 간호사의 돌봄에 의존하게 되었다. 지금까지도 앤드루는 수전의 임종 과정에서 겪은 무력감의 후유증에 시달린다. 수전의 약물 복용과 변덕스러운 증상을 관리하느라 온 가족이 기진맥진했다. 늘 호스피스 간호사를 부를 수 있는 상황이었는데도 말이다. 앤드루는 수전의 극심한 통증과 약에 취해 있기 싫다는 바람 사이에서 계속 타협점을 찾아야 했다. 그는 자택 뒤뜰의 위풍당당한 가죽나무 아래에 앉아 이렇게 말했다.

"사람들은 호스피스를 잘 몰라요. 임종이 가까워지자 호스피스 간호사는 모르핀이 최선이라고 말했지만, 나로서는 과연 이게 옳은지 확신할 수 없었어요. 나는 모든 권한을 넘겨주고 무력하게 죽어가는 사람의 몸을 책임져야 했어요. 그 어떤 방편도 없이 아내의 의지를 대행하게 된 거예요."

넉 달 만에 수전은 자신의 임종을 두고 어떠한 결정도 내릴 수 없는 처지에 놓았다. 수전의 간병 책임을 떠맡은 앤드루는 자신이 감당할 수 없는 상황에 놓였다고 느꼈다.

"호스피스란 일종의 자선에 가깝죠. 항상 좋은 결과가 나오는 건 아니지만 그게 그 사람들 탓은 아니지요."

그는 머리 위로 우거진 나뭇잎의 윤곽선을 눈으로 좇으며 말했다.

"그렇지만 까딱하면 그 사실을 간과하기 쉬워요."

호스피스 철학은 말기 진단에 물리적 통증뿐 아니라 사회적·감정적·영적 고통도 따른다는 점을 인정한다. 1967년 런던에서 최초의 현대식 호스피스를 설립한 데임 시슬리 손더스는 실존에 따른 고통이 물리적 통증만큼이나 강할 수 있다는 데 주목하여 이를 가리키는 '총체적 고통'이라는 용어를 만들었다.

조력 사망을 원하는 환자 중 상당수는 다른 모든 걱정, 심지어 물리적 통증에 관한 걱정보다 더 극심한 실존의 고통에 시달린다. 자신이 누구이고 왜 세상에 존재하는지 알 수 없다는 사실은 벌어진 상처만큼 아프고 쓰라릴 수 있다. 죽어가는 환자가 더 살아야 할 목적과 의미를 알지 못할 때, 앞으로 비참한 날들만 남았을 때는 죽음 자체보다 살아간다는 것이 더 벅차게 느껴질 수 있다.

치사 약물을 처방하는 의사들은 존엄성, 신체 통제력, 자아감 상실 같은 고통은 완화하기 매우 어렵거나 불가능하다고 믿는다. 오리건보건과학대학교 종양 전문의 찰스 블랭크는 그런 고통을 호스피스로는 해소할 수 없다고 확신한다. 2018년 오리건주 조력 사망 처방의 14퍼센트를 작성한 그는 그해 가장 많은 처방을 써준 의사였다.

"환자가 부적절한 통증 조절 탓에 스스로 목숨을 끊어서는 안 된다는 데 동의합니다. 그렇지만 나는 말 그대로 삶의 질이 제로인 환자들을 만났습니다. 친구도 못 만나고, TV도 못 보고, 책도 못 읽고 밤낮으로 침대에 누워 천장만 바라보는 환자들요. 그들은 나아질 가능성이 전혀 없기에 차라리 살아 있지 않기를 바랍니다. 나로서는 이들의 상황을 개선해줄 방법을 떠올릴 수 없습니다. 얼마나 고통스럽겠어요. 당연하죠."

나는 블랭크의 말이 무슨 뜻인지 알았다. 연구 과정에서 예전에는 하루에 책을 한 권씩 읽었지만 이젠 눈의 초점이 맞지 않아 책도 TV도 볼 수 없는 환자를 만났기 때문이다. 뇌부종으로 말 한마디도 나눌 수 없는 환자도 있었다. 조처럼 온종일 꼼짝하지 못하고 안락의자에 누워 지내는 환자도. 그들 모두 삶의 질이 제로로 떨어졌다고 말했다.

7월에 사망하기까지 마지막 몇 주 동안, 앤드루의 아내는 더 이상 그가 기억하는 사람이 아니었다. 앤드루는 뺨에 흐르는 눈물을 닦으며 회상했다.

"내가 알던 수전은 완전히 사라졌어요. 더구나 호스피스에서도 정해진 절차를 벗어나게 해줄 수 없었지요. 수전이라면 그러길 바랐을 텐데요. 시한부 환자가 약물에 취해 아무것도 소화할 수 없고 의사소통도 하지 못하며 죽어가는 모습을 지켜보려니 너무 힘들었어요. 나는 수전이 고통스러워하며 죽었다는 걸 알거든요."

최고의 호스피스 의료진과 가족의 열성적인 보살핌에도 수전의 임종 과정은 힘들었고, 앤드루는 무력감을 느꼈다. 아내가 세상을 떠난 지 9년이 지난 지금도 그는 임종 시 아내의 주체성을 지켜주지 못한 것을 슬퍼한다.

조력 사망을 원하는 사람들은 대체로 통제 불가능한 신체 통증을 염려하지 않지만, 예외도 있다. 첨단 의료 기관에 맡겨진 환자 중에는 현대 의학을 동원해도 증상이 나아지지 않는 경우가 있다. 아무리 모르핀을 투여해도 극심한 물리적 통증에 시달리는 말기 환자, 배설물을 뿜어내는 환자, 더 이상 음식을 소화할 수 없어서 계속 구토하는 환자, 아찔한 신경통 탓에 살아갈 낙을 잃은 환자 등.

잘 알려지지 않았지만 호스피스에는 이런 극단적 상황을 위한 비장의 카드가 있다. 바로 완화 진정palliative sedation이다. 증상이 도무지 나아지지 않고 혼수상태나 그 직전까지 가야만 통증을 달랠 수 있는 환자를 위한 방법이다. 의사는 환자의 동의 아래 고高용량의 마약을 투여해 통증을 완화한다. 포틀랜드 호스피스의 의료 책임자는 이렇게 설명한다.

"환자가 편안해질 때까지 단계별로 진정제를 놓습니다. 그러다 환자가 의식을 잃기도 하죠."

의식을 잃을 정도의 진정, 소위 완전 진정total sedation은 보통 임종 예정일 하루에서 열흘 전부터 시행하는 최후의 수단이다. 음식물 공급을 전면 중단하면서 환자는 쇠약해져 죽거나 탈수로 사망한다.

완화 진정은 조력 사망과 달리 별다른 논란이나 조사조차 없이 의료 행위로 받아들여졌다.[9] 현재 완화 진정은 표준 진료에 따라 관리하는데, 이는 의사들이 법적 규정을 따르는 대신 자체 지침을 만들었다는 의미다. 실제로 가톨릭계 호스피스에서도 완화 진정은 일반적 관행이다. 이러한 완화 진정은 '이중 결과'라는 법적 원칙에 기대고 있다. 해로운 부작용이 따를 수 있는 행위도 더 큰 선의를 위해서라면 허용할 수 있다는 원칙이다. 완화 진정에서 의사의 주된 목표는 통증을 완화하는 것이지 환자를 사망에 이르게 하는 것이 아니다. 그러나 진정제 투여 과정에서 환자가 사망하면(거의 항상 그렇지만) 이는 용인할 수 있다는 것이다.[10]

완화 진정의 문제는 환자가 사망하기까지 십중팔구 병원에서 일주일까지도 의식을 잃은 채로 지내야 하며, 그러는 동안 가족은 계속 철야를 이어가야 한다는 점이다. 이런 선택지가 내키지 않는 환자와 가족도 있을 것이다. 더구나 완화 진정은 발작, 구토, 호흡 곤란, 장폐색 등 통증을 조절할 수 없는 예외적인 경우에만 쓰이는데, 시한부 환자는 대부분 이 범주에 속하지 않는다.

조는 호스피스를 신청하자마자 담당 의사에게 완화 진정

이 가능한지 물었다. 그런데 그가 겪는 산발적인 산소 결핍과 숨 막히는 느낌은 극단적 상황으로 간주할 수 없어서 어렵겠다는 답변이 돌아왔다. 애나가 설명했다.

"보통 암 같은 난치성 통증이 있어야 한대요. 호스피스 의사들은 쓸 수 있는 모든 방법을 써본 다음에야 완화 진정을 시도하는데, 그러려면 입원을 해야 하죠. 조는 완화 진정이 가능하다 해도 입원만큼은 원치 않았어요. 그가 고려할 선택지가 아니었죠."

조는 호스피스 제도 밖에서 고통을 끝낼 방법을 찾아야 했다.

2

장애물 극복

3

제한적 법률

1993년 오리건주에서 변호사, 의사, 활동가로 이뤄진 위원회가 존엄사 법안을 만들기 위해 한자리에 모였다. 그들로서는 촉박한 당면 과제였다. 얼마 전 캘리포니아주와 워싱턴주에서 관련 법안의 주민 발의에 실패했고, 오리건주 의회에서도 중증 환자의 임종 절차를 완화하는 법안을 건의한 지 거의 백 년이 지났지만 이렇다 할 결과물이 없었기 때문이다. 1906년 아이오와주와 오하이오주 입법자들은 치명적 질병이나 부상 환자를 클로로폼으로 사망하게 하는 '클로로폼 법안'을 발의했지만, 법안 내용에 허점이 너무 많아 통과하지 못했다. 1937년 네브래스카주, 1967년 플로리다주, 1969년 아이다호주에서 발의한 다른 법안들도 비슷한 운명을 맞이했다.

미국에서 존엄사 법안을 현실화하려면 해결해야 할 문제

가 하나 있었다. 그때까지 모든 의료 조력 사망 법안에는 안락사, 즉 의사가 치사 약물 주사로 직접 환자의 목숨을 끊어주는 행위에 관한 조항이 들어 있었다. 예를 들어 1991년 워싱턴주에서 발의한 법안은 환자가 약물을 복용할 수 없는 경우 의사가 치사 약물을 투여하는 것을 허용했다. 이 법안은 46퍼센트 대 54퍼센트로 부결되었다. 유권자들은 설령 환자가 요청했더라도 의사가 직접 환자의 목숨을 끊는 것을 불편해했다.

안락사 개념을 불편해한 것은 유권자뿐이 아니었다. 포틀랜드의 가정의학과 의사 피터 굿윈은 오리건주 존엄사법 초안을 작성하기 위해 발족한 '죽을 권리 위원회Right to Die Committee' 구성원 여덟 명 중 하나였다. 당시 굿윈은 계속 왕진을 다녔고, 집에서 가족에게 둘러싸여 죽어가는 환자와 병원에서 죽어가는 환자의 차이를 직접 눈으로 확인했다. 병원에서는 환자와 가족이 명확한 지침도 없이 방치되는 경우가 너무 많았다. 굿윈은 동료 의사들이 환자의 죽음을 마주하길 어려워한다는 사실을 깨달았다. 그는 죽음이 어떤 모습일 수 있는지 목격해온 만큼 죽음과 관련해 환자 본인이 더 많은 통제권을 얻길 바랐다.

굿윈은 안락사 문제를 놓고 위원회와 열띤 토론을 벌인 일을 회상했다.

"나는 환자에게 통제권이 있어야 한다고, 환자 본인이 약물을 복용해야 한다고 주장했습니다. 의사가 환자에게 주사를 놓는 안락사는 안 된다고 말입니다."[1]

굿윈은 가정의학과 의사 서른 명에게 전화를 걸어 이 문제에 관한 입장을 물었다.

"절반 정도가 '특정 상황에서 죽어가는 환자의 죽음을 도울 수 있다'라고 대답했습니다. 그러나 안락사는 안 된다고 했죠. 다들 딱 잘라 거절했습니다. 나도 마찬가지고요. 내가 직접 환자를 죽게 하는 건 절대 고려할 수 없었죠. 죽음을 선택할 권한은 환자에게 주어져야 합니다."

그런데 같은 위원회 구성원인 데릭 험프리는 안락사 조항을 지키려고 싸웠다. 영국 출신 저널리스트였던 그는 1975년 자택에서 아내 진의 임종을 도운 뒤 유명해졌다. 4년 전 유방암 말기 진단을 받은 진은 고통스럽게 죽을까 봐 두려워하고 있었다. 험프리는 아내의 요청에 따라 커피 한 잔에 세코날과 코데인을 섞어 침대 옆 탁자에 올려놓았다. 진은 남편과 작별 키스를 나눈 뒤 커피잔을 비웠고 한 시간도 지나지 않아 세상을 떠났다. 험프리가 아내의 죽음에 관해 쓴 《진의 길 Jean's Way》은 영국에서 베스트셀러가 되었고 여덟 개 언어로 번역되었다.

재혼 후 캘리포니아주로 이사한 험프리는 1980년 아내 앤 위케트와 함께 헴록 소사이어티 Hemlock Society를 설립했다. 야생 당근처럼 생긴 독초의 이름을 딴 헴록 소사이어티는 금세 미국에서 손꼽히는 죽을 권리 옹호 단체가 되었다. 헴록 소사이어티의 목표는 두 가지였다. 하나는 회원들에게 적당한 시점에 활용할 자살 방법을 직접 알려주는 것이고, 다른 하나는 미국 전역에서 조력 사망법을 통과시키는 일이었다. 10년 후 험프리는 말기 환자의 자살 방법을 다룬 실용 지침서 《마지막 비상구》를 저술했다. 1991년 8월 출간한 이 책은 순식간에 〈뉴욕타임스〉 베스트셀러 1위로 올라섰다.

나는 험프리가 사는 오리건주 숲속의 외딴집으로 차를 몰았다. 그는 사무실 겸 헛간으로 나를 안내했다. 그곳엔 서류와 책이 천장에 닿도록 쌓여 있었고, 험프리의 직업적 성취와 관련된 빛바랜 신문 기사 액자들이 벽에 걸려 있었다. 그는 두꺼운 진홍색 울 스웨터와 진회색 바지를 입고 이마에 검은 선캡을 쓰고 있었다. 여든일곱 살 노인답게 괴팍한 기질을 숨기지 않았고 한참 딴생각에 잠기는 습관이 있었다. 그래도 당시 위원회의 논의만큼은 어제 있었던 일처럼 생생히 기억했다.

"나는 법안에서 치사 약물 주사를 빼면 안 된다고 했지요. 약을 직접 삼키지 못하는 사람들도 있으니까요. 그런데 피터 굿윈은 의사들이 주사를 꺼릴 뿐 아니라 혐오스러워한다고 주장했죠. 주사를 빼고 처방전 조항만 남기면 법안은 통과될 거라고 하더군요. 내가 보기에는 환자에게 펜토바르비탈 한 병을 건네주든 환자가 요청해서 주사를 놓든 윤리적으로 큰 차이는 없어요. 윤리적으로는 똑같다고 생각해요."

결국 위원회는 굿윈의 편에 섰다. 오리건주의 법률은 안락사를 허용하지 않으며 환자는 법안에 따라 치사 약물을 스스로 섭취해야 한다.

위원회는 강력한 반대가 있을 것을 예상하고 법안을 백지화하는 것보다는 낫다는 생각으로 여러 제한 조건과 안전장치를 마련했다. 그러니까 환자가 언제든 조력 사망을 할 수 있어야 한다는 험프리의 제안과 달리 구체적인 시한부 조건을 명시했다. 이 법을 이용하려면 의사 두 명에게 말기 질환으로 6개월 안에 사망할 환자임을 확인받아야 한다.

조력 사망법에 따라 환자의 자격을 증명할 책임은 담당 의사(또는 '처방 의사')에게 있다. 이들은 제한 조건 충족 여부를 판단하고, 환자에게 선택이 가능한 대안과 조력 사망 신청을 철회할 권리를 알려주고, 환자가 충분한 정보에 기초해 결정했는지 확인하고, 서류를 정리한 뒤 처방전을 작성해 약국으로 보내야 한다. 자문 의사는 그와 별도로 환자를 진찰하고 진료 기록을 검토해 처방 의사의 진단을 확인한다.

환자가 조력 사망 자격을 갖추려면 오리건 주민이고 열여덟 살 이상이어야 하며 의학적 의사결정 능력을 입증해야 한다(혹은 정신건강 전문가의 추가 조사를 받아야 한다). 의사와 약사는 조력사법에 관여하는 것을 거부할 수 있으며 환자를 다른 의료인에게 위탁할 의무도 없다. 오리건주 존엄사법은 환자의 1차 구두 신청 이후 2차 구두 신청까지 15일의 대기 기간을 도입했는데, 이는 숙고하고 철회할 시간을 주려는 의도였다. 1차 구두 신청 후 환자는 어느 시점에 증인 두 명이 서명한 신청서를 제출해야 한다. 처방 의사는 서면 신청을 받은 뒤 48시간이 지나야 치사 약물 처방전을 발급할 수 있다(단, 대기 기간 15일이 지난 뒤라야 한다).[2]

제한 조건은 효과가 있었다. 1994년 오리건 주민 투표로 존엄사법이 아슬아슬하게 통과했다. 그러나 찬성 51퍼센트 대 반대 49퍼센트라는 근소한 차이라 반대자들은 법령 시행 금지 가처분을 신청했다. 법안이 유예 중이던 1997년, 미국 대법원은 헌법이 말기 환자의 의료 조력 사망 권리를 보장하지 않으므로 각 주에서 자체 조력 사망법을 만들어야 한다고 판결했다. 그해 말인 10월 27일, 제9순회 항소법원은 기존 법안에 관한 금지 명령을 해제했다.

반대자들은 즉시 기존 법안을 폐지하려 했다. 그해 11월 보궐 선거에서 유권자들은 이 법안을 완전히 철회해달라는 요청을 받았지만 그렇게 하지 않았다. 오리건주 주민은 20퍼센트라는 큰 차이로 이 법안을 통과시켰다. 미국 역사상 최초로 말기 환자들이 직접 목숨을 끊을 합법적 경로가 열린 것이다.

다른 주가 이 법안을 따르기까지 11년이 걸렸다. 워싱턴주 유권자들은 치열한 논의 끝에 2008년 오리건주를 모델로 한 자체 존엄사법을 통과시켰다. 이후 의료 조력 사망을 합법화한 거의 모든 주에서 오리건주 모델을 따랐지만, 하와이는 더 많은 제한 조건을 추가했다.[3]

미국에서 조력 사망을 합법화한 지 20년이 넘었다. 하지만 미국의 조력 사망 제한 조건은 여전히 세계에서도 손꼽힐 만큼 까다롭다.[4] 불필요한 고통을 줄이기 위해 만든 법이 때로는 역효과를 초래하기도 한다. 조력 사망을 신청했으나 임종이 촉

박해 1차 구두 신청 이후의 대기 기간에 사망하는 적격 환자가 해마다 수백 명에 이른다. 이처럼 많은 환자가 복잡한 법적 관료주의를 헤쳐가는 과정에서 기력과 건강을 급속도로 상실한다. 파킨슨병이나 루게릭병 같은 진행성 신경퇴행성 질환자는 임종이 코앞에 닥쳐야 조력 사망 신청 자격을 얻는다. 치사 약물을 자가 투여할 능력을 잃기 직전인 환자들은 약물을 섭취할 소중한 기회를 놓칠까 봐 전전긍긍한다.

오리건주 존엄사법과 이후 생겨난 다른 법령들은 자가 투여 과정을 '섭취' 또는 '복용'이라는 용어로 서술한다. 의사들 대다수는 이를 환자가 스스로 약물을 투여할 수 있다는 전제 아래 영양 보급관이나 직장 카테터 등 환자의 소화기관과 관련된 모든 수단을 허용하는 것으로 해석해왔다.

컴패션 인 다잉Compassion in Dying 오리건 상임이사를 지낸 조지 에이미는 자가 투여 규정이 존엄사법에서 가장 부담스러운 부분임을 잘 안다. 그러나 그는 이것 역시 가장 중요한 규정 중 하나라고 믿는다. 역사학자 리처드 코테와의 인터뷰에서 에이미는 이렇게 말했다.

"아무도 당신의 목구멍에 약을 밀어 넣을 수 없고, 아무도 당신에게 주사를 놓을 수 없습니다. 아무도 당신의 영양 보급관에 약을 투입할 수 없습니다. 당신은 조력 없이 스스로 삶을 마감해야 합니다. 그렇다 보니 다른 모든 조건을 충족하지만 약을 자가 투여하지 못해 부적격자가 되는 환자가 많지요."[5]

에이미는 존엄사 법의 도움을 받아야 할 말기 환자가 너무 아프면 법을 이용할 수 없다는 역설을 최초로 지적한 사람이지만, 그럼에도 존엄사법은 존재 가치가 있다고 본다. 변호사 교육을 받은 그는 HIV/AIDS가 한창 유행하며 젊은 게이 남성들의 삶을 황폐하게 만들던 1980년대에 죽을 권리 운동가가 되었다. 많은 게이가 끔찍한 죽음을 피할 합법적 수단이 없어 자살하는 것을 목격한 뒤, 에이미는 말기 환자에게 더 나은 탈출구가 될 법안을 만들기 위해 수년간 주 의원들을 상대로 로비를 벌였다.

나와의 인터뷰에서 에이미는 자가 투여 규정이 환자 자신의 행동을 보장한다고 말했다. 타인이 개입하면 폭력으로 이어지거나 환자가 원치 않는 죽음, 준비되지 않은 죽음을 강요할 수 있다.

"우리는 취약한 사람이 어떤 식으로든 죽음을 강요당하는 일을 막고 싶었습니다. 그래서 '자기 결정, 자가 투여'라는 용어를 제시했는데 반응이 좋더군요."

자가 투여 규정이 환자의 사망을 앞당길 수 있음을 알지만 그래도 현행대로 유지하는 편이 낫다고 보는 처방 의사도 있다. 오리건보건과학대학교 가정의학과 부교수인 닉 기디언스는 이 규정을 고수하는 것이 중요함을 인정한다.

"궁극적 자발성을 확보하기 위한 원칙이니까요. 나는 여전히 이 원칙이 공공선에 부합한다고 봅니다. 간혹 그 한 가지 조건 탓에 수명이 단축되는 사람도 있긴 합니다. 안타까운 일이죠. 그렇지만 공공 정책인 만큼 이를 유지하는 편이 많은 사람에게 여러모로 이롭습니다."

기디언스는 이 조건이 윤리상 자의적일 수 있다는 점도 인정한다.

"내가 의사로서 처방전을 써준다면 그 사람의 죽음을 돕는 거잖아요. 환자가 내게 약을 주사해달라고 해도 내 입장이 근본적으로 크게 달라질 것 같지는 않아요."

다른 의사들도 현행 조건에 불만을 표시한다. 그들은 다른 국가들의 조력 사망 사례를 근거로 임상의가 혈류에 약물을 투여하는 쪽이 훨씬 빠르고 안전하며 효과적이라고 주장한다. 켄의 담당 의사 닐 마틴은 이렇게 말했다.

"나는 캐나다식 법을 원합니다. 환자 스스로 약을 삼킬 수 있어야 한다는 미국식 법은 말도 안 된다고 생각해요. 많은 신경퇴행성 질환자가 이 조건을 따를 수 없습니다. 암 환자도 마찬가지고요. 고의는 아니어도 질병 진행 단계와 환자의 신체 능력에 따라 차별하는 셈입니다. 진정 환자의 고통을 끝내기 위한 법이라면 약을 의사가 투여하든 자가 투여하든 뭐가 다를까요?"

2016년 조력 사망을 합법화한 캐나다에서는 조력 사망법 이용 환자가 자가 투여와 임상의가 투여하는 주사 중 하나를 선택할 수 있다. 지금까지 환자들의 선호도는 분명했다. 2018년 1월부터 10월까지 99퍼센트 이상이 주사를 선택했고(사망에 이르는 시간은 평균 10분이다)[6] 네덜란드와 벨기에에서도 주사가 일반적이다. 이 세 국가뿐 아니라 스위스, 콜롬비아, 룩셈부르크도 조력 사망법 이용 자격을 심사할 때 환자의 예상 여명보다 현재 겪는 고통을 우선시한다. 다시 말해 시한부가 아닌 환자나 경우에 따라서는 정신질환자도 조력 사망이 가능하다.

오리건주의 의사이자 상원의원인 엘리자베스 스타이너 헤이워드는 남용과 무고를 방지하기 위해 조력 사망법은 이용하기 어려워야 한다고 말한다. 법에 따라 처방 의사 겸 자문의로 활동해온 그는 조력 사망을 둘러싼 복잡한 정치 상황을 잘 알고 있다.

"한편에는 법률 문항과 법 정신이 있고, 다른 한편에는 그 법을 논의하는 사람들이 있습니다. 나를 비롯해 이 법에 관여하는 모든 사람이 지극히 조심스럽습니다. 반대자들이 우리가 장애인을 죽인다고 말할 구실을 찾고 있으니까요. 우리는 아주, 아주 신중해야 합니다."

오리건주 존엄사법은 수년에 걸쳐 온갖 법적 난관을 헤쳐왔다. 2006년에는 존 애시크로프트 법무부 장관이 치사 약물 처방 의사들을 기소하겠다고 위협했으나, 미국 대법원은 의사가 법에 따라 약을 처방할 권리를 옹호했다. 여러 차례 개정안이 건의되긴 했으나 지금까지 실제로 바뀐 내용은 거의 없다. 한 가지 예외가 있긴 하다. 2019년 오리건주 의원들은 담당 의사가 임종 직전이라고 판단한 환자의 대기 기간을 15일보다 단축하기로 했다. 의사가 환자의 예상 여명을 이틀 미만으로 판단하는 경우, 환자의 서면 신청에서 처방전 작성까지의 기존 대기 기간인 48시간도 면제받을 수 있다.

미국의 조력 사망법은 엄격한 편이지만, 조력 사망 반대자들은 대체로 현행법이 너무 관대하다고 본다. 강압과 남용 가능성이 지나치게 많다는 것이다. 그들은 조력 사망법이 의사가 환자를 일찌감치 포기하게 하고, 노인과 장애인이 자살하도록 압력을 가하며, 피붙이를 살해하고도 처벌을 피할 수 있게 한다고 주장한다. 오리건보건과학대학교 가정의학과 의사이자 의료 조력 사망에 굳게 반대하는 빌 토플러는 이렇게 말한다.

"전체 과정이 비밀리에 이루어지지요. 말 그대로 살인입니다. 일단 환자가 약물을 과다 섭취하고 나면 이후의 상황을 증언할 사람은 없습니다."

토플러는 조력 사망법에 반대하는 비영리 운동 단체 '자비로운 치료를 위한 의사회Physicians for Compassionate Care'의 이사다. 그는 자기 생전에 오리건주 존엄사법을 폐지하는 것은 기대하지 않으나 최소한 이 법의 확산은 막고 싶다고 말한다. 자신이 조력 사망에 절대 반대하며 어떤 안전장치도 그 생각을 바꿀 수 없다고 말이다.

내가 만난 조력 사망법 반대자는 하나같이 어떤 안전장치를 마련해도 의료 조력 사망을 용인할 도덕적 근거로 부족하다고 말했다. 오리건 라이트 투 라이프Oregon Right to Life 전무이사 로이스 앤더슨은 그런 근거는 있을 수 없다고 여긴다. 그는 어떤 상황에서도 인간의 생명을 인위적으로 단축해서는 안 된다고 믿는다. 토플러와 마찬가지로 앤더슨도 이 법이 사라질 거라고 기대하진 않으나("나야 당연히 그렇게 되길 바라지요!") 사람들에게 생명의 근본적 가치를 교육함으로써 그 폐해를 줄이려 애쓴다. 앤더슨은 자신의 사무실에 앉아 내게 말했다.

"인간 경험은 여러모로 복잡다단한 만큼 모든 상황에서 유효한 안전장치는 만들 수 없다고 봅니다."

그의 사무실은 눈에 잘 띄지 않는 건물에 있어서 차로 두 번이나 지나친 뒤에야 발견할 수 있었다. 모든 선거에서 진보 성향이 뚜렷한 주라 그런지 앤더슨의 단체는 가능한 한 대중의 눈에 띄지 않으려고 했다.

"모든 생명은 보호받아야 합니다. 언젠가는 죽지 말아야 했거나 죽고 싶지 않던 사람까지도 죽게 될 겁니다."

케네스 스티븐스도 비슷한 생각이다. 오리건보건과학대학교 방사선종양학과장을 지낸 스티븐스는 토플러와 함께 자비로운 치료를 위한 의사회를 설립했다. 그는 오리건주 존엄사법이 다른 주로 넘어가는 걸 10년 넘게 막아낸 것에 자부심을 느끼며, 안전장치에 관한 질문에 코웃음을 쳤다.

"내 의학적 양심상 환자를 고의로 해칠 수는 없습니다. 내 환자들은 안전한 피난처에서 치료받아야 합니다."

스티븐스가 조력 사망법에 반대하는 것은 의학적 양심뿐 아니라 종교적 양심 때문이기도 하다. 스티븐스가 믿는 모르몬교에서는 조력 사망에 절대 반대한다. 그의 동료 토플러가 조력 사망법에 반대하는 것도 종교적 이유에서다. 토플러는 여성 환자에게 피임약을 처방하지 않을 정도로 독실한 가톨릭교도다. 그렇지만 토플러는 자신이 조력 사망법에 반대하는 이유를 설명할 때 가능하면 종교적 표현을 피하려 했다.

"우리 문화에서는 '생명은 신성하다'라고 말하면 광신도라고 조롱받지요. 나는 생명이 신성하다고 믿습니다만, 또한 그 자체로 가치 있다고 생각합니다."

조력 사망에 반대하는 사람들은 비종교인도 편하게 참여하도록 종교적 성향을 축소하는 경향이 있다. 매사추세츠에서 조력 사망 법안 공청회가 열렸을 때, 반대 측에서 증언한 두 목사가 예복을 입고 올 엄두가 나지 않는다고 말하는 것을 우연히 들었다. 반면 찬성 측 성직자들은 자유롭게 예복을 입는 분위기였다. 캐나다 인류학자 애리 갠즈먼은 반대자들이 종교적 신념을 드러내지 않으려는 이유를 이렇게 서술한다.

"조력 사망 반대 운동가들은 이 논쟁이 세속 사회에서 한쪽이 다른 쪽에 종교적 신념을 강요하는 문제로 압축되면 자신들에게 불리하다고 생각한다."[7]

반대자들은 무턱대고 도덕적 주장을 내세우기보다 위험과 불확실성이라는 새로운 수사로 조력 사망법의 진정한 목적에 관한 의구심을 퍼뜨리려 한다.

이 전략의 핵심은 '미끄러운 비탈길slippery slope' 논리다. 많은 반대자가 조력 사망의 문이 처음에는 빠끔히 열려도 결국에는 활짝 열려 돌이킬 수 없는 사회적 해악을 초래할 것이라고 주장한다. 그들은 지금은 이 법이 말기 환자에게 적용되지만 나중에는 모든 노약자, 장애인, 빈민에게도 적용할 거라고 본다. 또한 처음에는 조력 사망이 자발적일지 몰라도 머지않아 사회나 가족, 재정 압박 때문에 죽음을 요청하는 경우가 늘어날 거라고 본다.

　보스턴의 장애인 인권 운동가 존 켈리는 현행 조력 사망법이 이미 지독한 장애인 차별적 관점을 드러낸다고 주장한다. 그는 조력 사망법 반대 로비를 벌이는 비영리 단체 '낫 데드 옛Not Dead Yet'의 뉴잉글랜드 지역 책임자다. 켈리는 2017년 10월 대학 강의에서 학생들에게 자기 생각을 피력했다. 의료 조력 사망은 말기 환자가 벗어나려는 것과 비슷한 제약 속에서 하루하루 살아가야 하는 장애인의 삶을 암묵적으로 평가절하한다는 것이다. 켈리는 조력 사망 환자가 죽으려 하는 이유야말로 "장애인으로 사는 것의 의미를 본질적으로 드러낸다"라고 말했다. 그는 조만간 장애인도 계속 도움을 받으며 사는 대신 조력 사망법에 편입해 조용히 삶을 끝내도록 권고받을 것이라고 했다.

―――

　강압과 남용 혐의에도 불구하고 지금까지 오리건주의 공식 기록에는 위법 사례가 보이지 않는다. 처방 의사로서 기디언스는 환자가 자격을 갖추기 위해 넘어야 하는 많은 장애물을 고려하면 조력 사망법을 강요하기는 매우 어려울 것이라고 본다.

　"슬픔에 잠긴 유족 중 누군가가 이렇게 말할 거라 상상하겠지요. '할머니가 죽음을 선택하다니 말도 안 된다. 누군가의 강압이 있었을 게 분명하다.' 그러나 지금까지 그런 일은 없었습니다. 어떻게 환자가 마시지 않으려 하는 음료를 마시게 할 수 있겠어요? 엄청나게 쓰거든요. 환자 몰래 음료에 넣을 수는 없어요."

그럼에도 오리건주 존엄사법에는 몇 가지 허점과 회색지대가 있고, 일부 문제는 미해결 상태로 남아 있다. 법에 따르면 환자는 치사 약물을 자가 투여해야 하지만, 환자가 처방전을 받고 나서 조력 사망을 정확히 어떻게 진행해야 하는지는 정해지지 않았다.

2018년 나는 오리건주 보건 당국의 전염병학자 캐트리나 헤드버그를 만났다. 헤드버그에 따르면 "이 법은 처방전을 작성하는 시점까지만 다루고 있다." 주 보건 당국은 중앙정부 기관으로 조력 사망에 관한 통계 자료 일체를 수집하고 의사와 환자가 법 규정을 준수하는지 확인한다. 조력 사망을 승인하는 의사는 각 사례를 문서화해 주 보건 당국에 제출해야 한다. 헤드버그는 1997년부터 2019년까지 오리건주 존엄사법 신고 체계를 감독했다.

"이 법은 처방전을 작성한 이후에 일어날 수 있는 일은 다루지 않습니다. 심사 당시 자격 요건을 충족하면 처방전을 받을 수 있지만, 몇 달 후에 인지 능력을 상실하면 어떻게 되는지는 언급하지 않아요. 이런 문제는 법적으로 전혀 정해지지 않았습니다."

현행 오리건주 존엄사법에는 처방전을 발급한 후 환자를 재심사하는 메커니즘이 없다. 처방전을 받은 환자가 이후 신체나 정신 기능 상실로 부적격자가 될 수도 있다. 신체 기능을 상실한 환자는 사실상 약물 투여가 불가능하다. 더 이상 약을 삼키거나 영양 보급관에 투입할 수 없게 되고 나서야 너무 늦었음을 깨닫는다. 정신 기능을 상실한 환자는 간병인에게 약을 요청할 수 없다. 치사 약물을 준비하기 전에 의사가(입회하는 경우) 던지는 세 가지 표준 질문에 대답하는 것은 더욱 불가능하다. 이것은 누구의 결정입니까? 이 약을 복용하면 어떻게 될까요? 중단하고 싶습니까? 환자가 제대로 대답하지 않거나 의사가 환자의 목소리에서 주저하는 기미를 느끼면 조력 사망은 연기되거나 취소된다.

의사가 입회하지 않는 경우 조력 사망의 최종 판단은 흔히 자원봉사자가 맡는다. 그들은 심지어 환자가 법적 자격을 증명하고 치사 약물을 받아온 후에도 진행 과정에 제동을 걸 수 있다. 자원봉사자들의 자체 규약에 따르면 환자는 자신이 하려는 일을 구두로 표명해야 하고, 자원봉사자는 진행하기 전에 환자의 정신이 온전한지 확인해야 한다. 무엇보다 중요한 부분은 환자가 일을 시작했으니 끝내야 한다는 압박감을 느끼지 않는 것이다. 설사 임종을 대비해 사랑하는 사람들을 한자리에 불러 모은 상황이라도 말이다.

켄의 임종을 지킨 자원봉사자 데리애나는 환자가 치사 약물을 마시면 어떻게 되는지 제대로 설명하지 못해서 조력 사망을 연기해야 했던 적이 몇 번 있었다. 한번은 환자가 약을 복용하면 다음 날 기분이 훨씬 나아질 거라고 대답했다. '틀렸어'라는 생각에 데리애나는 가슴이 철렁 내려앉았다. 환자 가족에게는 진통제 때문에 일시적으로 정신이 흐려진 것 같다며 오늘은 날이 아니라고 말했다. 일정을 다시 잡을 테니 그날은 맑은 정신을 유지하도록 몇 시간 전부터 진통제를 투여하지 말아 달라고 요청했다.

이런 안전장치가 법적 필수 요건은 아니다. 환자는 자원봉사자나 의사의 입회 없이도 조력 사망을 진행할 수 있다.[8] 그렇지만 많은 환자가 이들의 도움을 받고 있다. 2019년 오리건주에서 한 조력 사망의 57퍼센트가 의사를 비롯한 의료인이나 자원봉사자의 도움을 받았다. 1998년부터 2018년 말까지 오리건주에서 조력 사망의 약 40퍼센트에 의사나 의료인이 입회했다. 자원봉사자는 이 통계에 포함되지 않았다. 자원봉사자의 중요한 역할에도 불구하고, 오리건주 보건 당국은 2019년에야 조력 사망에 입회한 비의료인 데이터를 수집하기 시작했다.

조력 사망 관련법은 사용하지 않은 치사 약물의 처리 방법도 명시하지 않는다. 처리 방법을 찾으려면 법조문 이외의 자료에 의존해야 한다. 약국에서는 치사 약물을 기타 규제 약물과 동일하게 취급하며 사용하지 않은 경우 회수 프로그램에 따라 반납할 것을 권장한다. 환자의 가족이 약물을 포장에서 꺼내 원두커피 찌꺼기나 고양이 배설물 등의 폐기물과 섞어 밀봉한 후 쓰레기통에 버릴 수도 있다. 이렇게 하면 치사 약물이 상수도로 유입되지 않는다.

마지막으로, 치사 약물을 섭취한 환자가 혼수상태에 빠졌다가 의식을 회복할 경우 어떻게 해야 하는지도 불분명하다. 환자가 사망할 때까지 무의식 상태를 유지하도록 진정제를 추가로 투여해도 될까? 그 진정제는 누가 투여해야 할까? 깨어난 환자는 누가 책임져야 하나? 환자가 조력 사망 신청 절차를 처음부터 다시 밟아야 할까, 아니면 그냥 새로운 치사 약물을 처방받을 수 있을까?[9]

이런 허점이 아니어도 조력 사망법 자체만으로는 충분치 않으며 이를 실행하도록 도와줄 사람들이 필요하다. 조력 사망법은 환자와 의료진이 충족해야 하는 조건은 제시해도 조력 사망의 구체적 절차를 알려주거나 공적 지원을 제공하지는 않는다.

조력 사망법 시행 초기부터 이런 일은 대부분 자원봉사 단체의 몫이었다. 태평양 연안 북서부에서는 여전히 자원봉사자가 조력 사망을 원하는 환자와 가족의 가장 큰 지원군이다. 당시 자원봉사자는 옹호 단체인 '컴패션 인 다잉' 소속이었다. 이 단체는 2005년 헴록 소사이어티와 합병하며 컴패션 앤 초이스Compassion and Choices로 이름을 바꿨고, 미국 전역에서 소송에 이기는 데 집중하며 법적 반발을 우려해 자원봉사자가 임종에 입회하는 것은 점차 중단되었다.

워싱턴주의 자원봉사자는 대부분 2015년 갈라져 나와 자체 비영리 단체 '엔드 오브 라이프 워싱턴'을 설립했다. 업무의 가장 중요한 부분인 환자나 가족과의 긴밀한 상호작용이 점차 제한받는 데 좌절감을 느꼈기 때문이다. 오리건주의 컴패션 앤 초이스 자원봉사자들도 같은 결론에 도달해 2017년 '엔드 오브 라이프 초이스 오리건'을 설립했다. 현재 이 단체는 오리건주 존엄사법에 따라 조력 사망을 추진하는 모든 환자의 약 90퍼센트를 지원하고 있다. 두 단체 모두 조력 사망에 협조한 경험이 풍부한 자원봉사자로 이뤄져 있으며 주 전역에 광범위한 네트워크를 구축해 비의료 자문 구실을 한다. 더 중요한 것은 이들이 환자를 무료로 진찰하고 조력 사망 자격을 심사할 의향이 있는 은퇴 의사 집단을 꾸렸다는 점이다.

의사와 의료 기관 개입은 의료 조력 사망에 사회적·도덕적 정당성을 부여하는 중요한 척도다. 말기 환자가 비합법적 수단으로 자살을 시도하면 이런 정당성을 확보하기 어렵다. 또한 전문 의료인 참여는 실패할 확률이 상당한 과업에서 불확실성을 배제하고 성공 가능성을 높여준다. 현행 조력 사망법은 이용하기 까다롭지만, 그래도 많은 환자가 의학적·법적으로 승인받은 죽음의 방식을 선호한다.

많은 주에서 조력 사망을 합법화하긴 했어도 누구나 이 법을 이용할 수는 없으며 공공연히 조력 사망을 할 수 있는 것도 아니다. 미국에서 조력 사망을 합법화한 지 20년도 넘었지만 이에 따르는 문화적 낙인은 여전히 강력하다.

4

보이지 않는 죽음

오늘날 미국에서는 평생 시신을 보거나 임종을 목격한 적 없는 사람도 있다. 사람들은 대부분 요양원이나 병원에서 죽음을 맞이하고 시신은 장례 전문가가 처리해 죽음과 일반인 간의 거리를 유지한다. 이렇듯 산 사람이 임종 과정과 죽음에서 배제되며 죽음을 불편해하는 문화가 한층 더 강해졌다. 많은 사람이 죽음을 공공연히 이야기하길 꺼린다. 그 결과 죽음은 병원과 장례식장에 격리되고 전문가에게 맡겨져 일상 대화에서 금기시하기에 이르렀다. 장의사이자 작가인 케이틀린 도티는 이처럼 죽음이 눈에 띄지 않게 된 현상을 '죽음 디스토피아death dystopia'라고 부른다. 현대 미국 사회와 죽음의 관계는 침묵, 부정, 억압에 감싸여 있다.[1]

항상 이랬던 것은 아니다. 19세기 말까지만 해도 미국인은 죽음의 여러 측면에 훨씬 더 익숙했다. 대개는 자기 집에서 죽었고 유족이 직접 시체를 수습했으니까. 문제는 이제 사람들이 죽음을 가까이에서 목격하지 못한다는 것뿐이 아니다. 삶의 마지막이 의료화되면서 죽음은 종종 삶의 당연한 단계가 아니라 실패로 받아들여지고 있다. 젊고 건강하게 살아야 한다는 사회적 압박과 의학의 힘을 향한 굳건한 신뢰로 사람들은 죽음을 물리쳐야 할 적처럼 여기게 되었다.

외과의사 아툴 가완디는 죽음을 향한 이처럼 편협한 시각 탓에 환자들이 사랑하는 사람이나 가정이 주는 위로와 단절된 채 시설에서 죽어간다고 주장한다.

"나는 사람을 고치는 능력 덕에 번성하는 직업에 종사하고 있다. 고칠 수 있는 병이면 우리가 해결할 수 있다. 하지만 그렇지 않다면? 우리에게 이 질문의 적절한 해답이 없다는 사실은 골치 아플 뿐 아니라 냉담함, 비인간성, 크나큰 고통을 초래한다."[2]

많은 미국인이 죽음을 회피한다는 사실은 다른 분야에서도 분명히 드러난다. 그중 하나가 불멸이라는 환상에 집착하는 문화이다. 노화 방지 크림이나 불로불사의 뱀파이어 이야기처럼 대체로 해롭지 않은 사례도 있지만 전부가 그런 것은 아니다. 지난 20년 동안 영생을 추구하며 노화에 따른 쇠퇴를 회피하려는 시도가 폭발적으로 증가했다. 고인의 뇌를 다운로드해 가상의 삶을 이어가게 하거나, 컴퓨터로 고인의 시뮬레이션인 '고스트 봇ghost bot'을 생성해 살아 있는 사람과 상호작용하게 하려는 시도도 있었다. 시신 혹은 신체 부위를 미래 과학자들이 해동해 되살려낼 수 있으리라 기대하며 냉동 보존하는 냉동 의학 분야도 성장하고 있다.

죽음을 스캔들로 규정해온 우리 문화에서 이런 환상은 놀라운 것이 아니다. 역사학자 필리프 아리에스는 이렇게 썼다.

"우리는 죽음이 존재하지 않는 것처럼 행동하며, 무자비하게도 유족에게조차 입을 다물 것을 강요한다."[3]

모든 문화가 이렇지는 않다. 전 세계 사람들은 인간의 죽음에 다양한 반응을 보인다. 일상에서 죽음을 이야기하고 시간을 들여 의식적으로 삶의 최후를 준비하는 사회에서는 죽음을 훨씬 편안하게 받아들인다. 인류학자 루퍼트 스테시에 따르면 인도네시아 웨스트파푸아의 한 부족 노인들은 자신이 죽어가는 중이라고 무덤덤하게 이야기한다.

"노인들은 동트기 전에 잠에서 깨면 조만간 다가올 죽음에 관해 나직하게 노래하곤 한다."[4]

많은 불교도도 죽음을 깊이 연구해야 할 고난도 기술로 간주하며 날마다 명상 수행의 일부로서 죽음과 임종을 관조한다. 멕시코에서는 매년 돌아오는 '망자의 날Days of the Dead'에 고인을 기릴 뿐 아니라 유족에게 각자의 상실과 슬픔에 직면할 공적 공간을 제공한다.[5]

죽음을 대놓고 언급하지 않는 미국 문화의 금기는 오늘날 임종 환자가 부딪히는 난관을 더욱 가중한다. 한쪽에는 완곡한 표현과 희망을 버리지 말라는 말만 남발하는 의사가 있고, 다른 한쪽에는 절대 포기해선 안 된다는 문화적 강박이 있다. 이처럼 죽음을 부정하는 문화가 만연하는 가운데 죽음의 방식과 조건을 스스로 통제하려는 사람들의 임종 과정은 더욱 험난해지고 있다. 심지어 오리건과 워싱턴처럼 오래전에 의료 조력 사망을 합법화한 주에서도, 조력 사망을 원하는 환자는 윤리적 근거가 결여되었다고 비난받는다.

───────

이런 비난의 일부는 조력 사망을 향한 종교적 반발에서 나온다. 조력 사망법에 반대하는 미국인의 상당수는 죽음을 앞당기는 것이 하느님의 설계에 어긋난다고 주장한다. 인간이 고의로 삶을 중단하는 일은 무조건 죄악이라는 것이다.[6] 매사추세츠 가톨릭회의 상임이사 제임스 드리스콜이 2015년 비컨 힐 Beacon Hill에서 청문회를 하던 중 의원들에게 조력 사망 법안을 거부해달라고 요청한 것도 이런 취지에서였다. 드리스콜은 이렇게 선언했다.

"가톨릭교회는 하느님의 선물인 생명을 자연사할 때까지 소중히 가꾸고 보살펴야 한다고 가르칩니다. 시한부 진단에 따라 죽음을 계획해서는 안 됩니다."

종교적 이유로 조력 사망에 반대하는 사람 중 다수는 조력 사망을 원하는 환자가 생사를 관장하는 신의 권한을 탈취하고, 생명의 신성함을 침해하며, 인생이라는 투쟁에서 꼭 필요한 과정을 회피한다고 주장한다. 이들은 고통을 구원받을 가능성과 연결 짓는 기독교 사상에 따라 임종 환자가 겪는 시련을 중요한 영적 성장의 기회로 여긴다. '손쉬운 탈출'을 택하는 대신 삶의 마지막까지 고통을 견디는 것이 미덕이라는 얘기다.

이런 입장 아래 가톨릭계 의료 기관은 대부분 조력 사망을 단호히 거부하며 의료진이 조력 사망에 관여하는 것도 금지한다. 오리건주에서도 캐스케이드산맥 동쪽과 바닷가 시골에는 가톨릭교에서 운영하는 의료 기관밖에 없는 지역이 많다. 이런 지역에서는 조력 사망 자격을 심사해줄 의사 두 명을 찾기가 어렵다.

반면 공식 정책과 별개로 조력 사망을 희망하는 환자에게 공감하며 적절한 지원을 해주려 애쓰는 임상의들도 있다. 그들은 업무용이 아닌 개인 휴대전화로 환자 대신 조력 사망 옹호 단체에 연락해 도움을 청하기도 한다. 그렇지만 이것은 어디까지나 의사 개인의 행동이며, 담당 간호사가 조력 사망법에 절대 반대한다면 환자와 의사의 노력도 물거품이 될 수 있다.

조력 사망이 막연한 거부감을 유발하는 또 다른 이유는 자살과 혼동하기 쉬운 개념이라서다. 최근까지도 의도적이고 자발적인 죽음은 일단 '자살'로 칭해졌다. 자살과 다른 형태의 의도적이고 자발적인 죽음을 사유할 더 미묘한 용어가 존재하지

않았기에, 많은 사람이 스스로 목숨을 끊는다는 것에 결부된 낙인이나 죄의식을 좀처럼 떨쳐내지 못했다.

조력 사망과 자살을 혼동하는 것은 단순히 의미론적 문제가 아니다. 언어는 중요하다. 사물에 관한 개념적 사고는 우리가 그것을 이야기하는 방식에 좌우된다. 조력 사망을 자살이라 부르는 것은 환자와 유족 모두에게 해롭다. 환자는 자살로 판단할까 봐 조력 사망법을 이용하고 싶은 마음을 숨기고, 유족은 사별 과정에서 단절감과 고립감을 느낀다. 환자가 조력 사망을 실행한 후 호스피스의 애도 담당자에게 "남편께서 자살하셨습니다"라는 말을 들은 유족이 있는가 하면, 환자가 자살하게 놔뒀다고 비난받을까 봐 두려워 슬픔을 속으로 삼켜야 했던 유족도 있다.

19세기까지만 해도 미국에서 자살은 범죄로 여겨졌다. 고인은 재산 몰수와 기독교 장례식 금지라는 처벌을 받을 수 있었다. 오랫동안 신과 국가와 사회를 모독하는 것으로 여겨졌던 자살은 점차 범죄가 아닌 임상 심리학 영역으로 옮겨갔으며 정신 장애, 특히 우울증에 따른 병리학적 생명 종결로 분류되었다. 이제 자살은 범죄나 죄악으로 여겨지지 않지만 여전히 지독한 오명을 쓰고 있다. 철학자 이언 해킹은 이렇게 썼다.

"우리가 아는 이의 자살 소식은 즉각적인 공포를 불러일으킨다."[7]

조력 사망 반대자는 조력 사망이 곧 자살이며 다른 명칭은 이 관행을 미화하려는 완곡 표현일 뿐이라고 주장한다. 2015년

보스턴 매사추세츠주 의사당에서 열린 조력 사망 법안 공청회에서 이들은 자살로 가족을 잃었거나 자살 예방 단체에서 활동했던 사람들을 증인으로 소환했다. 메드필드의 원로 변호사 메리 호지는 의원들에게 다음과 같이 경고했다.

"이 법이 통과되면 비극을 재정의해 의료 절차로 부르게 될 겁니다. 죽음을 또 다른 선택이라 부르게 될 겁니다. 그렇지만 우리는 모두 자살이 우울증, 외로움, 두려움, 절망에 따른 비극적 결과물로 여겨져 왔음을 압니다. 모든 자살은 내적 혼란의 결과이며, 사랑받지 못하고 버림받았다고 느끼는 사람이 저지르는 행위입니다. 자살 대신 사랑과 동행을 법제화할 수는 없을까요?"

호지와 마찬가지로, 조력 사망 반대자는 '의사가 처방한 자살'을 원하는 환자를 미확진 우울증이나 사회적 유기의 희생자로 묘사하곤 한다.[8] 이들은 조력 사망을 자살과 동일시함으로써 스스로 목숨을 끊는 행위에 결부된 사회적 금기와 도덕적 분노를 건드린다.

조력 사망법을 지지하는 미국인들은 최근 조력 사망과 자살을 명확히 구분하는 데 주력하고 있다. 이들의 목표는 단순히 조력 사망의 정당성을 찾거나 미국에서 아직도 자살에 따라 붙는 사회적 낙인을 떨쳐내는 게 아니다. 조력 사망을 옹호하는 사람들은 그 자체로 고유한 개념적 범주가 필요하다고 말한다. 매사추세츠주 벨몬트 지역의 의사 칼 브라운스버거도 호지가 증언한 청문회에서 증언자로 나섰다. 그는 연단에 올라 목청을 가다듬고 말했다.

"저는 의사로서 줄곧 자살 예방에 전념해왔습니다. 그러나 이 환자들이 원하는 건 자살이 아닙니다. 그들은 죽고 싶은 게 아닙니다. 죽음이 피할 수 없는 선로를 따라 그들에게 다가오고 있는 겁니다. 그들이 어느 정도나마 죽음의 시기와 방법을 통제할 수 있게 해주는 것이야말로 진정 생명을 향한 존중이라고 생각합니다."

매사추세츠주 법안은 2015년뿐 아니라 2017년에도 다음 단계로 넘어가지 못했다. 하지만 매사추세츠주 전역의 죽을 권리 운동가들은 2017년 10월 30일 미국자살학회AAS가 발표한 성명을 환영했다. 이 성명은 "자살과 의료 조력 사망은 개념적·의학적·법적으로 다른 현상"이라 규정하는 한편, 의료 조력 사망을 "AAS의 초점을 벗어나는 문제"로 간주했다. 운동가들은 이 성명에서 조력 사망을 자꾸만 자살 관련 용어와 윤리에 결부하려는 대중 담론을 바꿔놓을 가능성을 읽었다. 자신의 죽을 권리를 지키기 위해 매사추세츠주에 소송을 제기했다가 패소한 의사이자 환자 로저 클리글러는 이렇게 말했다.

"조력 사망을 자살이라 부르는 것은 이것이 임종 문제가 아니라는 의미다."

조력 사망은 법적으로도 자살로 분류하지 않는다. 미국 전역의 조력 사망법은 조력 사망과 자살을 명확히 구분한다. 미국 최초의 조력 사망법인 오리건주 존엄사법은 "법에 따라 취한 조치는 어떤 목적이든 법률상 자살, 조력 자살, 안락사 또는 살인으로 간주하지 않는다"라고 명시하고 있다. 조력 사망법을 이용한 환자의 사망 진단서에는 기저 질환을 사망 원인으로 기재해야 하며 조력 사망이나 자살은 언급하지 않아야 한다.[9]

오리건주 존엄사법 입안에 참여한 피터 굿윈은 조력 사망이 규정에 따라 의료 시스템 안에서 이뤄지기에 자살과는 다르다고 설명한다.

"환자들은 법안에 따라 처방받은 약을 복용합니다. 나는 항상 이 방식이 의학적 문제에 합리적으로 대응하는 것이라 생각해왔습니다. 그리고 조력 사망은 지극히 심각한 의학적 문제죠. 아마 말기 환자에게 합리적 처우를 하는 것이야말로 가장 심각한 의학적 문제일 겁니다."[10]

애초부터 미국의 조력 사망법은 임종 직전 환자의 고통을 덜어주기 위한 통상적인 (혹은 드문) 의료 행위를 설계하려 한 것이었다. 실제로 의료진은 정신 질환, 특히 우울증 환자를 선별해 임상적으로 조력 사망과 자살을 구분할 책임이 있다. 의사는 말기 진단을 받고 합법적 사망을 신청한 환자 중에서 '자살 충동'이 있는 이들을 가려내야 한다. 정신장애 징후를 보이는 환자는 정신건강 전문가의 추가 검사를 거쳐야 한다.

정신과 의사 보스트윅과 코헨은 의학과 환자의 인간관계가 개입한다는 점이야말로 조력 사망과 자살의 차이라고 지적한다. 조력 사망은 일방적으로 은밀하게 일어나는 게 아니라 협력과 사회적 승인을 거쳐 이뤄진다. 두 사람의 주장에 따르면 "의사가 죽음을 수월하게 해달라는 요청을 받아들이는 건 자살

방조나 살인이 아니다. 임상적 자살과 다른 유형의 임종 결정을 구분하는 새로운 공식이 필요하다."[11]

피터 레이건도 이 논리에 동의한다. 그는 1998년 오리건주 최초의 조력 사망 환자에게 치사 약물을 처방한 의사다. 레이건은 자신이 포틀랜드 남동부에서 환자의 집까지 자전거로 60블록을 달려가 처방전을 직접 전달했던 때를 아직도 기억한다. 그는 조력 사망을 논의할 때 자살이라는 용어를 쓰면 오해의 소지가 생긴다고 말했다.

"자살이라는 말을 들으면 많은 것이 떠오릅니다. 은밀함, 불법성, 트라우마, 추악함, 경악, 돌발성, 외로움, 무의미함 등. 이 모든 것이 조력 사망과 무관합니다. 자살이라는 말에는 온갖 쓸데없는 선입견이 따라붙지요. 그러나 가족에게 죽음을 선언하고 임종의 자리에 초대해 그들 앞에서 약을 복용하는 것은 전혀 다른 문제입니다."

예후가 불투명한 상황에서 조력 사망을 원하는 환자는 자신의 삶을 끝내고 싶은 것이 아니다. 그들이 끝내려는 것은 지속 가능한 삶이 아니라 결코 오래가지 못할 삶이다.

미리엄과 24년간 함께해온 파트너 에바는 루게릭병으로 쇠약해졌고 2012년 오리건주 존엄사법을 이용했다. 미리엄은 포틀랜드 자택에서 에바가 진단을 받고 사망하기까지의 과정을 들려주며 에바에 관해 확실히 알아야 할 점이 있다고 말했다.

"에바의 삶은 행복했어요. 에바는 죽고 싶어 하지 않았어요. 그렇지만 그 병의 결과가 어떨지 알았던 겁니다. 자살을 원하는 사람이 조력 사망법을 남용하는 게 아니에요. 자살하고 싶으면 그럴 방법은 얼마든지 있거든요. 어렵고 복잡하고 관료제에 따른 감독과 규제를 거쳐야 하는 존엄사법을 이용할 필요가 없지요. 그런 선택을 할 이유가 없어요."

조력 사망법 시행이 까다로운 이유는 무엇보다도 도덕적 양가감정과 종교적 반감이 만연해서다. 특히 오리건주 존엄사법 초창기에는 환자와 그 가족마저 이 법을 이용하는 것을 떳떳하지 않은 일로 여겼다. 당시 의사들은 대부분 존엄사법 관여를 거부했고, 약사들도 십중팔구 치사 약물 조제를 거부하거나 손님이 모두 떠난 영업시간 이후에야 조제해주었다. 은밀한 경로로 약물을 구하는 환자도 많았다.

마이클이 존엄사법에 따라 조력 사망 자격 심사를 받은 2005년, 그의 아내 도린은 남편을 진찰하는 데 동의해준 유일한 의사를 만나기 위해 오리건주 남부 메드퍼드에서 포틀랜드까지 다섯 시간을 운전해야 했다. 베트남 전쟁 중 고엽제에 노출된 마이클은 쉰세 살에 인후암 진단을 받고 종양 제거 수술과 방사선 치료를 했다. 외과의는 마이클의 인후에 영구 기관절개 튜브를 삽입했고, 그는 말할 때마다 전자 장치인 인공 후두를 목에 갖다 대야 했다. 그러나 2년 후 암이 재발했고, 재수술을 받으면 성대뿐 아니라 다리 한쪽도 잃을 수 있다고 했다. 더는 참을 수 없었던 마이클은 조력 사망을 신청했다. 이후 상황은 마이클은 물론 도린에게도 놀라움의 연속이었다. 도린이 회상했다.

"당시에는 정해진 의사에게만 갈 수 있었어요. 우리는 모처에 가서 '존스 박사'를 만나야 했지요. 매우 비밀스러웠죠."

의사는 2차 소견을 확보한 후 마이클의 신청을 승인했다. 그는 도린과 마이클에게 처방전을 받으러 올 때 접수원에게 아무 얘기도 하지 말라고 경고했다.

"그냥 나를 만나러 왔다고만 말하세요."

도린과 마이클은 3주 후 다시 의사를 찾아갔다. 지금은 구할 수 없는 액상 바르비투르산인 넴부탈을 처방받기 위해서였다. 의사는 어느 약국의 어떤 약사가 처방약을 조제해줄 것인지 설명했고 두 사람은 열심히 귀 기울였다. 도린은 약사에게 전화를 걸어 보충 설명을 들었다.

"월요일 6시 10분에 오세요. 우리 약국은 6시에 문을 닫습니다. 그때쯤이면 직원들이 다 나갔을 거예요. 6시 전에 오면 안 돼요."

1994년에 이어 1997년에도 오리건주 주민 대다수가 존엄사법에 찬성표를 던졌지만, 조력 사망에 반대하는 사람들은 목소리가 컸고 잘 조직되어 있었다. 그런 까닭에 의사나 약사 모두 존엄사법에 관여했다는 것을 드러내길 꺼렸다. 사업상의 손실, 직원과 고객의 소외, 피켓 시위대 방문 등이 염려스러워 원칙적으로는 존엄사법을 지지해도 위험을 감수하지 않으려 한 것이다.

약사 한 사람 때문에 약을 구하지 못한 환자도 있었다. 필로매스에 사는 한 여성은 존엄사법 이용 자격을 얻은 후 전동 스쿠터를 타고 가장 가까운 약국까지 6킬로미터를 달려갔지만, 그날 계산대를 맡고 있던 가톨릭교도 약사에게 거절당했다. 평생 소아마비와 싸워온 그는 60대에 말기 유방암 진단을 받고 조력 사망 자격을 얻자 약을 직접 받으러 갔다. 그러나 약사가 처방받은 약 조제를 거부했다. 그는 집으로 달려가 담당 간호사에게 전화했고 다음 날 임상의 두 명과 함께 다시 약국을 찾아가야 했다.

임종이 가능한 장소를 찾기도 쉽지 않다. 환자가 공공장소에서 치사 약물을 복용하는 것은 법적으로 금지되어 있기에 사적 공간을 찾아야 한다. 태평양 연안 북서부의 성인 위탁 가정과 생활 보조시설 혹은 양로원은 대부분 내부에서 조력 사망을 하지 못하도록 금지한다. 그래서 환자들은 대안을 준비하고 비밀을 지키며 때론 속임수도 동원한다.

데리애나가 도운 한 여성도 조력 사망을 금지하는 성인 위탁 가정에서 살고 있었다. 다른 선택지가 없었던 그의 딸들은 홀리데이 인 익스프레스 객실을 예약했다. 호텔 직원에게는 어머니의 아흔네 번째 생일 파티를 할 거라며 1층 출입구와 가까운 방을 달라고 요청했다. 장례식장 직원들이 시신을 편하게 실어 나가도록 배려한 것이었지만 물론 직원에게는 그런 말을 하지 않았다.

미국 전역과 캐나다에서 온 가족이 꽃과 케이크를 가지고 날아왔다. 모두가 환자의 침대 곁에 둘러앉아 어머니의 인생을 회상했다. 데리애나는 환자를 돌보는 가족의 모습이 정말 보기 좋았다고 회상했다. 임종 후 딸들은 호텔 프런트로 가서 매니저에게 어머니가 갑작스럽게 돌아가셨다고 말했다.

"어머니가 너무 쇠약해지셔서 파티를 감당할 수 없었나 봐요."

가족과 자원봉사자가 신중하게 행동하는 것은 악의적으로 남들을 속이기 위해서가 아니다. 존엄사법을 이용하는 사람들을 지켜주고 그 법에 관여하지 않으려는 사람들을 보호하려면 그들의 행위를 비밀리에 진행해야 한다는 것을 알기 때문이다. 자원봉사자는 종종 음지에서 활동한다. 이 일의 미묘한 성격과 스스로 목숨을 끊는 행위에 관한 문화적 금기를 고려해서다. 이들은 자신이 하는 일을 쉽게 발설하지 않으며 항상 합법적 영역에 머물러야 한다는 것을 알고 있다. 내가 참석한 자원봉사자 교육에서도 선임자가 신참자들에게 간곡히 당부한 적이 있다.

"우리는 법을 지켜야 합니다. 절대로 법을 무시해서는 안 돼요."

초창기 이후 많은 변화가 있었다. 2020년에는 오리건주 전역에서 의사 142명이 조력 사망 처방전을 써주고 몇몇 전담 약국에서 처방약을 조제해 목적지로 배송하기에 이르렀다.[12] 지난 5년 사이 일부 생활 보조시설과 양로원에서는 존엄사법을 이용하려는 거주자를 위해 지원 정책을 마련했다. 이제 모텔에서 조력 사망을 하는 사람은 극히 드물어졌다. 그렇다고 조력 사망을 도덕적으로 반대하는 목소리가 사라진 것은 아니다.

조력 사망은 여전히 낙인찍혀 있고 실행하기가 어렵지만, 많은 사람의 꿈인 '좋은 죽음'을 구현하는 하나의 방식이기도 하다. 좋은 죽음이란 개념은 역사적으로 크게 변화해왔다. 안락사euthanasia는 그리스어 eu(좋은)와 thanatos(죽음)에서 유래한 단어다. 중세 말기부터 계몽주의 시대까지 좋은 죽음이란 고통 없는 죽음이라기보다 '신의 은총으로 축복받은 죽음'을 의미했다.[13] 당시 인기 있던 죽음 지침서 《아르스 모리엔디Ars moriendi》는 독자에게 임종 시 어떻게 행동해야 구원받을 수 있는지 가르쳤다. 죽어가는 사람의 침대맡에 불려 간 사제들은 이 책을 가지고 신자들이 죽음을 준비하도록 도왔다. 그러다 19세기 들어 임종 시 사제의 역할을 의사가 대신하면서 안락사라는 용어가 고통 없는 죽음을 의미하기 시작했다. 19세기 말에 이르자 안락사는 오늘날처럼 임상의의 도움과 치사 약물을 이용한 빠르고 고통 없는 죽음으로 받아들여졌다.

대다수 미국인이 병원에서 사망하는 지금은 많은 사람이 병원에서의 임종을 전형적인 '나쁜 죽음'으로 본다. 삭막한 병실에 갇혀 기계와 낯선 사람들 사이에서 서서히 절망적으로 죽어가는 것 말이다. 인공호흡기와 심장 박동기가 널리 쓰이면서, 이제 의학은 의식과 인지 능력을 완전히 잃은 인간의 수명까지 연장하며 죽음을 조작하는 미증유의 능력을 획득했다. 연명 의료는 죽음의 의미를 재정의하는 한편 전혀 새로운 문제를 초래했다. 죽음 자체를 인식하기가 어려워진 것이다.[14]

현대 의학의 경이로운 연명 능력에도 불구하고, '좋은 죽음'을 바라는 마음은 여전히 문화적 공감대를 형성하고 있다. 내가 취재 과정에서 만난 사람들에게 좋은 죽음이란 대체로 고통이 사라지는 것, 익숙하고 편한 장소에서 평화롭고 다정하게 작별 인사를 나누고 세상을 떠나는 것이었다. 데리애나에 따르면 좋은 죽음이란 죽어가는 사람 곁에 있고 싶은 모두가 마음의 준비를 하고 상황을 어느 정도 받아들인 채 침대맡에 모인 상태를 의미한다.

"다들 슬프겠지요. 지독히 슬프겠지만 그래도 그 자리에 있다는 데 감사할 거예요. 모두가 함께하는 일이니까요. 그 사람이 나와 멀리 떨어진 곳에서 죽어가는 걸 떠올리면 차라리 내 앞에서 죽어가는 것을 지켜보는 쪽이 덜 괴로울 거예요. 의식에 입회하는 거죠."

조력 사망은 사람들의 이상理想에 매우 근접한 방식이다. 죽어가는 환자는 임종 시간을 정하고 그 과정을 감독하기에 자기 죽음을 어느 정도 통제한다고 느낀다. 또 언제 어디서 어떻게 죽을지 아는 만큼 특별한 이별의 자리를 마련할 수 있다. 입고 싶은 옷, 초대하고 싶은 사람, 마지막 순간을 보내는 방식도 선택이 가능하다. 가족 역시 환자가 마음 편히 삶을 내려놓고 떠나도록 그들만의 의식을 준비할 수 있다. 많은 사람이 자기 나름대로 '좋은 죽음'을 실현하려 노력한다. 집에서 사랑하는 사람들만 지켜보는 가운데 정겹고 때로는 흥겹게 죽어간다.

죽음 자체도 마찬가지다. 조력 사망 환자는 경련, 요실금, 발작을 일으키는 경우가 드물며 마치 수면 중에 사망하는 것처럼 차분하게 죽어간다. 물론 조력 사망을 하려면 약물을 복용해야 하지만, 외관상 이렇게 죽은 사람과 자연사한 사람을 구분하기는 어렵다. 모든 것이 순조롭게 진행된다면 말이다.

임종 시간을 정확히 예측하게 되면서 장례업계도 변화했다. 포틀랜드의 '퍼스트 콜First Call' 장례식장 책임자 디온 스트로머는 조력 사망을 계획한 고객은 대체로 요구 사항이 매우 구체적이라고 말한다. 한번은 자신이 원하는 바를 정확히 아는 고객이 전화로 이렇게 전했다.

"정오까지는 약을 복용할 거예요. 3시쯤이면 죽을 거라고 하네요. 6시쯤 오시면 딱 좋겠습니다. 우리 가족에게도 시간이 충분할 테고요."

얼굴이 넓적하고 웃음소리가 호탕한 스트로머는 구시대적 신사도를 간직한 남성이다. 오리건주 중부의 목장에서 소를 키우다가 수십 년 전 장례업에 뛰어들었다는 그는 시대의 흐름에 민감했다. 내가 방문하기 2주 전 그는 오리건주 최초로 알칼리 가수분해 장치를 마련했다고 했다. 강철 캡슐에 물과 칼륨을 넣고 가열해 유해를 처리하는 새로운 방식이다. 스트로머의 장례식장은 포틀랜드 북동부의 프로비던스 병원 바로 건너편에 있고, 그 사이에는 매우 번잡한 주간(州間) 고속도로가 놓여 있다. 내가 처음 들어섰을 때 그는 두 건물을 잇는 터널을 만들어야겠다고 농담을 던졌다.

장례업계에서 일하는 많은 사람이 그러하듯 스트로머는 업무의 우울한 부분을 짓궂은 유머로 무마하곤 한다. 하지만 그런 스트로머에게도 불과 몇 시간 후 사망할 사람과 이야기하는 건 혼란스러운 일이라고 했다. 그는 솔직히 시인했다.

"아무래도 머릿속이 복잡해지죠."

치사 약물을 복용하기 전에 시체 가방에 들어가야 할지, 아니면 그냥 샤워 커튼을 깔고 누워야 할지 알려달라고 전화한 사람도 있었다. 장례식장에 폐를 끼치기 싫다는 뜻이었다. 스트로머가 볼 때는 배려심이 지나친 게 아닌가 싶었다. 직원이 고객에게 시체 가방을 가져다주면서 자기들이 알아서 처리할 테니 그 안에 들어갈 필요는 없다고 일러주었다. 그런데 그들이 오후에 찾아갔을 때 시신은 이미 가방에 들어가 있었다. 고객이 가족에게 작별 인사를 하고 가방 안에 누워 약을 복용했던 것이다.

"우리가 할 일은 지퍼를 채우는 것뿐이었죠."

의료 조력 사망은 인간이 자기 죽음을 조율할 수 있다는 전혀 새로운 가능성을 열어준다. 또한 최근까지도 알 수 없는 존재일 뿐 아니라 심지어 수수께끼였던 죽음에 어느 정도 예측 가능성을 부여한다. 어떤 사람들은 이러한 진전을 불길하게 여긴다. 죽음을 통제하려는 시도 자체에 분노하는 사람들도 있다. 그렇지만 실제로 조력 사망을 하려면 어떤 난관을 넘어서야 하는지 속속들이 아는 사람은 드물다.

5

관료적 미로

포틀랜드 북동부의 프로비던스 병원에 도착했을 무렵, 내 가죽 부츠에는 빗물이 스며들고 머리칼은 축축해져 있었다. 나는 비옷을 벗어 배낭에 쑤셔 넣고 자전거를 기둥 옆에 세워두었다. 데리애나와 암 병동 7층에서 만나기로 약속한 터였다. 조력 사망을 신청하려는 여든아홉 살 환자 헨리의 접수 심사를 참관하기 위해서였다. 헨리는 담당 사회복지사에게 조력 사망 자격 심사를 받게 도와달라고 간청했다. 사회복지사는 존엄사법을 거부하는 가톨릭계 호스피스 종사자라 아무것도 해줄 수 없었지만, 헨리에게 어떤 선택지가 있는지 알려달라며 엔드 오브 라이프 초이스 오리건에 그의 요청을 전달했다.

    한참이나 미로를 헤매도 막다른 복도만 나올 뿐, 암 병동이 어딘지 알려줄 사람은 보이지 않았다. 길을 물어보려고 프런트로 돌아왔으나 그럴 엄두가 나지 않았다. 조력 사망을 엄금하는 병원 직원들이 환자의 조력 사망 가능성을 의논하려고 찾아온 방문객을 어떻게 생각할지 몰랐기 때문이다. 현대 병원의 주된 목적은 죽음을 부추기는 것이 아니라 예방하는 게 아닌가. 유령 같은 병원의 복도를 오락가락하노라니 죽음을 앞당기려는 환자를 찾아 나선 내가 모종의 음모에 가담한 것처럼 느껴졌다.

마침내 용기를 내어 접수원에게 길을 물어보고 나서야 내가 엉뚱한 건물에 와 있었다는 걸 깨달았다. 나는 엘리베이터를 타고 7층으로 올라갔다. 이 임상시설에서 일어나는 인간적 상호작용의 흔적이라고는 엘리베이터 구석에 버려진 구깃구깃한 보라색 라텍스 장갑뿐이었다. 나는 넓고 형광등이 환한 복도에서 헨리의 병실 맞은편에 자리를 잡고 앉았다.

몇 분 후 나를 향해 걸어오는 키 크고 통통한 형체가 보였다. 그날따라 지팡이를 짚지 않아 절뚝거리는 다리가 유난히 눈에 띄었고 고관절도 더 뻣뻣해 보였다. 내가 가까이 다가가자 데리애나의 장난기 어린 푸른 눈이 날 알아본 듯 반짝였다. 자원봉사 경력 20년을 훌쩍 넘긴 그가 장애에도 불구하고 얼마나 꾸준히 이 일에 헌신해왔는지 새삼 떠올랐다.

데리애나는 내가 상담을 참관해도 괜찮을지 헨리에게 물어볼 테니 문밖에서 기다리라고 했다. 그러면 병실에서 우리 셋만 있게 될 터였다. 헨리가 문제없다고 해서 나는 병실에 들어가 데리애나 옆에 의자를 가져다 놓았다. 헨리도 내 말을 들을 수 있도록 그의 오른쪽, 그러니까 더 잘 들리는 귀 쪽에 앉았다.

데리애나가 사회복지사에게 들은 바에 따르면 헨리는 청력이 나쁘고 양쪽 눈에도 녹내장이 생겨 거의 실명 상태라고 했다. 그래도 그가 이렇게까지 허약해 보일 줄은 몰랐다. 헨리는 뼈만 앙상한 가슴을 드러낸 채 침대에 누워 있었다. 병원 가운 위로 갈비뼈가 불거졌고 양팔은 시퍼런 멍과 붕대로 뒤덮였다. 이불 아래로 카테터가 튀어나와 있었다. 데리애나가 TV 소리를 죽이자 나는 헨리의 손을 잡고 나를 소개했다. 그의 살갗은 고급 가죽 장갑처럼 얇아진 상태였다. 데리애나가 말문을 열었다.

"내가 왜 오늘 당신을 찾아왔다고 생각하는지 말해봐요."

내가 이미 여러 번 들은 관례적 질문이다. 조력 사망 환자와 함께하는 자원봉사자는 대체로 환자가 먼저 이야기를 꺼내기 전까지 조력 사망을 언급하지 않는다. 상대에게 암시를 주거나 영향력을 끼치지 않기 위해서다. 데리애나는 일부러 주관식으로 질문한 것이다. 헨리가 이 빠진 입을 벌리고 씩 웃으며 말했다.

"내가 존엄하게 죽을 수 있도록 도와주려고요."

그의 목소리는 의외로 부드러웠다. 데리애나는 헨리의 손을 꼭 잡았다. 오늘의 목표는 헨리에게 오리건주 존엄사법 이용 자격이 있는지 알아내는 것이었다. 데리애나의 팀이 헨리를 진찰할 의사 두 명을 찾기 전에 먼저 그의 적격 여부를 확인해야 했다. 데리애나는 아직 헨리의 진료 기록을 보지 못했다. 그래서 그가 조력 사망의 주요 기준에 부합하는지, 즉 시한부 6개월 이하의 말기 환자인지 확신할 수 없었다. 담당 사회복지사가 정보를 대략 알려주긴 했지만 데리애나가 상황을 정확히 파악할 만큼은 아니었다.

데리애나는 헨리가 2년쯤 전에 림프종 진단을 받았다는 걸 알고 있었다. 그가 한동안 방사선 치료를 받았다는 것도 알았으나 실제로 암을 제거했는지, 아니면 그냥 완화 의료였는지는 몰랐다. 헨리는 7개월 전 가정 호스피스 치료를 신청했다. 호스피스에 등록한다는 것은 임종이 가까워졌음을 의미하지만, 때로는 예후가 명확하지 않은 환자도 호스피스 신청 자격을 얻는다. 의사는 환자의 여명을 예측할 수 없거나 혹은 6개월 이상이라고 판단해도 재량에 따라 환자를 호스피스에 등록할 수 있었다.

데리애나는 메모장을 꺼내 사실 확인에 착수했다. 얼마 전 그가 내게 말한 것처럼 접수 방문을 할 때면 탐정이 되어야 한다. 환자 각자의 의학적·사회적 상황을 파악하다 보면 지도 없이 보물찾기를 하는 것처럼 느껴질 수 있다. 데리애나는 헨리의 얼굴과 방금 발견한 화이트보드를 번갈아 바라보며 물었다.

"암 말고도 다른 말기 질환이 있나요?"

병실 저쪽에 걸린 화이트보드에는 헨리가 복용하는 약과 담당 임상의의 이름이 적혀 있었다. 데리애나는 계속 헨리를 쳐다보며 그의 대답을 메모장에 적었다. 그는 잘 모르겠다고 했다. 데리애나는 다른 식으로 물어보았다.

"지금 몸에 아픈 곳이 있나요?"

헨리의 통증이 다른 기저 질환의 징후일 수도 있었기 때문이다. 헨리가 대답했다.

"넘어져서 다친 곳 말고는 없어요."

지난 6개월 사이 헨리는 두 번 넘어져 다쳤다. 최근의 낙상은 특히 심각해 일주일 전부터 입원해 있었다. 동거인이자 주간병인인 조카가 헨리를 일으켜 세울 수 없어서 구급차를 불러야 했다.

데리애나는 고개를 끄덕이며 어떤 약을 복용하고 있는지 물었다. 화이트보드에 적힌 내용이 맞는지 확인해야 했다.

"스테로이드요. 근육을 키우려고요."

헨리가 장난스럽게 웃으며 말하더니 멍투성이 양팔을 천천히 들어 보였다. 데리애나도 웃음을 터뜨렸다. 데리애나는 유머 감각이 있는 사람들을 돕는 걸 좋아했다.

데리애나는 계속 질문을 쏟아냈다. 누가 헨리의 조력 사망 신청을 진료 기록에 입력했는가? 환자가 조력 사망에 관해 의사와 일상용어로 대화한 내용만으로는 부족하다. 간호사나 사회복지사가 아닌 의사에게 조력 사망을 원한다고 표현했음을 진료 기록에 명시해야 한다. 의사가 헨리의 조력 사망 신청을 명확한 용어로 문서화했다면, 이를 1차 구두 신청으로 간주할 수 있다. 그러면 법으로 정해진 15일 대기 기간이 이미 시작된 셈이다.

헨리는 대답할 수 없었다. 자신의 진료 기록을 본 적이 없고 의사가 뭐라고 적었는지도 몰랐기 때문이다. 대기 기간이 시작되었을 거라고 생각했다가 몇 달 후에야 조력 사망 신청이 공식 기록되지 않았다는 사실을 깨닫는 환자도 있다. 찰스 블랭크도 처방 의사로 일할 때 그런 환자를 수없이 만났다. 그들은 몇 달 전 담당 의사에게 존엄사법을 이용하려 한다고 말했으니 당연히 대기 기간이 시작되었을 거라고 생각한다. 하지만 의사가 법적으로 존엄사를 신청하려면 공식 체크리스트를 따라야 한다. 블랭크는 이렇게 설명한다.

"1차 공식 신청은 이 체크리스트에 명시한 언어와 항목을 포함해야 합니다. 의사들은 대체로 이런 항목을 잘 몰라서 통상적인 진료 중에 전부 확인하지는 못하죠. 그러면 해당 진료는 신청 내역에 포함되지 않습니다. 당연히 환자는 화를 내고 나도 속상하죠. 그래도 법을 어길 수는 없잖아요."

환자는 1차 구두 신청에 이어 서면 신청서를 작성하고 거기에 서명할 증인 두 명을 찾아야 한다(그중 적어도 한 명은 환자의 친척이나 상속인이 아니어야 한다). 다음으로 처방 의사와 자문 의사를 한 명씩 찾아야 하는데, 이들은 개별적으로 환자를 진찰하고 예상 여명이 시한부 6개월 이하임을 확인해야 한다. 대기 기간이 끝나는 시점까지 체크리스트의 모든 항목을 완료했다면, 환자는 담당 의사에게 임종을 앞당기겠다는 의사를 다시 한 번 전달해야 한다. 헨리는 이 과정의 시작 단계에 있었다.

평소 같으면 데리애나는 헨리의 담당 의사에게 확인 절차를 맡겼을 것이다. 그와 그의 병력을 가장 잘 아는 사람일 테니 말이다. 더구나 데리애나의 단체에서 자원봉사하는 의사들은 환자의 담당 의사가 관여를 거부할 때만 활용하는 귀중한 인력이다. 하지만 프로비던스는 조력 사망을 절대 금지하고 있으니, 데리애나는 헨리를 진찰할 자원봉사 의사 두 명을 찾을 필요가 있었다. 그들에게 헨리를 봐달라고 요청하려면 먼저 그가 정말로 시한부 진단을 받았는지 진료 기록을 확인해야 했다. 데리애나의 요청에 따라 헨리는 호스피스가 자원봉사 단체에 진료 기록을 공개하도록 승인하는 양식에 서명했다.

나중에 데리애나는 헨리에게 던진 질문에 또 다른 목적도 있었다고 설명했다. 헨리의 정신이 멀쩡한지 알아보려는 약식 정신건강 검사였다. 헨리는 자신의 병력을 알고 있는가? 자신이 무엇을 요구하고 있는지 아는가? 환자에게 의사결정 능력에 영향을 미치는 정신 질환이나 신경퇴행성 질환이 있는 경우 정신건강 전문가에게 의뢰해야 한다. 정신과 전문의에게 진료를 예약하려면 몇 주가 걸릴 수도 있으므로 미리 준비해두려고 한 것이다.

우리가 대화하는 사이 간호사가 헨리를 확인하러 오더니 필요한 게 없는지 물었다.

"주스 한 팩 드릴까요?"

헨리는 고개를 저었다가 바로 덧붙였다.

"잠깐만요, 한 가지 부탁드릴 게 있어요. 이 두 여성분이 계속 있게 해주세요."

헨리는 동그란 눈을 가늘게 뜨고 활짝 웃었다. 간호사는 그에게 상냥한 눈빛을 던지고 병실을 떠났다. 헨리는 지금까지 병원에서 받은 치료에는 불만이 없다고 말했다. 담당 간호사들이 규칙적으로 찾아와 몸을 뒤집어주고 발과 등도 주물러주었으니까. 그렇지만 그의 마음은 이미 정해졌다. 헨리는 데리애나에게 낮고 단호한 어조로 말했다.

"난 그냥 영원히 잠들고 싶어요."

데리애나는 "이해합니다"라고 말하며 그의 팔뚝을 부드럽게 쓰다듬어주었다.

"그러나 확실한 시한부 진단이 없으면 조력 사망은 불가능해요."

헨리는 입을 꾹 다물고 고개를 다른 쪽으로 돌렸다. 그는 울고 있었다.

몇 초 동안 모두가 침묵을 지켰다. 나는 눈물이 고이는 것을 느끼며 부츠를 내려다보았다. 원래 노인이 우는 걸 보면 심란해지는 성격이라 데리애나에게 도움을 간청하는 헨리를 보니 가슴이 찢어지는 것 같았다. 데리애나는 여전히 차분하고 온화한 목소리로 말했다.

"아직은 아무것도 알 수 없어요. 선생님이 건강을 회복해 퇴원하는 것이 최우선 순위입니다."

데리애나는 자원봉사에 전념하기 전까지 수년간 가정 호스피스와 보건소에서 간호사로 근무했다. 당시에도 고위험군 노인이 요양원에 입소하는 것을 최대한 막고 수술이나 치료 이후의 입원 시간을 줄이려 애썼다.

"사람들은 자기 집에서 더 빨리 회복해요. 익숙한 환경에서 벗어나면 혼란에 빠지죠. 어떻게 행동해야 할지 모르고 좋아하는 음식을 구하기도 어려운 데다 잠도 잘 못 자거든요."

헨리가 집에 돌아갈 수 없다는 것은 확실했다. 두 번의 낙상으로 조카 혼자서는 더 이상 헨리의 간병을 감당할 수 없다는 것이 명백해졌다. 헨리는 결혼하지 않았고 자녀도 없었다. 데리애나가 한 가지 방법을 제시했다. 호스피스가 협조하면 헨리를 퇴원시켜 회복할 때까지 24시간 돌봐주는 생활 보조시설로 옮길 수 있다는 것이었다.

그밖에 다른 선택지도 있었다. 헨리는 자발적 음식물 섭취 중단VSED, 즉 죽어가는 환자가 의도적으로 곡기와 물을 끊는 과정을 선택할 수 있었다. 지난 3년 동안 데리애나는 이 길을 택한 환자와 가족을 열 번 지원했다. 하지만 이 과정은 환자와 간병인 모두에게 힘들고 열흘이나 2주쯤 걸린다. 환자가 음식물 결핍으로 매우 쇠약해지는 탓에 낙상 위험도 더 커진다. 여기에다 욕창을 예방하기 위해 하루 24시간 환자를 관리하며 몸을 계속 뒤집어주어야 한다. 병원은 대부분 VSED를 금지하거나 관련 설비를 갖추지 않아서, 헨리에게 그럴 의사가 있더라도 퇴원 이후에야 시작할 수 있을 터였다.

데리애나는 자리에서 일어나며 헨리에게 최선을 다해 돕겠다고 말했다. 헨리는 고마움을 표시하며 작별 인사를 했다.

데리애나는 지팡이 대신 내 팔에 의지해 주차장으로 걸어가면서 다음 단계를 설명했다. 헨리의 진료 기록 확인 신청서를 제출하고, 자원봉사 단체의 의사 두 명에게 연락해 헨리를 진찰할 수 있는지 물어보고, 담당 사회복지사와 협력해 헨리를 생활 보조시설에 입소시켜야 했다. 헨리가 존엄사법 이용 자격을 얻을 경우 의사가 처방전을 작성할 테고, 그다음에는 처방약을 조제해줄 약국을 찾아야 한다. 약값을 헨리의 보험으로 처리할 수 없다면 어떻게 지불할 것인지도 생각해봐야 한다. 형편이 어려운 환자에게는 두 가지 치사 약물 중 좀 더 저렴한 700달러짜리 약물도 모은 돈을 전부 털어야 하는 큰 지출일 수 있다. 만약 조카가 자기 집을 빌려주지 않는다면 헨리가 편하게 죽을 수 있도록 조력 사망이 가능한 장소도 물색해야 했다. 데리애나는 이 모든 단계에서 최선을 다해 헨리를 도울 생각이었다. 그런데 그 주만 해도 의뢰인이 여섯 명이나 더 있어서 초과 근무를 해야 할 터였다.

나는 거센 빗줄기를 맞으며 자전거를 타고 집으로 향했다. 헨리가 우리를 보면서 이야기하다 잠시 얼굴을 돌렸던 순간이 자꾸만 떠올랐다. 이 삶에서 벗어나고 싶다는 먹먹하고 절박한 감정이 가슴에 스며들어 또다시 눈시울이 뜨거워졌다. 내가 지금까지 관여한 조력 사망 중 이렇게 심란한 경우는 처음이었다. 내가 만난 다른 환자들은 바란 대로 삶을 끝낼 수 있었고 거기에 확연한 안도감을 드러냈다. 헨리는 아직 그런 안도감을 느낄 수 없었다. 현재로서는 데리애나가 그를 도와줄 거라 믿으며 참고 버텨야만 했다.

나는 자전거에서 내렸다. 남은 길을 걸어가며 생각을 정리해보려 했다. 도중에 식품점에 들러 장을 보았다. 계산원이 내가 산 물건들을 단말기에 찍으면서 물었다.

"오늘은 좀 어떠셨어요?"

'병원에 가서 환자가 죽을 수 있도록 도와주려는 사람을 지켜봤어요.'

나는 그저 "별일 없었어요"라고 말하며 카드를 긁었다.

───────

조력 사망 과정은 온갖 난관으로 가득하다. 거주 지역의 조력 사망법을 이용하려는 환자는 법률상의 조건, 관료적 절차, 종교계의 반발 같은 미로를 헤쳐가야 한다. 젊고 건강한 사람에게는 이 과정이 헷갈리고 귀찮은 정도겠지만 헨리처럼 아흔 살 넘은 중증 환자에게는 그야말로 감당하기 어려운 일이다.

시한부 질병의 충격에 빠진 사람은 대체로 조력 사망 신청 방법을 알아볼 물질적·감정적 여유가 없다. 죽음을 준비하고 받아들이는 것만으로도 이미 충분히 힘들다. 병원에 다닐 수 없을 정도로 아파서 의사의 왕진에 의존하는 환자도 많고, 신청이 조금만 늦어도 조력 사망법을 이용할 기회가 사라진다. 그러다 보니 낙담하고 제풀에 포기하기 쉽다.

이런 어려움을 극복하기 위해, 조력 사망법 시행 초기부터 노련한 자원봉사자들이 조력 사망을 원하는 환자와 가족을 도우러 나섰다. 태평양 연안 북서부에서는 엔드 오브 라이프 초이스 오리건과 엔드 오브 라이프 워싱턴의 자원봉사자가 환자와 의료 시스템의 가교 역할을 한다. 이들은 어떤 의사에게 환자를 진찰할 의향이 있는지, 어떤 약국에 필요한 약이 있는지, 치사 약물의 쓴맛을 감추는 가장 효과적인 방법이 무엇인지 잘 안다. 가난한 환자에게 약값을 감당할 방책을 마련해주고, 임종 환자를 기꺼이 수용하는 소규모 요양 시설과 개인 에어비앤비 네트워크도 구축했다. 환자와 가족은 인터넷 검색이나 의사 혹은 호스피스의 추천으로 이 두 자원봉사 단체와 연결된다. 그들 대부분이 그 특별한 시기에 함께해줄 사람이 있다는 데 깊이 감사한다. 자원봉사자는 임종 당일 입회 요청이 있을 경우(흔한 일이다) 환자와 가족 곁을 지킨다.

임종에 입회하는 자원봉사자는 보통 2인 1조다(의사가 임종에 입회하는 경우 자원봉사자는 한 명이다). 한 명은 환자에, 다른 한 명은 가족에 집중한다. 이들은 조력 사망 과정에 발생할 수 있는 문제를 처리할 준비를 갖추었고, 각 단계가 어떻게 진행될지 알려주어 가족을 안심시킨다. 자원봉사자의 전문 지식 덕분에 가족은 절차 문제(예를 들어 환자가 어떤 약물을 어느 시간대에 복용해야 하는지 확인하기)를 걱정하기보다 사랑하는 사람과 감정적으로 함께하는 데 집중할 수 있다. 자원봉사자는 대체로 죽음의 징후를 환자 가족보다 훨씬 더 잘 알아차리며 임종 후에도 유족이 적절한 절차를 따르도록 돕는다. 나아가 유족에게 결과를 보고하고 슬픔에 대처하는 방법을 알려주는 등 장기간에 걸쳐 그들을 지원한다.

환자의 가족이 자원봉사자에게 맡기고 싶어 하는 또 하나의 민감한 임무가 있다. 바로 치사 약물 준비다. 죽음을 앞당기겠다는 환자의 결정을 도덕적으로 반대하진 않지만 치사 약물을 직접 준비할 엄두는 나지 않는다는 가족도 있다. 엔드 오브 라이프 초이스 오리건의 자원봉사자인 린다 젠슨은 가족이 느끼는 반감을 이렇게 설명했다.

"가족은 캡슐을 직접 열고 싶어 하지 않아요. 캡슐을 열어 약을 섞는 건 누구나 할 수 있는 일이죠. 로켓 제작이 아니니까요. 그러나 그들은 죽음의 대리인이 되기를 꺼려요. 어떤 식으로든 가족의 실제 사망을 촉진하고 싶지 않은 거죠."

2018년 말 세코날이 재고 부족으로 약국에서 사라지면서 자원봉사자는 세코날 캡슐 백 개를 열어 치사 약물을 만들 필요가 없어졌다. 그렇지만 새로운 처방전을 따르려면 각각 다른 병에 든 서너 가지 약물을 조합해야 한다. 약국에서 인쇄해준 안내문을 따라도 실수할까 봐 두렵다는 가족이 많다. 코로나 팬데믹이 터지면서 자원봉사자와 의사는 온라인으로 서비스를 제공했고, 가족은 갑자기 협조하는 목격자가 아닌 적극적인 조력자 역할을 맡아야 했다. 자원봉사자는 화상 채팅으로 환자의 치사 약물을 직접 준비하는 가족을 지도했다.

―――

월례회의, 교육, 인터뷰 등의 자리에서 자원봉사자들과 함께하며 깨달은 점이 있다. 그들 대부분이 여성이고 은퇴했으며 의료 현장에서 간호사나 사회복지사로 일한 사람이 많다는 것이다. 그들이 이 일을 하게 된 이유는 조력 사망의 장점을 직접 목격했거나, 사랑하는 사람이 임종할 때 조력 사망이 가능했으면 좋겠다고 바라기 때문이다.

앤드리아 시지티치는 첫 번째 범주에 속한다. 현명하고 유능한 60대 여성인 앤드리아는 2016년 남편 베릴의 조력 사망을 도왔다. 베릴은 2009년에 만성 폐쇄성 폐질환COPD 진단을 받았고 2011년부터 휴대용 산소 호흡기에 의존했다. 이들 부부는 베릴이 '자연스러운' 죽음을 맞을 때까지 기다릴 수 없었다. 그들은 COPD로 죽어가는 과정이 어떤지 알아보았고 자기들이 그 길을 택하지 않으리라는 것을 알았다. 앤드리아는 열린 창으로 쑥 향기가 흘러들어오는 벤드 근교의 단층집에서 나와 마주 앉아 이렇게 말했다.

"아마 대다수 암보다 더 끔찍할걸요. 말 그대로 질식해 죽는 거죠."

베릴은 이미 통증 때문에 호스피스에서 처방받은 모르핀을 투여하고 있었지만, 약에 취한 느낌을 싫어했다. 그는 자신의 상태를 관리하기 위해 5×8인치 색인 카드에 모르핀 투여량을 꼼꼼히 기록하고 있었다.

조력 사망 신청 과정에서 베릴은 줄곧 예상치 못한 난관에 부딪혔다. 10년 동안 그를 진료해온 내과 의사는 치사 약물 처방전을 써주겠다고 했으나 조력 사망법을 전혀 몰랐다. 그래서 웹사이트, 서류 양식, 절차 체계를 샅샅이 뒤져가며 자신이 무엇을 해야 할지 파악해 나갔고 별도로 조사에 착수한 앤드리아와 며칠마다 진행 상황을 공유했다. 당시에는 두 사람 모두 신청 절차나 15일 대기 기간뿐 아니라 두 번째 의사가 필요하다는 사실도 몰랐다. 앤드리아는 의구심에 찬 목소리로 말했다.

"오리건주에서는 누구나 존엄사법이 있다는 것을 알아요. 그러나 그 법을 어떻게 실행하는지는 아무도 모르죠."

베릴은 몇 주 만에 급격히 쇠약해졌다. 어느 날 저녁 그는 앤드리아에게 이끌려 화장실로 가며 말했다.

"인간은 존엄하게 죽을 수 있어야 하는데, 이제 내게 존엄성 같은 건 남지 않았어."

앤드리아가 지금 당장 처방전이 있었으면 좋겠다고 간절히 바란 순간이었다. 하지만 그들은 아직도 약을 조제해줄 약국을 찾으려 애쓰는 중이었다. 베릴의 담당 의사가 1차 구두 신청을 받은 지도 얼마 되지 않았다. 2주 사이 베릴의 상태는 더욱 악화했다. 앤드리아가 질문하면 대답하는 데 10분씩 걸리기도 했다. 앤드리아는 남편이 정말로 죽어가고 있음을 예감했다.

수요일 오후 포틀랜드에서 페덱스로 베릴의 처방약이 도착했다. 그는 그날 저녁 즉시 약물을 복용하기로 했다. 1초도 더 기다릴 수 없었다. 앤드리아는 약을 준비해 베릴이 가장 아끼는 스카치 위스키 잔에 부었다. 약을 마신 지 10분 만에 베릴은 의식을 잃었다. 앤드리아는 베릴에게 계속 말을 건넸고 혹시 남편이 답답해할까 봐 산소 호흡기도 켜놓았다. 베릴의 호흡은 40분 동안 점점 느려지더니 마침내 멈췄다. 앤드리아가 회상했다.

"더할 수 없이 평화로운 모습이었죠."

앤드리아가 보기에 '자연스럽게 죽기를 기다리는 것'과 '조력 사망하는 것'의 가장 큰 차이는 임종 과정에서 무력감을 느끼지 않아도 된다는 점이었다. 그는 베릴의 죽음을 도움으로써 모든 것이 불확실한 시기에도 무력감을 떨쳐낼 수 있었다. 나와 대화한 다음 날 앤드리아는 메일을 보내왔다. 자신이 남편의 죽음을 거들어준 이유를 내가 이해했는지 확인하기 위해서였다.

"남편이 살아 있는 동안 나는 간병인으로서 그이가 살아가는 걸 도왔어요. 그이의 식사, 모르핀과 기타 약 투여, 용변과 샤워를 보조하고 아이들이나 간호사와 의사소통하도록 도왔죠. 그리고 적당한 때가 왔을 때 남편이 죽는 것도 도왔어요. 그이가 간절히 원하고 준비한 일이었으니까요. 남편을 깊이 사랑했기에 가야 할 길을 거든 거예요. 그 때문에 2년이 지난 지금도 슬픔과 애도에 빠져 있지만요."

남편이 죽고 나서 1년 반이 지난 뒤 앤드리아는 엔드 오브 라이프 초이스 오리건에서 자원봉사를 시작했다. 사람들이 인터넷에서 잘못된 양식을 다운로드하거나 절차를 어떻게 진행하는지 몰라 당황하는 일을 막고 싶어서다. 과거의 자신처럼 시간에 쫓기며 허둥대는 다른 환자의 가족을 구할 수 있다면 그렇게 하고 싶었다.

전혀 다른 이유로 자원봉사를 시작한 사람들도 있다. 어느 날 자원봉사자 모임에 참석하러 포틀랜드 웨스트사이드로 가던 중 데리애나가 말했다.

"이 일에 참여하는 사람들은 대부분 끔찍한 죽음을 지켜본 경험이 있어요. 지독히 고통스럽고 잔혹하고 복잡한 죽음을요."

그들은 다르게 죽을 방법, 어쩌면 더 나은 방법이 있을지도 모른다고 생각한다. 데리애나도 예외는 아니었다. 데리애나가 서른다섯 살일 때 그의 아버지가 머리에 총을 쏴 자살했다. 20년 전 오하이오주 시골집에 딸과 함께 심은 떡갈나무 아래에서. 아버지는 평생 동안 치료할 수 없는 만성 통증에 시달려왔다. 딸이 태어난 지 얼마 후 그가 운영하던 텍사스의 관광 목장을 둘러보다 말을 탄 채 절벽에서 떨어진 탓이었다. 엉덩이와 허리, 무릎, 발목뼈가 으스러진 아버지는 통증을 달래기 위해 점점 알코올에 의존하기 시작했다. 데리애나는 아버지의 죽음을 직접 보지 못했으나 어머니는 목격했다.

2년 후 어머니도 사망했다. 데리애나에 따르면 사실상 자살이었다. 그는 오래전부터 아버지가 죽으면 어머니가 홀로 살아갈 감정적 여력이 없을까 봐 걱정했다. 그들 부부는 자주 싸운 것만큼이나 서로가 없으면 못 사는 사이였으니까. 그날 아침 어머니는 욕실에 서서 머리를 빗고 있었다. 긴 금발 머리에 따닥따닥 정전기가 일어났다. 어머니가 무심코 담뱃불을 붙였을 때 머리카락에도 불이 붙었다. 처음엔 우발적 사고였으나 이후 상황은 의도적이라고밖에 달리 말할 수 없었다. 어머니는 도움을 요청하는 대신 대충 불을 끄고 얼굴과 가슴에 심한 화상을 입은 채 침대에 누웠다. 그 상태로 술을 마시고 약을 삼켰다.

데리애나는 어머니가 죽으려고 작정한 것이라고 믿었다. 손꼽히는 미인으로 평생 자신의 외모를 자랑스러워한 어머니는 그렇게 흉측해진 자기 모습을 받아들일 수 없을 터였다. 결국 데리애나의 두 동생이 어머니를 발견하고 구급차를 불러 화상 중환자실로 옮겼다. 다음 날 아침 어머니의 생체 반응이 사라졌다. 의사들은 뇌사 판정을 내리고 어머니에게 인공호흡기를 달았다. 데리애나는 텍사스에서 비행기로 날아가 동생들과 어떻게 할지 상의했다. 어머니를 잃을지 모른다는 생각에 정신이 없었지만, 일단 어머니가 의식을 되찾지 못하리라는 것을 알게 되자 동생들에게 어머니를 보내드리자고 간청했다. 어머니가 본인의 의사와 상관없이 살아 있다는 건 용납할 수 없는 일이었다. 2주 후인 크리스마스에 동생들은 어머니의 생명 유지 장치를 떼는 데 동의했다. 데리애나가 회상했다.

"내 평생 가장 괴로운 17일이었죠."

부모의 끔찍한 죽음은 데리애나에게 커다란 충격을 주었다. 하지만 데리애나는 그런 상황에 놓인 사람에게서 예상하기 어려운 방식으로 대응했다. 죽음을 외면하는 대신 직시하기로 한 것이다. 당장 그런 것이 아니라 몇 년이 지난 후였지만 말이다. 자신의 트라우마를 제대로 극복하려면 죽음을 더 잘 이해해야 한다고 생각했다. 어머니가 자살하고 나서 10년 후, 데리애나는 호스피스 간호사로 일하기 시작했다.

"내 마음속 용을 죽이고 싶었어요. 죽음에 대한 두려움이라는 용을요. 그래서 정면으로 마주하기로 했죠."

데리애나는 수년 전 오하이오주립대학교에서 간호학 학위를 취득했고 여섯 개 주에서 간호사로 일해왔다. 남편과 함께 텍사스에 정착한 후에는 가정 출산 전문 조산사 자격증도 취득했다. 당시 병원에서는 남편의 출산 참여를 허용하지 않았고 제왕절개가 급속히 보편화하고 있었다. 부모님을 잃은 뒤 데리애나는 이제 방향을 바꿀 때가 되었다고 생각했다.

처음에는 데리애나도 죽어가는 사람들 곁에 있기가 불안했다. 그러나 곧 호스피스 간호에 애정이 생겼다. 호스피스 일 덕분에 자기 집에서 죽어가는 사람들을 보살피며 조산사 시절에 그랬듯 그들 인생의 가장 의미 있는 순간을 함께할 수 있었다. 데리애나는 임종 환자들을 돌보면서 인간이 얼마나 품위 있고 강인한 존재일 수 있는지 깨달았다. 정답고 따사로운 이별을 몇 번이나 목격했고 죽음이 꼭 비극적일 필요는 없다는 걸 배웠다.

오리건주 존엄사법이 통과되고 몇 달 후, 1998년에 데리애나는 오리건주 해변의 뉴포트 보건소에서 고위험군 노인을 위한 간호사로 일하게 되었다. 텍사스에서 보낸 32년과 함께 결혼 생활도 끝났고, 그는 변화를 갈망했다. 그런데 오리건에 도착한 지 한 달 만에 동네 수영장의 아쿠아로빅 수업에서 컴패션 인 다잉의 자원봉사자를 만났다. 사람들의 죽음을 돕는 단체가 있다는 게 계시처럼 느껴져 한 달 후 그 자신도 자원봉사 활동에 뛰어들었다. 데리애나는 미소를 지으며 말했다.

"그때부터 지금까지 계속하고 있네요."

20년이 지난 지금 그는 오리건주에서 최고령이자 최장 경력을 자랑하는 조력 사망 자원봉사자다.

데리애나가 나를 처음 만났을 때 그는 '의식적 죽음'에 관한 콘퍼런스를 마치고 온 참이었다. 의식적 죽음이란 정신 상태가 온전한 사람이 죽을 때가 되면 자신의 의지에 따라 죽을 수 있다는 개념이다. 데리애나는 이 개념이 생일이나 기념일 같은 큰 행사 다음 날 죽는 사람들을 설명해준다고 여겼다. 그들은 특별한 하루를 기다렸다가 그다음 날 죽는다. 데리애나는 자기 집 벨벳 소파 쿠션에 기대앉은 내게 말했다.

"나도 그렇게 가고 싶어요. 내가 그냥 다 내려놓고 떠날 수 있을지 궁금해요."

데리애나의 바람대로라면 죽어가는 환자가 삶을 끝내기 위해 약물에 의존할 필요도 없다. 데리애나는 처방전을 받지 못했거나 복용 시점이 지난 환자도 자기 결정에 따라 죽을 수 있어야 한다고 믿기 때문이다. 이를테면 음식물 섭취를 거부할 수도 있다.

"내 일은 사람들이 원하는 방식으로 죽도록 돕는 것이라고 생각해요. 무작정 약물을 들이미는 것이 아니라 그들이 얼마나 강하고 놀라운 존재인지 알려주는 거죠."

이후 3년 동안 나는 데리애나의 집 소파에서 많은 오후를 보냈다. 디퓨저에서 흘러나오는 짙은 유칼립투스 향에 둘러싸여 차를 홀짝이며 그가 내놓는 크래커와 이야기를 음미하고, 도서관 독서 모임이나 사설 콘서트에 참석하고, 뒤뜰의 온수 욕조에 들어가기도 했다. 어느 생활 보조시설의 '이탈리안 크루즈' 파티에 쳐들어가 경영진에게 시설 내에서의 조력 사망을 허용하라고 촉구한 적도 있다.

내가 임종에 참여할 때마다 데리애나는 조용하면서도 명민한 존재감을 드러냈다. 격식에 맞는 단정한 옷차림으로 나타나 환자와 가족의 낌새를 살피며 적절한 시점에 조언을 해주었고, 그 외에는 뒤로 물러나 있었다. 자신이 죽어가는 사람을 위해 할 수 있는 일은 병실에 긍정적이고 평온한 기운을 불어넣는 것이라고 생각하면서도 한편으로 누구든 자원봉사자 없이 조력 사망에 성공할 수 있다고 믿었다. 환자와 가족이 자기들끼리 있고 싶어 하는 듯하면 약을 준비하는 방법을 알려주고 그들 곁을 떠났다. 그리고 임종 당일 연락이 올 경우를 대비해 휴대전화를 충전해놓았다.

우리가 만난 지 1년쯤 된 어느 날, 데리애나는 블라우스를 내려 가슴 위쪽에 있는 문신을 보여주었다. DNR(소생술 금지)이라는 세 글자가 굵은 글씨로 새겨져 있었다. DNR 문신에 법적 구속력이 없다는 건 데리애나도 알지만 그래도 제법 멋진 문신이라고 자부했다. 데리애나가 윙크하며 말했다.

"아래쪽에 내 연명의료계획서 번호도 넣을까 봐요."

연명의료계획서POLST는 본인의 임종 시 의료 개입에 관한 의향을 상세히 기재하는 양식이다. 데리애나는 경력이 쌓일수록 점점 더 공격적인 연명 의료에 회의가 생긴다고 했다. 임종이 가까운 환자에게 첨단 의학이 관여하면 여생의 질이 높아지기보다 고통만 커지기 쉽다고 생각했다.

"이 나라에서는 사람의 목숨을 인위적으로 붙여놓고 있어요. 과잉 진료, 과잉 치료, 과잉 처방이 보편적이죠. 나는 죽을 때가 되면 그 사실을 깨닫고 기꺼이 떠날 거예요. 내 삶에는 유효기간이 있고 그것을 존중하고 싶어요."

우리는 날씨 이야기를 하듯 일상적으로 죽음과 임종에 관해 대화했다. 데리애나는 반평생이 넘도록 사람들이 죽음을 진지하게 생각하지 못하게 가로막는 금기와 장벽을 무너뜨리며 살아왔다. 호스피스 간호사로서, 이후에는 자원봉사자로서 수백 명이 생사의 경계를 넘도록 인도한 것이다. 그렇게 살아가면서 특히 깊은 인상을 받은 것이 조력 사망이었다.

"저세상으로 가는 창문을 보았어요. 삶을 내려놓고 고통과 불안에서 벗어나 평온함에 이른 환자들을 지켜볼 수 있었죠. 조력 사망을 처음 참관할 때 '세상에, 순산이랑 똑같잖아!'라고 생각했어요. 정말로 순산과 똑같은 느낌이었어요."

노출 요법은 효과가 있었다. 인생의 가을에 데리애나는

죽음과 친구가 되었다. 그는 장난스러운 미소를 지으며 말했다.

"이젠 죽음이 전혀 두렵지 않아요. 오히려 기대되죠."

이미 다양한 시신 처리 방법을 조사해본 데리애나는 유해를 나무 아래 묻는 수목장이 마음에 든다고 했다. 문제는 연료를 낭비하는 화장 과정을 거쳐야 한다는 점이었다. 어쨌든 죽고 나서 자기 시신을 어디로도 보내고 싶지 않다는 것만은 분명했다.

"딸 하나는 내 시신을 텍사스의 목장에 묻고 싶다는데, 내가 거기 살 때는 날씨가 너무 더웠어요. 더구나 죽고 나서 먼 길을 떠나기는 싫네요."

누구든 죽기를 원한다면 그 소망을 존중하고 지지하는 것이 데리애나의 신조다. 그러나 그가 보기에도 죽음을 선택하는 것은 결코 가벼운 일이 아니다.

"어려운 결정이죠. 심사숙고할 필요가 있어요. 환자 스스로 떠날 준비가 되었다고 확신해야 해요. 도중에 마음이 바뀌어도 괜찮다고, 충분히 준비되면 우리에게 연락하라고 알려줘야 하지요."

헨리는 준비가 되었다. 데리애나는 담당 사회복지사의 협조를 받아 헨리를 요양원으로 옮기고 낙상에서 회복하도록 했다. 일주일 뒤 엔드 오브 라이프 초이스 오리건의 자원봉사 의사 두 명이 그를 진찰했고, 완치 불가능한 림프암 진단을 근거로 조력 사망 자격을 승인했다. 요양원 내에서는 조력 사망을 할 수 없었기에 헨리의 조카가 자기 집에 삼촌을 모시고 임종을 치르기로 했다. 데리애나는 헨리의 친구 십여 명과 함께 장례식에 참석했다.

"그는 정말로 많은 이에게 사랑받았어요. 아름다운 죽음이었어요."

6

의사의 역할

말기 환자를 돌보는 의사는 이따금 곤경에 처한다. 한편으로는 직업윤리에 따라 환자의 생명을 보존하고 가능하면 연장해야 한다. 다른 한편으로는 환자의 고통을 덜어줘야 할 기본 의무를 지켜야 한다. 하지만 환자의 고통을 덜어주는 게 환자의 죽음을 돕는 걸 의미한다면 어떨까?

데이비드 그루브는 가정의학과 경력 초기에 어느 환자의 끔찍한 사망을 목격했다. 40년이 지난 지금까지도 여전히 생생한 기억이다. 50대 남성 제리는 방광암이 뼈로 전이되어 걷잡을 수 없는 고통에 시달리고 있었다. 그는 예상 여명이 몇 주밖에 남지 않은 상황에서 호스피스 치료를 신청했다. 그루브가 비번이던 어느 날, 그와 같은 오리건주 필로매스에 살던 제리의 아들에게 전화가 왔다. 그는 의사에게 빨리 자기 집으로 와달라고 부탁했다.

"아빠한테 문제가 생겼어요!"

그루브는 그때를 회상했다.

"당장 그리로 달려갔죠. 불과 몇백 미터 거리였으니까요. 침실 안의 TV 소리가 어찌나 크던지 길거리까지 들릴 정도였어요. 침실에 들어가니 제리가 무릎에 산탄총을 올려놓고 트윈 침대 사이 의자에 앉아 있더군요. 목 위로는 아무것도 없었죠. 모든 게 천장에 튀어 있었으니까요. 내 의사 경력에서 최악의 경험이었어요. 엄청난 정신적 충격을 남겼죠. 절대로 있어서는 안 될 최악의 사태였습니다."

제리의 죽음은 그루브가 쌓아온 경력의 전환점이 되었다. 합법적으로 제리의 고통을 덜어줄 길이 없었던 그는 자신이 의사로서 실패했다고 생각했다. 수년 뒤 오리건주는 조력 사망을 합법화했고, 그루브는 바로 그다음 해에 환자에게 치사 약물을 처방해준 의사 20여 명 중 하나였다. 당시만 해도 치사 약물을 처방하는 의사는 동료에게 배척당하고 환자에게 버림받을 위험을 감수해야 했다. 은퇴한 지 3년 후인 2015년 그루브는 환자가 스스로 죽음을 결정할 권리를 옹호하는 전국 규모 단체 '컴패션 앤 초이스'의 의료 책임자가 되었다.

이처럼 대의에 헌신하고 있지만, 그루브는 죽을 권리 운동에서 '존엄사'라는 용어를 사용하는 걸 유감스럽게 여긴다. 존엄하게 죽는 방법은 다양하며 조력 사망은 그중 하나일 뿐이라고 그는 말한다.

"존엄성을 누가 정의할까요? 죽어가는 사람이 정의해야죠. 내가 그의 존엄성을 정의하는 게 아니에요. 환자의 존엄성을 정의할 수 있는 사람은 그 자신뿐입니다. 만약 그가 중환자실에서 호흡기를 달고 정맥주사와 카테터를 꽂고 있길 원한다면 그것이 존엄성입니다."

사람마다 다르겠지만, 조력 사망에 관여하는 의사들은 죽을 권리를 좋은 의료 행위의 필수 요소로 여긴다. 이들은 의사에게 말기 진단을 받은 환자가 최후의 숨을 거둘 때까지 계속 고통을 덜어줄 책임이 있다고 믿는다.

환자의 조력 사망을 기꺼이 도우려는 의사도 있지만 그렇지 않은 의사는 더 많다. 2020년 오리건주에서 존엄사법에 따라 약물을 처방한 의사는 6,200명 중 142명이었다.[1] 오리건주 법에 따르면 의사는 조력 사망을 원하는 환자를 거부할 수 있으며 다른 곳으로 위탁할 법적 의무도 없다. 이에 따라 자격 심사를 해줄 의사를 찾느라 몇 주나 몇 달을 허비하는 환자도 있다. 이런 환자는 마침내 도와주겠다는 의사를 만나면 눈물을 흘리기도 한다.

법에 따른 조건을 충족하는 환자와 그렇지 않은 환자를 결정하는 것은 결국 의사의 몫이다. 의사에게는 의료 시스템 감독자로서 최대한 능력과 양심에 따라 법조문을 해석하고 집행할 책임이 있다.

오리건보건과학대학교 종양학과 연구팀 책임자인 찰스 블랭크는 오리건주에서 조력 사망 처방전을 가장 많이 작성하는 의사다. 그는 의사에겐 임종을 앞둔 환자를 버리지 말아야 할 윤리적 의무가 있다고 믿지만, 실제로는 무책임한 의사들이 비일비재하다고 말한다.

"담당 의사는 대부분 환자에게 이렇게 말합니다. '난 그런 일 안 합니다. 내가 아는 의사 중에도 그런 사람은 없고요. 행운을 빕니다.' 의사가 17년이나 진료해온 환자를 돕지 않는 건 수치스러운 일이라고 생각해요. 어쨌든 그들은 환자를 돕지 않을 테니 내가 도울 겁니다."

블랭크는 중증 환자의 죽음을 돕는 것이 해롭기는커녕 자비로운 일이라고 본다. 그가 알기로 동료 의사 중 다수는 딱히 도덕적 이유로 조력 사망에 반대하는 게 아니다. 단지 환자의 죽음을 직접 초래한 사람이 되고 싶지 않은 것뿐이다. 이미 수차례 심장 박동기를 끄거나 생명 유지 장치를 제거하거나 고용량의 모르핀을 주입하도록 허가한 경험이 있는데도 말이다.

블랭크는 자신의 서비스를 숨기지 않지만 환자가 그를 찾아내려면 요령이 있어야 한다. 그는 걱정스럽게 이마를 찌푸리며 덧붙였다.

"끈질기게 찾으셔야 합니다. 그러지 못하면 실패하겠죠. 상대적으로 가난한 사람, 노숙자, 컴퓨터나 휴대전화가 없는 사람은 찾기 어려울 수 있어요."

블랭크는 말도 빠르고 두뇌 회전도 놀랍도록 빠른 사람이다. 의사와의 대화는 큰 판돈이 걸린 탁구 시합과 비슷하다. 공을 빠르고 교묘하게 받아치면 상대의 머릿속을 훤히 들여다볼 수 있다는 점에서 그렇다. 블랭크는 활달하고 가만히 있지 못하는 성격 탓에 불면증을 겪었으나 그로 인해 꼼꼼한 의사가 되기도 했다. 그는 타인의 죽음을 돕는 책임을 가볍게 여기지 않았다.

"누군가의 삶을 끝낼 약물을 처방한다는 것은 정말 심각한 일입니다."

그는 이렇게 말하며 양손을 뒤통수에 얹었다. 마치 그 부담의 무게를 가늠하려는 것처럼.

환자가 너무 아파서 진료받으러 올 수 없으면 블랭크는 검은 가죽 재킷을 걸치고 오토바이에 올라 왕진을 갔다. 대다수 의사와 달리 그는 시간에 쫓기지 않았다. 연구팀이 매년 수백만 달러의 지원금을 받기에 재정 압박이 덜했고 환자를 15분 단위로 진료할 필요도 없었다. 마음만 먹으면 환자의 임종 문제를 네 시간이나 의논할 수도 있었다.

조력 사망을 반대하는 사람들은 환자가 조력 사망 요청을 승인해줄 의사를 만날 때까지 온갖 의사를 찾아다니며 '닥터 쇼핑'을 한다고 비난한다. 하지만 실제로는 의사들이 대부분 진찰 예약조차 거부해 환자들은 금세 막다른 골목에 부딪힌다.

워싱턴주의 은퇴한 내과 의사 엘렌 바틀릿은 조력 사망 환자들을 위해 일하던 시절 시애틀에서 캐스케이드산맥을 넘어주 동부까지 원정을 다녔다. 환자의 요청을 거부하는 담당 의사가 많았기 때문이다. 바틀릿은 자신이 고급 저택보다 이동 주택을 더 많이 방문했다고 말했다. 그 역시 오리건주의 동료들과 마찬가지로 의사에게는 환자를 버리지 말아야 할 도덕적 책임이 있다고 했다.

"환자를 대충 치료해서 비참하게 만들어놓고 더 이상 해 줄 수 있는 게 없어지면 '미안하지만 이만 돌아가서 신변 정리나 하고 오세요'라고 말하는 종양 전문의도 있어요. 환자를 저버리는 거죠. 그래서는 안 된다고 생각합니다. 의사들은 사람을 살리기 위해 최대한 압박하고 밀어붙이는 데 익숙하죠. 그렇지만 그들 대부분이 죽음에는 좀처럼 익숙해지지 않는 것 같아요."

환자에게 죽음을 알리는 것은 단순히 불편한 일이 아니다. 이는 뭐든 '할 수 있을' 것처럼 보이는 의학의 한계를 받아들이고 다른 돌봄 방식으로 전환한다는 의미다. 아툴 가완디는 《어떻게 죽을 것인가》에서 암에 걸린 담당 환자에게 더 이상 써 볼 치료법이 없다고 인정하기가 망설여졌던 사연을 서술한다. 그렇게 말하면 환자가 죽어가고 있음을 시인하는 셈이니까.

"그의 두 가지 암 모두에 효과적일 수 있는 실험적 치료법을 거론하기도 했으나 이는 순전히 환상에 불과했다. 내 눈앞에서 일어나고 있는 일보다 환상을 이야기하는 것이 덜 감정적이고 덜 충격적이며 오해의 소지도 적었다."[2]

설령 죽음을 논의하길 회피하지 않는 의사가 있어도 실무

적 제약에 부딪히기 쉽다. 조력 사망 상담은 일반 진료보다 서너 배 오래 걸리는데, 환자 한 명에게 그렇게 시간을 할애할 여유가 있는 의사는 드물다. 사실 조력 사망 관련 서류는 간단한 편이지만, 조력 사망에 관여한 적 없는 의사들은 어마어마한 관료적 절차를 처리해야 할까 봐 겁먹는다. 실수해서 면허를 빼앗길까 봐 혹은 의료계에서 아직 논란 대상인 법에 관여했다가 동료들에게 비난을 받을까 봐 두렵다는 의사들도 있다. 미국의사협회는 여전히 조력 사망에 반대하며 그들이 '의사 조력 자살'이라 부르는 이 행위가 "근본적으로 의사의 치료자 역할과 양립할 수 없다"라고 주장한다.[3]

이 같은 이유로 처방 의사나 자문 의사 중 상당수는 은퇴하고 무료로 자원봉사를 하는 의사들이다. 켄의 담당 의사 닐 마틴은 2015년 가정의학과에서 은퇴했으나 자원봉사를 하려고 의사 면허를 유지하는 중이다. 환자의 죽음을 돕는 일은 감정적 충격이 큰 만큼 상당한 휴식 시간이 필요하다. 마틴은 은퇴하고 나자 하루 종일 감정적으로 부담스러운 일을 해도 지치지 않을 여유가 생겼다. 그는 온화하고 신중한 목소리로 말했다.

"임상실무 중에는 임종 환자에게 적절한 마음가짐으로 그들을 대하기가 훨씬 더 어려워요. 의사들은 대체로 온갖 결정을 내려야 해서 일과를 끝마칠 때쯤이면 기진맥진하죠. 여기에다 누군가의 죽음에 개입해야 한다는 감정적 부담까지 더해지면 너무 힘들 수밖에 없습니다."

마틴은 일주일에 몇 번씩 포틀랜드 도심의 빈곤층을 위한 문신 제거 클리닉에 나간다. 그곳에서 교도소, 가정폭력, 갱단 활동 등 고통스러운 과거 기억을 레이저로 지워주는 시술을 한다. 그는 도시 미화 활동에 참여하는 것이라고 농담하지만, 사실 이 일은 누군가의 과거(선택이든 범죄든 질병이든)가 앞날을 좌우해서는 안 된다는 그의 평소 철학과 맞닿아 있다.

마틴은 조력 사망 환자와 함께하면서 자신이 오래전 의학계에 투신한 이유를 새삼 떠올렸다.

"의사의 역할은 한 인간의 삶에 지대한 영향을 미칩니다. 환자는 자신이 원하는 죽음에 협조해달라는 커다란 희망과 기대를 품고 우리를 바라보죠. 일상적 의료는 대부분 기계적으로 이루어지다 보니 감정적 유대를 놓치기 쉬워요. 반면 조력 사망은 내가 의사가 된 근본 이유로 돌아가게 해줍니다. 사람들의 고통을 덜어주고 싶다는 거요."

마틴은 2009년부터 처방 의사로서 의료 조력 사망에 관여했다. 그의 부모님은 때가 되면 삶을 중단할 수 있기를 바라며 헴록 소사이어티에 가입했다. 독일인 이민자인 아버지는 조력 사망법이 제정되기 전인 1996년 캘리포니아의 병원에서 세상을 떠났다. 20대 초에 중국에서 이민 온 어머니는 남편이 죽은 뒤 포틀랜드에서 아들 부부와 함께 살았고, 이후 19년 동안 서서히 쇠약해지면서도 사는 게 힘들어지면 죽고 싶다는 소망을 간직하고 있었다. 마틴의 어머니는 2015년 조력 사망 자격을 얻었고 아들이 침대 곁에서 지켜보는 동안 약물을 복용했다. 마틴은 어머니가 돌아가실 때까지 손을 잡아드렸다.

의사로서 블랭크와 마틴은 변덕스러운 질병에 시달리며 이런저런 치료법을 시도해보는 환자를 대하는 데 익숙했다. 그리고 시도할 수 있는 치료법이 남지 않은 후에도 계속 환자를 돌보았다. 이들은 좋은 의사라면 환자의 생명을 구할 뿐 아니라 환자가 인간답게 죽도록 해주어야 한다고 생각했다.

닉 기디언스는 존엄사법에 따라 치사 약물을 처방하기 시작했을 때 다짐한 바가 있었다. 절대로 자기가 먼저 환자에게 조력 사망을 제안하진 않겠다는 것이었다. 그는 수년간 가정의학과에서 일하며 환자를 요람부터 무덤까지 동반했다. 동료가 위탁한 조력 사망 환자를 진찰하고 업무 일정표에 '존엄사 상담'을 명시하게 되고 나서도 기디언스는 기존 원칙을 고수했다.

부스스한 반백의 곱슬머리에도 불구하고 젊어 보이는 기디언스는 포틀랜드의 번잡한 카페에서 커피잔을 내려놓으며 딱 잘라 말했다.

"나는 절대 당신에게 삶을 끝내라고 권하지 않을 겁니다."

나는 잠시 우리 대화를 도청하는 사람이 있는지, 그 사람이 방금 전의 말을 들으면 무슨 생각을 할지 궁금했다.

"나한테 그런 걸 요구하려면 완곡한 표현을 써서는 안 됩니다."

그의 진료실에서는 대체로 이런 대화가 오갔다.

기디언스는 후리후리한 몸을 의자 등받이에 기대고 앉아 "오늘은 무슨 일로 오셨나요?"라고 물은 다음 머뭇거리는 환자에게 귀 기울인다. 환자는 "내가 저세상에 가도록 도와주실 거죠?"라는 식으로 대답한다. 기디언스는 고개를 저으며 양쪽 손바닥을 펼쳐 탁자 위에 내려놓고 이렇게 받아친다.

"그런 식으로는 안 돼요. 내가 무엇을 해주길 바라는지, 우리가 함께 무엇을 할 것인지 정확히 말해주세요."

환자가 죽고 싶으니 치사 약물을 처방해달라고 말하지 않는 한 대화는 더 이상 진행되지 않는다. 기디언스는 자신이 조력 사망이라는 선택지를 언급하지 않으면 이를 추진하기는커녕 그 존재조차 모를 환자도 있다는 걸 알았다. 그러나 자신의 신중한 행동으로 조력 사망을 하려는 환자의 자유 의지를 분명히 확인할 수 있다면 그럴 가치가 있다고 판단했다. 의사로서 그는 자신에게 주어진 문화적 권위를 민감하게 인식하고 있었다.

처방 의사가 조력 사망에 관해 상의할 의향이 있어도 환자에게 직접 그 선택지를 제시하는 경우는 드물다. 기디언스처럼 조력 사망을 원치 않는 환자에게 종용하게 될지도 모른다는 우려 때문이다. 환자에게 무심코 존엄사법을 강요하거나 담당 의사가 최선을 다해 자신을 보살펴줄 거라는 신뢰를 저버리기 싫은 것이다.

기디언스를 비롯한 처방 의사들은 첫 번째 진료에서 환자가 왜 조력 사망을 원하는지, 다른 선택지를 생각해본 적은 없는지 알아보는 데 집중한다. 환자는 마음속 가장 깊은 곳의 두려움을 털어놓는다. 자아를 잃어버릴까 봐, 앞으로의 시간이 괴롭기만 할까 봐, 고통스럽게 죽어가며 추한 꼴을 보일까 봐 두렵다고 고백한다. 기디언스는 조력 사망 외에도 이런 두려움을 해소할 방법이 있는지 알아보려 한다. 환자의 가족을 모두 병실로 불러 함께 고민하기도 한다.

"환자가 진심으로 바라는 게 무엇인지 파악하고, 치사 약물을 처방하지 않고도 그 바람을 충족해줄 방법을 찾기 위해 부단히 노력합니다."

이런 논의를 하다 보면 호스피스를 거론하게 마련이다. 그렇지만 조력 사망법을 이용하려는 환자 대부분은 이미 호스피스도 이용하고 있다. 호스피스를 고려하지 않은 게 아니라 호스피스만으로는 우려를 해소할 수 없는 것이다.

기디언스의 동료 찰스 블랭크도 비슷한 전략을 취한다. 환자에게 가능한 모든 대안을 제시하고, 조력 사망법을 이용할 경우와 그러지 않을 경우 각각 그의 삶이 어떻게 끝날지 상세히 알려준다.

"환자가 조력 사망을 선택한 이유를 내 잣대로 판단할 수는 없지만, 내가 고통을 완화해줄 수 있다면 환자도 선택을 취소하고 마지막 6개월을 즐길 수 있을 거라고 믿습니다. 그래서 나는 환자의 마음을 더 깊이 파고들어야 한다고 생각하며 그 의무를 충실히 따릅니다. 만약 환자가 자신의 고통을 다른 방식으로는 해결할 수 없다고 믿고 있음을 확인하면 내 의견과 상관없이 그의 결정을 100퍼센트 지지합니다."

블랭크는 설령 환자 개인의 이유에 동의할 수 없더라도 환자의 결정권이 자신의 온정적 간섭주의보다 더 중요하다고 생각했다. 그는 의사로서 자신의 임무는 환자의 선택에 따르는 장단점과 위험, 이익을 설명해 환자 스스로 최선을 선택하도록 돕는 것이라고 말했다.

환자의 자기 결정권에 대한 신념이야말로 조력 사망에 관여하는 처방 의사들의 가장 뚜렷한 공통점이다. 자기 관점에서 최선인 치료를 환자에게 종용하는 의사들과 달리 이들은 환자의 자율성을 옹호한다.

여기에는 그럴 만한 이유가 있다. 죽을 권리가 각광받은 데는 전지전능에 가까워지고 있는 의학을 향한 반발도 한몫했다. 연명 의료는 20세기 전반에 걸쳐 폭발적으로 발전했다. 미국 내 병원에 영양 보급관이나 기계식 인공호흡기 같은 생명 유지 장치가 보편화하면서, 환자들은 임종이 다가올 때 무의미하고 고통스러운 의료적 개입으로부터 자신을 보호해야 한다고 생각했다.

이런 우려가 사회적 관심사로 떠오르게 된 계기가 캐런 앤 퀸런Karen Ann Quinlan 사건이었다. 뉴저지에 살던 20대 초반의 퀸런은 1975년 4월 밤 친구들과 함께 술을 마신 후 혼수상태에 빠졌다. 인공호흡기와 영양 보급관을 달기는 했으나 의식을 회복할 가능성은 희박했다. 이후 1년 동안 퀸런의 부모는 딸이 식물인간 상태로 살아 있게 하는 기계를 끌 권리를 위해 싸웠다. 1976년 3월 뉴저지 대법원은 헌법이 보장하는 자유와 사생활 권리에 따라 퀸런의 치료를 거부할 권리를 보장한다는 판결을 내렸다.

퀸런 사건은 대중의 의사 신뢰도가 떨어지기 시작했을 때 일어났다. 이전 시대의 온정적 간섭주의는 의사가 환자에게 가장 이로운 바를 추구하지 않을 수도 있다는 의구심에 자리를 내주었다. 앨라배마주 터스키기에서는 생체실험을 목적으로 매독에 걸린 흑인 남성을 치료하지 않고 방치했으며, 미국 전역의 흑인 여성들은 자신도 모르는 사이 불임 수술을 받았다. 또한 의료비용이 급증하고 의료 분과가 세분화하면서 의사들은 독자적 지침에 따르는 익명의 관료로 여겨지기에 이르렀다.[4] 죽을 권리 운동가들은 민간 영리 기관에 잠식당한 의료계에서 의학의 무소불위 권위에 제동을 걸고 죽어가는 환자의 권리를 지키기 위해 싸웠다. '죽을 권리'라는 말은 오랫동안 죽음을 적극 추구하는 것보다 치료를 거부할 권리를 획득하는 것을 의미했다. 1990년에 이르러서야 환자 자기결정법이 연방법으로 통과하면서 미국 전역의 환자들이 임종 단계에 치료를 거부할 권리를 획득했다.

처방 의사들의 환자 중심 접근법에도 한계는 있다. 그루브에게 당뇨병 진단을 받은 한 환자는 질병에 따르는 난관을 피하기 위해 죽고 싶다는 의사를 표명했다. 그는 그루브에게 조력사망 신청이 가능한지 물었다. 그루브는 거절했고, 이런 경우 환자의 자율성보다 자신의 직업적 성실성을 우선시해야 한다고 말했다. 당뇨병은 만성 질환이지만 죽음에 이르는 병은 아니며 인슐린으로 충분히 관리할 수 있다. 따라서 그루브는 그 환자의 죽음을 도울 수 없었다.

의사와 조력 사망을 의논하기만 해도 마음이 편해져 실제 절차에 착수하지 않는 환자도 있다. 조력 사망에 관한 대화는 죽음을 바라보는 환자의 가치관까지 돌아볼 만큼 폭넓은 대화로 이어지곤 한다. 남은 시간 동안 무엇을 하고 싶은가? 사전연명의료의향서는 작성했는가? 유언장은 완성했는가? 호스피스 치료를 신청했는가? 가족에게 조력 사망 의사를 알렸는가? 담당 의료인에게 근심과 소망을 털어놓을 기회를 주면 조력 사망에 관한 환자의 욕구가 해소되기도 한다.

그래도 환자의 의지에 변함이 없을 경우, 처방 의사는 그의 임무에서 가장 까다로운 부분에 집중한다. 환자의 여명이 존엄사법의 조건대로 6개월 이하인지 판단하는 것이다.

───

시한부 환자가 임종에 가까워졌다고 판단하는 6개월 기준은 임의적으로 보일 수 있다. 시한부 6개월 이하인 환자는 조력 사망이 가능하지만 7개월이나 1년인 환자는 안 된다는 이유는 무엇인가?

오리건주 죽을 권리 위원회는 존엄사법 초안을 작성할 때 기준점을 시한부 6개월로 하자고 합의했다. 호스피스 이용 조건과 부합한다는 이유에서였다. 메디케어의 지원을 받는 호스피스 치료도 시한부 6개월 이하인 환자만 이용할 수 있다. 다만 호스피스는 조력 사망과 큰 차이가 있다. 호스피스를 이용하는 환자가 의사의 예상보다 더 오래 살아도 문제가 없다는 점이다. 소수지만 수년 넘게 호스피스를 이용하는 환자도 있다. 환자의 상태가 계속 나빠지고 있으면 호스피스 치료를 유지할 수 있다. 하지만 의사가 조력 사망을 신청한 환자의 여명을 과소평가하면 환자는 수명보다 일찍 죽게 된다.

블랭크 같은 처방 의사는 호스피스의 이용 조건인 시한부 6개월을 느슨하게 적용하는 의사도 있다는 걸 안다. 환자가 호스피스 치료를 받고 싶어 하는 다발성 장기부전 노인이면 더욱 그렇다. 블랭크는 이렇게 설명한다.

"호스피스 이용 조건은 실제로는 지극히 관대하게 적용됩니다. 호스피스 치료를 거부하는 환자는 본 적 없고 치료를 받으면 8개월, 12개월, 18개월까지 사는 경우도 드물지 않죠. 의사는 그냥 '아, 내 예상이 틀렸나 봐요'라고 말하면 그만입니다. 그와 달리 조력 사망은 돌이킬 수가 없어요. 그렇다 보니 시한부 6개월 판단은 심각한 문제가 됩니다. 환자가 정말로 임종에 가까웠다고 확신할 수 있어야 합니다."

이런 이유로 처방 의사는 환자의 호스피스 이용 여부에 따라 조력 사망 자격을 판단할 수 없다. 더구나 호스피스 이용자 중에는 의료진에게 정확한 여명을 듣지 못한 환자도 있다. 그래서 처방 의사는 자기 나름대로의 지표와 기준을 활용해 중증 환자의 6개월 내 사망 가능성을 판단해야 한다. 이런 추측은 불확실하고 착오 가능성이 있는 만큼 내키지 않는 일이다.

오리건주의 의사이자 상원의원인 엘리자베스 스타이너 헤이워드는 정확한 예후 판단이 얼마나 어려운지, 이에 대한 의사의 책임이 얼마나 막중한지 잘 안다. 그는 예후 판단 때문에 밤잠을 설칠 때도 있다고 말했다.

"모든 의사에게 가장 큰 난관은 누군가가 언제 죽을지 예측하는 일입니다. 우리는 신이 아니니까요."

스타이너 헤이워드는 자신의 병원에서 폐암 4기 진단을 받은 남성 환자를 생생히 기억한다. 그는 치료받기를 거부했다. 통계에 따르면 예상 여명은 3~4개월에 불과했고 그를 진료한 종양 전문의도 같은 의견이었다. 그러나 그는 자신이 이듬해 여름에 있을 딸의 결혼식에 참석할 거라고 단언했다. 그는 정말로 9개월 후 결혼식에 참석했고 이후 한 달 만에 사망했다.

만약 그 환자가 조력 사망을 신청했다면 스타이너 헤이워드는 시한부 6개월 이하 판단을 내렸겠지만, 실제로 그는 10개월을 더 살았다. 물론 예상 여명이 1년 정도인데 3개월 만에 사망하는 환자가 더 많긴 하다. 스타이너 헤이워드는 자신이 여명을 과대평가하는 편임을 깨달으면서 조력 사망 신청 환자의 예후 판단이 조금 덜 부담스러워졌다고 했다. 그래도 최대한 보수적으로 판단하려 애쓰는 편이다.

사회학자 니컬러스 크리스타키스는 《예측된 죽음Death Foretold》에서 의사가 예후 판단을 꺼리고 환자의 여명을 과대평가하는 이유를 설명한다. 그는 예후 판단은 "기술적으로 어렵

고 감정적으로는 두려운 일"이라고 말한다.[5]

"의사들은 예후 판단을 기피한다. (…) 예후의 불쾌한 측면을 다루거나 자신이 비극적 앞날을 바꿀 수 없다는 사실을 생각하기 싫어서다. 또 다른 이유도 있다. 죽음을 예측하지 않으면 그것을 초래하거나 목격하지 않을 수 있는 것처럼 자신을 기만하려 들기 때문이다."[6]

의사는 특히 오래전부터 진료해온 환자의 여명에 지나치게 낙관적이기 쉽다. 의사의 말기 암 환자 예후 판단을 검토한 결과 여명을 꾸준히 과대평가하는 경향이 나타났다.[7]

닉 기디언스는 자기만의 약식 계산법으로 환자가 얼마나 오래 살 것인지 판단한다. 먼저 환자의 신체검사를 하고 칼로리와 수분 섭취량을 계산한다. 이어 환자의 체중과 식욕에 관해 묻는다. 식사는 얼마나 하는가? 배변량은 어떤가? 기디언스가 아는 한 상처에 고름이 차고 감염과 미열이 있는 환자가 심부전처럼 느리게 진행되는 질병 환자보다 수분과 칼로리를 더 빨리 소모한다. 이런 환자는 양쪽 다리에 각각 3리터, 복부에 몇 리터씩 물이 차고 아무것도 먹거나 마시지 못하는 환자보다 훨씬 빨리 사망할 수 있다.

그다음으로는 환자의 체력을 평가한다. 한 달 전에 얼마나 걸을 수 있었고 지금은 얼마나 걸을 수 있는가? 기디언스의 경험에 따르면 침대를 벗어나지 못하게 된 암 환자는 한 달을 넘기는 경우가 드물다. 자리보전은 환자가 지극히 쇠약해졌음을 드러내는 징후다. 이런 환자는 아무리 각별하게 보살펴도 욕창, 감염, 폐렴, 혈전 등 거동 불능에 따르는 합병증으로 여명이 단축될 수밖에 없다. 이는 기디언스가 말하듯 종양 전문의가 아니어도 알 수 있는 사실이다. 그는 중증 환자 요양원의 의료 책임자로서 종양뿐 아니라 환자의 모든 장기 상태를 고려한다. 그런 다음 어느 정도 확신할 수 있는 범위를 정한다.

"내가 한 달 플러스마이너스 일주일이라고 하면 한 달쯤 남았다고 거의 확신하는 겁니다. 반면에 6주 플러스마이너스 10주라고 하면 예후가 매우 불확실한 거죠. 설령 확실한 예측이 불가능하더라도 환자들은 자기 인생의 마지막 장에 협조해주는 사람이 있다는 것에 고마워합니다. 환자들이 내게 감사하는 것은 처방전을 써주었기 때문이기도 하지만 내가 그들의 예후를 추측하는 도박에 가담했기 때문입니다."

여명 예측은 기상 예보와 비슷하다. 실제 날짜에 가까워질수록 더 정확히 추측할 수 있다. 조력 사망 환자가 의사의 예상보다 오래 사는 경우는 드물다. 2020년 오리건주에서 조력 사망을 실행한 환자 중 치사 약물을 복용하기 전에 6개월을 넘긴 사람은 3퍼센트에 불과했다.[8]

처방 의사와 자문 의사는 환자를 진찰할 때 진료 기록에 담긴 정보를 바탕으로 자신의 의견을 보완한다. 환자의 질환이 그들의 전문 분야가 아닌 경우 전문의의 이전 평가를 참조할 수 있다. 예를 들어 산부인과 전문의가 암 환자의 예후를 판단해야 할 경우 풍부한 진료 기록 정보를 활용한다. 또한 대다수 처방 의사는 환자의 질환에 전문가인 자문 의사를 찾으려고 애쓴다.

조와 애나를 도와준 호흡기내과 의사 톰 새뮤얼스는 루게릭병 환자 수백 명을 진료했으며 이들의 질병 경과를 비전문가보다 훨씬 잘 이해한다. 그는 자문 의사로서 다양한 폐 기능 검사를 바탕으로 환자가 언제 사망할 것인지 상당히 정확하게 판단할 수 있다. 새뮤얼스는 COPD 환자의 여명을 예측해달라는 요청을 받으면 다른 증상도 함께 고려한다. COPD 환자가 심한 감기나 폐렴 환자와 비슷하게 장기간 호흡 능력이 떨어졌다가 회복하는 일도 있어서다. 새뮤얼스는 COPD 환자가 세 가지 조건에 부합할 때만 여명이 6개월 이하라고 확언한다. 외출이 불가능하고, 거의 온종일 산소 호흡기를 사용하며, 숨쉬기가 힘들어 침대를 벗어날 수 없어야 한다.

처방 의사가 조력 사망을 허용하기 전에 확인해야 할 항목이 하나 더 있다. 환자가 자신의 건강에 관해 충분히 이해하고 합리적 판단을 내릴 수 있는 정신 상태여야 한다. 정신 장애로 환자의 의사결정 능력이 손상되었을 가능성이 있으면 정신건강 전문가에게 추가 검사를 받아야 한다. 이 조건에 따라 진행성 치매를 비롯한 중증 인지장애 환자는 조력 사망법 이용 대상에서 제외된다. 이는 심한 정신 질환으로 자살 충동을 느끼는 환자를 보호하기 위한 조항이기도 하다.

"우리가 아는 한 자살하는 사람의 60~70퍼센트가 정신

장애, 특히 심한 우울증에 시달립니다."

린다 간지니가 포틀랜드 재향 군인 의료 센터 진료실에서 들려준 이야기다.[9] 간지니는 오리건주의 저명한 정신과 의사로 의료 조력 사망에 관해 여러 논문을 발표했다.

"그들이 우울증을 치료받았다면 다른 선택을 했겠지요. 그러나 조력 사망을 하려는 환자 중 이런 경우는 극소수에 불과합니다."

간지니도 시인하듯 실제 정신장애 심사는 조력 사망법이 제시하는 것보다 더 복잡할 수 있다. 의사들이 평가하려는 것은 조력 사망을 결정한 환자의 '진정성'이다. 그 결정이 환자의 기존 대처 방식과 일치하는지 확인하려는 것이다. 이를테면 불치병 진단을 받기 수년 전부터 그런 병에 걸리면 조력 사망을 선택하겠다고 공언하는 환자도 있다.

기디언스는 삶을 끝내려는 환자의 욕구가 신체 질환이 아니라 정신 문제에서 비롯되었는지 판단하는 그 나름대로의 요령을 터득했다. 환자의 진료 기록에 우울증 증상이나 치료 이력이 있으면 그는 이렇게 물어본다.

"만약 마술 지팡이가 있어서 내일 당신의 삶에서 암이 사라지게 할 치료법을 알아내더라도 여전히 조력 사망을 선택하겠습니까?"

이 질문에 환자가 어떻게 대답하는가에 따라 그가 죽으려 하는 진짜 이유를 확인할 수 있다. 그래도 죽는 편이 좋겠다고 대답하면 기디언스는 환자의 정신건강 검사를 요청한다.

물론 의사들도 시한부 진단을 받은 환자는 자기 인생이 끝났다며 비탄에 빠지기 쉽다는 걸 안다. 더구나 암처럼 치명적인 질병에는 주요우울장애 징후와 상당히 비슷한 부작용이 따를 수 있다(식욕부진, 피로, 절망감, 불규칙한 수면 등). 의사의 과제는 이런 증상이 정말로 정신장애 때문인지 혹은 그로 인해 환자의 판단력이 손상되었는지 파악하는 것이다. 그루브는 불치병에 따른 슬픔과 정신장애 징후의 차이를 다음과 같이 설명했다.

"기본적으로 죽음을 앞둔 사람은 슬픔과 비탄에 빠지는 게 당연합니다. 죽음이 코앞에 왔는데 기뻐하는 사람이 있다면 아마도 정신질환자겠지요. 그런데 주요우울장애는 말기 환자에게 갑자기 생기는 것이 아니라 훨씬 전부터 나타나게 마련입니다. 항우울제 복용 이력이 있는 환자를 심사한다면 나도 바짝 긴장하고 좀 더 까다로운 질문을 던질 겁니다. 그러나 간암에 걸려서 슬픈 거라면 충분히 그럴 만하죠. 끔찍한 일이니까요."

우울증 징후만으로 환자의 의사결정 능력을 의문시할 필요는 없다. 우울증은 신체 기능 상실 같은 심각한 위기에 따르는 정상적 반응일 수 있다. 환자가 우울증이라고 해서 무조건 이성적 사고력을 상실하는 건 아니다. 이는 결국 의사가 확인해야 하는 지점이다.

의사들이 실제로 정신 상태가 위태로운 환자를 만나는 경우는 드물다. 2020년 오리건주에서 치사 약물을 처방받은 환자는 245명이었지만, 그중 의사의 판단으로 조력 사망법에 따라 정신건강 검사를 받은 환자는 3명뿐이었다.[10] 물론 극소수일지라도 환자를 정신과에 위탁하는 의사는 상당한 심적 갈등을 겪을 수 있다.

불치의 암으로 블랭크에게 시한부 6개월 이하 판정을 받은 어느 환자가 있었다. 서류상으로 그에겐 존엄사법을 이용할 자격이 있었으나, 그가 삶을 끝내려는 이유는 일반적이지 않았다. 블랭크는 환자에게 병세가 악화하기까지 4개월쯤 남았다고 말했다. 존엄사법을 이용하려는 이유를 묻자 환자는 자신에겐 친구가 없고 남은 시간도 의미가 없기 때문이라고 대답했다. 자신의 병은 전혀 언급하지 않았다. 하여튼 그에게는 법적으로 조력 사망 자격이 있었다.

"내겐 다소 어려운 사례였습니다. 자주 볼 수 있는 경우가 아니니까요."

블랭크는 환자에게 우울증이 있을까 봐 우려스러워 그를 정신과에 위탁했지만, 정신과 의사는 환자의 정신 상태가 온전하다고 판단했다. 블랭크는 덧붙였다.

"설사 우울증이 있더라도 의사결정 능력에 영향을 미칠 정도는 아니라고 하더군요."

결국 그는 처방전을 작성하는 데 동의했다.

요약하자면 의사는 환자가 죽음을 선택한 구체적 이유에 동의할 필요는 없다. 그렇지만 환자가 자신의 선택을 도덕적으로 책임질 수 있는 정신 상태인지 확인해야 한다.

의사의 임무는 치사 약물 처방전을 작성하는 것으로 끝나지 않는다. 그는 어떤 약물 조합이 환자의 목숨을 확실히 끊어줄 수 있는지 알아내야 한다. 그러니까 인간적 의혹과 오류에 취약하며 아직 불완전한 의료 기술을 새로운 임종 과학에 동원해야 한다.

7

임종 과학

 많은 사람이 조력 사망을 오해하고 있을 것이다. 감정적으로는 까다로울지 몰라도 기술적으로는 단순히 약물을 섭취해 죽는 일이라고 말이다. 실제로는 훨씬 더 복잡하다. 인간의 목숨을 확실히 끊어주는 마법 약물은 존재하지 않는다. 의사가 의과대학에서 받는 교육도 환자를 죽게 하는 방법은 다루지 않으며 오로지 살려내는 방법에만 집중한다. 약학 교과서에도 그런 내용은 없다. 임상시험이나 동료 평가가 전혀 없는 상황에서 의사들은 스스로 임종 과학을 연구해야 했다. 수년에 걸쳐 이런저런 시행착오를 겪으며 그들 나름대로의 약물 조합을 만들어냈다.

 로니 샤벨슨은 조력 사망 약리학이 아직 걸음마 단계임을 안다. 원래 응급실 의사였던 그는 2016년부터 2021년까지 버클리에서 의료 조력 사망 전문 진료소인 '베이 에어리어 엔드 오브 라이프Bay Area End of Life'를 운영했다. 샤벨슨과 직원들은 200명 이상의 환자가 치사 약물을 투여하는 과정에 입회하면서 온갖 수수께끼에 맞닥뜨렸다.

"다량의 치사 약물을 투여한 조력 사망 환자도 한 시간 만에 죽지는 않는데, 왜 프린스는 소량의 펜타닐만으로 엘리베이터 안에서 즉사한 걸까요? 보통은 죽기까지 대여섯 시간이 걸리거든요.(미국 뮤지션 프린스는 만성 통증으로 진통제에 의존해오다 2016년에 사망했다. 사인은 강력한 마약성 진통제인 펜타닐 복용이었다. _옮긴이)"

나와 처음 대화한 2018년 그는 이런 질문을 던졌다. 뾰족한 턱에 희끗희끗한 수염을 기르고 둥근 안경을 쓴 모습이었다. 이후 샤벨슨과 미국 전역의 의사들은 임종 과학을 규명하는 데 점점 더 가까워지고 있다. 하지만 그는 아직도 할 일이 남았다고 말한다.

샤벨슨은 조력 사망 운동계의 이단아라고 할 수 있다. 캘리포니아에서 조력 사망법을 제정한 2016년, 그는 조력 사망을 고려하는 환자만을 위한 진료소를 개업했다. 의료계와 대학 병원이 앞다투어 자체 규정을 마련하려 분주하게 움직이던 시기였다. 그보다 20년 전에는 조력 사망이 불법인 상황에서 비공식적으로 환자 다섯 명의 임종을 도운 경험을 감동적인 저서 《선택된 죽음A Chosen Death》에 담아내기도 했다. 캘리포니아 법이 통과하자 샤벨슨은 시행 초기부터 참여해 자신의 이름을 알릴 기회를 잡았다. 활기차고 논란을 두려워하지 않는 그는 임종 과학에 숨은 암호를 해독하는 데 골몰했다.

신속하고 평화롭게 죽고 싶은 사람들의 욕구를 좌절하게 만드는 온갖 약리학적 합병증이 있다. 사망하기까지 최장 나흘이 걸린 환자가 있는가 하면 죽는 데 실패한 환자도 있다. 몇 분 안에 죽을 줄 알았던 환자가 몇 시간 후 다시 깨어나기도 했다. 오리건주 존엄사법을 제정한 1997년부터 2020년 말까지, 오리건 주민 여덟 명이 소위 치사 약물을 섭취한 뒤 의식을 되찾았다.[1] 통계상 극소수이긴 해도, 이들의 경험으로 유감스럽게도 현행 조력 사망법 아래서는 100퍼센트 확실한 죽음이 불가능하다는 게 드러났다. 루이스도 그 여덟 명 중 하나다.

―――――

루이스는 거의 평생 장거리 화물차 운전기사로 일했다. 야외 활동을 즐기고 광활한 미국 서부 여행을 좋아한 그는 화물차 운전석에서 잠을 자며 틈틈이 사냥과 낚시를 하러 다녔다. 그러다가 50대 후반에 신장병이 생겨 투석을 받기 시작했고 화물차 운전을 포기한 채 노숙자가 되었다. 결국에는 투석도 중단했다. 동반 질환과 홈리스 상태 탓에 신장 이식을 받기는 불가능했지만, 어쨌든 기계에 매인 채 여생을 보내고 싶지 않았다.

투석을 중단한 지 반년 만인 2018년 8월, 루이스는 포틀랜드 외곽의 메디케이드 환자를 위한 장기 요양 시설에 입소했다. 입소자 데이터베이스에 넣을 사진을 찍기 위해 사회복지사 에이다의 사무실에 갔을 때 그는 말기 신부전에 시달리고 있었다. 에이다가 찍은 사진 속에서는 두꺼운 안경을 쓰고 덥수룩한 갈색 장발을 뒤로 넘긴 남성이 수줍게 웃고 있다. 위쪽 치아는 모두 빠져 있다. 에이다는 회상했다.

"그는 몹시 아팠어요. 귀가 잘 들리지 않아 남들과 얘기하려면 음성 증폭기를 들고 다녀야 했죠. 좋은 사람이었어요. 상냥하고 착했죠. 평생 그렇게 다정다감한 남자를 본 적이 없어요."

이후 몇 달간 에이다는 루이스와 친해졌다. 서른두 살인 에이다는 해당 시설의 사회복지 책임자로 채용된 터였고, 야간 대학에서 사회복지 석사 과정을 수강하고 있었다. 그는 루이스의 병실에 찾아가 이야기를 나누며 몇 시간씩 앉아 있곤 했다. 얼마 전 기독교 신앙을 되찾은 루이스는 간혹 에이다에게 함께 기도해달라고 부탁했다. 그는 얼마 남지 않은 소지품 중 너덜너덜해진 구약성경의 〈시편〉을 넘기며 자신이 찾던 구절을 보여주곤 했다. 신앙을 회복한 지 얼마 되지 않았지만 마치 잃어버린 시간을 만회하려는 듯 숨 가쁘게 열정적으로 기도했다.

"마지막에는 신앙이 정말 중요했던 것 같아요. 인생의 종점에 이르려는 참이었고 그곳에 무엇이 있을지 몰랐죠. 신앙을 회복하고 신과 화해하면 저승에서의 짐이 가벼워지리라고 믿었나 봐요. 우리는 그런 이야기를 많이 나눴어요."

루이스는 담당 간호사, 호스피스 직원과 치료 문제를 의논하던 중 오리건주 존엄사법에 관심을 보였다. 그는 자신이 살아남지 못하리라는 것을 받아들였고 자신이 원하는 방식으로 죽고 싶다고 했다. 에이다는 그를 엔드 오브 라이프 초이스 오리건에 연결해주었다. 10월 말 자원봉사 의사인 닐 마틴과 마크 래릭이 루이스를 진찰하러 왔다. 루이스의 상태가 매우 심각했기에 두 의사 모두 곧바로 조력 사망을 승인했다. 루이스는 신장 기능 저하 외에도 호흡기 질환, 고혈압, 혈관 질환, 수차례의 목과 허리 수술, 뇌졸중, 심장마비 등의 병력이 있었다. 과거에 마약성 진통제 오피오이드 의존증이 있었던 터라 호스피스에서 처방받은 진통제로는 통증을 달래기가 어려웠다. 도자기 인형처럼 창백한 피부로 그는 구부정한 몸을 지팡이에 의지한 채 복도를 오갔다.

    루이스는 당장 내일 죽어도 이상하지 않은 상태여서 과연 법으로 정한 대기 기간 15일을 버틸 수 있을지 담당 의사조차 확신할 수 없었다. 그는 음식을 거의 먹지 못했고 끊임없이 피와 담즙을 토했다. 신장은 노폐물 처리를 멈춘 상태였고 피부는 며칠 사이 뿌연 사프란색으로 변했다. 간 기능 부전 징후였다. 그래도 루이스는 버텨냈고, 2주 후 마틴은 치사 약물 처방전을 써주었다.

    그런데 한 가지 문제가 있었다. 루이스가 임종할 곳이 없었다. 그가 지내는 요양 시설은 조력 사망을 금지했고, 모텔에서 죽기는 싫다고 했다. 스포캔에 사는 형들이나 여동생과는 사이가 소원해진 지 오래였으며, 몇 안 되는 친구들도 루이스와 마찬가지로 홈리스 신세였다. 에이다는 시내에 있는 자기 아파트를 빌려주겠다고 자원했다.

"루이스는 내 친구였어요. 괴로워하고 있었고요. 할 수만 있다면 어떻게든 그를 돕고 싶었어요. 그래서 내 집을 빌려주기로 결심했죠."

에이다는 2011년 아버지의 죽음을 계기로 사회복지사가 되었다. 아버지는 술을 끊은 지 7년 만에 방에서 홀로 돌연사한 채 발견되었다. 사인은 헤로인 과다 복용이었다. 아버지는 포틀랜드 교외의 적막한 노동 계급 동네에서 구세군 사관으로 일하고 있었다. 스물다섯 살 간호학과 학생이던 에이다의 삶은 아버지의 죽음으로 완전히 바뀌었다.

아버지는 약물 남용 문제뿐 아니라 C형 간염으로 고통받고 있었다. 그러나 사회경제적 여건이 좋지 않아 치료약을 처방받을 여유가 없었다. 어느새 약물에 의존하는 옛 습관이 돌아왔고 결국 그의 목숨까지 앗아갔다. 아버지의 갑작스러운 죽음은 에이다를 망가진 사회 안전망이 포착하지 못하는 사람들을 구하는 데 헌신하는 직업으로 이끌었다.

에이다는 루이스를 보면서 아버지를 떠올렸다. 루이스도 아버지와 마찬가지로 인간의 생명보다 이윤을 중시하고, 중독을 치료하는 대신 범죄시하며, 어려운 상황에 빠진 사람을 희생시키는 경제 체제의 피해자였다. 그는 평생 에이다 말고는 누구에게도 도움받지 못했다. 그런 루이스를 홀로 죽게 내버려둘 수는 없었다.

에이다가 자기 집을 루이스의 임종 장소로 제공하는 것은 윤리적 선을 넘어서는 일이었지만, 요양 시설 직원이 아닌 친구로서는 괜찮을 것이었다. 지난 3개월 동안 에이다는 자신이 일하는 시설의 열악한 치료 수준에 경악해온 터였다. 환자 대부분이 중증 정신 질환과 약물 남용에 시달렸으나 적절한 관리를 받지 못했다. 그가 일하던 기간에 돌봄 기준을 충족하지 못했다는 이유로 주정부에서 조사하러 나온 적도 있었다. 에이다는 얼마 전부터 퇴사할 계획이었고 루이스에게 죽을 곳이 필요해지자 서둘러 결단을 내렸다. 루이스가 사망하기 전날 에이다는 사직서를 제출했다. 그리고 약국에서 루이스의 처방약을 받아왔다.

―――――

1997년 오리건주에서 미국 최초로 조력 사망을 합법화했지만, 조력 사망에 어떤 약물을 사용할 수 있는지는 법조문에 명시되지 않았다. 오리건주 보건 당국은 승인 약물 목록도 제공하지 않았고 모든 결정을 처방 의사에게 일임했다. 법 시행 초기에 의사들은 별별 자료를 다 찾아보아야 했다. 동물 안락사, 급성 중독, 약물 복용 자살 관련 약리학 보고서를 몇 시간씩 살살이 뒤졌다. 그러나 혈류로 흡수된다고 알려진 약물은 사용할 수 없었다. 환자가 섭취할 수 있는 약물만 처방해야 한다는 법적 제한 때문이었다. 결국 그들은 사용할 수 있는 소수의 약물로 만족하고 차후 개선을 기약했다.

그중 두 가지 약물이 빠르게 주목받기 시작했다. 넴부탈(펜토바르비탈)과 세코날(세코바르비탈)은 모두 강력하고 신속하게 작용하는 바르비투르산이다. 치사량의 2.5배를 투여하면 환자는 잠들었다가 혼수상태에 빠지고 결국 뇌 호흡이 정지된다. 2001년부터 2018년까지 오리건주에서 세코날을 복용한 환자의 절반 정도가 25분(넴부탈은 20분) 이내에 사망했다.[2] 그런데 이따금 사망하기까지 훨씬 오래 걸리는 원인 불명 사태가 발생했다. 세코날을 복용한 환자 중 다섯 명은 죽지 않고 의식을 회복하기까지 했다. 그래도 의사 대부분은 이들 약물이 대체로 효과적이라고 생각했지만, 갑자기 예측하지 못한 상황이 벌어졌다.

지난 10년간 제약회사들은 가장 효과적인 치사 약물을 구할 수 없게 만들거나 아예 미국 시장에서 퇴출해왔다. 2011년 덴마크 제약회사 룬드벡은 미국 내에서 넴부탈 판매를 중단했다. 이 약을 사형에 남용하고 있다는 이유에서였다. 같은 해 유럽연합은 이 약물 수출을 전면 금지하기로 했다. 금수 조치가 발효되자마자 세코날 가격은 천정부지로 치솟았다. 2009년까지만 해도 치사량인 세코날 100캡슐을 처방받는 비용이 200달러 미만이었으나, 이후 몇 년 동안 마라톤 제약회사는 해당 분량 가격을 1,500달러까지 인상했다. 그로부터 얼마 지나지 않은 2015년, 캘리포니아가 미국에서 조력 사망을 합법화하는 다섯 번째 주가 되고자 법안을 제안한 지 한 달 만에 캐나다의 밸리언트(현재 바슈 헬스Bausch Health로 알려진 제약회사)가 세코날 판매권을 인수하고 치사량 가격을 두 배인 3,000달러로 올렸다.

그 무렵 워싱턴주의 의사들은 더 저렴한 대안을 찾기 시작했다. 심장 전문의, 약사, 마취 전문의, 수의사 등이 모여 위원회를 조직했다. 이들은 함께 조력 사망에 사용할 자체 약물을 조합하기로 했다. 은퇴하고 로페즈섬에 살던 마취과 의사 캐럴 패럿은 네 가지 조건을 충족하는 새로운 약물 조합이 필요하다고 말했다. 취급하기 안전하고, 효과적이며, 저렴하고, 조제 약국(환자 개인의 특정 처방에 따라 약을 조제해주는 약국)에서 구입할 수 있는 약물이어야 했다. 결국 연구진은 네 가지 약물을 조합하기로 하고 각 성분의 첫 글자를 따 DDMP라는 이름을 붙였다. 환자를 진정시키고 호흡을 억제하는 디아제팜과 모르핀, 심장을 멈추게 하는 디곡신과 프로프라놀롤이었다. 환자 서른 명이 DDMP로 조력 사망한 후 연구진은 약효를 높이고 사망에 이르는 시간을 줄이기 위해 용량을 두 배로 늘렸다. 이 새로운 약물에는 DDMP2라는 이름이 붙었고 처방 비용은 약 750달러였다.

 DDMP2는 대체로 복용 후 사망하기까지 세코날보다 훨씬 오래 걸렸다. 오리건주에서는 DDMP2를 섭취한 환자가 사망하는 데 평균 네 시간 이상 걸렸고, 마흔일곱 시간이 지나서야 사망한 환자도 있었다.[3] 2018년 말에는 세코날이 약국에서 자취를 감추는 바람에(바슈 헬스 웹사이트에 따르면 '일시적 재고 부족' 때문이었다) 미국 전역의 처방 의사들은 DDMP2에 의존해야 했다.

 에이다가 루이스를 위해 약국에서 받아온 약이 바로 DDMP2였다. 네 가지 약물이 각각 라벨이 붙은 병에 담겨 있었다. 에이다는 사과주스도 한 병 샀다. 마틴이 약의 쓴맛을 누그러뜨리는 데 도움을 줄 거라고 말해서였다. DDMP2는 세코날만큼 맛이 역하지는 않지만 쓰기는 마찬가지였다. 이제 루이스는 기도를 드리고 치사 약물을 먹기만 하면 됐다. 적어도 에이다는 그렇게 생각했다.

다음 날 새벽, 에이다는 루이스를 시설에서 퇴원시켜 자기 집으로 데려갔다. 습하고 음울한 11월 날씨였다. 에이다는 루이스를 차에 태우고 포틀랜드 남동부의 침실 두 개짜리 아파트로 직행했다. 건물 앞에 주차한 뒤 루이스와 함께 엘리베이터를 타고 3층으로 올라갔다. 그리고 오전 9시 30분 루이스에게 사과주스에 탄 사전 약물을 먹였다.

루이스가 마지막 담배를 피우고 싶어 해서 에이다는 그를 데리고 1층으로 내려갔다. 건물 밖 인도에 서서 초조하게 담배를 피우는 루이스를 지켜보았다. 그의 눈은 번잡한 길거리를 이리저리 훑고 다녔지만 특정한 대상에 오래 머물진 않았다. 루이스는 신이 자신의 계획에 협조해주시기만 간절히 빈다고 말했다. 스스로 목숨을 끊은 그를 과연 신께서 받아줄까? 아니면 그는 지옥에 떨어질까?

에이다는 루이스의 착잡한 마음에 공감했다. 에이다 역시 오순절주의 신앙 속에서 자랐고 자신의 선택에 영적 죄책감을 느꼈으니까. 루이스는 축축한 가로등 기둥에 담배를 눌러 껐다.

이슬비가 내리기 시작해 두 사람은 다시 집으로 올라갔다.

오전 10시쯤 마틴과 엔드 오브 라이프 초이스 오리건의 자원봉사자가 도착했다. 마틴은 짧게 인사를 건네고 루이스와 함께 표준 질문과 응답 절차를 밟았다. 10시 40분, 그는 디곡신 병뚜껑을 열고 사과주스 120밀리리터가 담긴 잔에 넣어 저은 뒤 루이스에게 건넸다.

마틴은 캘리포니아 의사인 로니 샤벨슨이 개발한 신기술을 따르고 있었다. 샤벨슨은 DDMP2 중 심장을 멈추게 하는 약물이 제대로 작용하지 않아 사망 시간이 길어진다는 가설을 제시했고, 자신이 사망 시간을 줄이는 방법을 찾았다고 보고한 터였다.

"심장은 지극히 끈질긴 기관입니다. 좀처럼 멈추질 않거든요. 우리 임무는 심장이 원만히 멈추게 하는 겁니다."

샤벨슨은 환자의 심장을 멈추게 하는 핵심 약물인 디곡신을 다른 세 약물보다 30분 전에 투여하기로 했다. 미량의 디곡신(총투여량 18,000밀리그램 중 100밀리그램)이 나머지 약물과 함께 흡수되기 전에 장내에서 소실되는 게 아닌지 의심했기 때문이다. 디곡신만 먼저 투여하면 장내 흡수 속도를 높일 수 있을 듯했다. 그때까지는 샤벨슨의 시도가 유망해 보였다. 새로운 방식을 도입하면서 환자의 평균 사망 시간이 3.3시간에서 1.3시간으로 줄어들었다. 샤벨슨은 미국 전역의 의사들에게 D-DMP2(디곡신을 나머지 약물과 따로 투여함을 나타내고자 하이픈을 넣었다)가 성공했다고 말했다. 그래서 마틴을 비롯한 많은 의사가 담당 환자에게 새로운 방식을 지도했다.

일단 디곡신을 마시면 되돌릴 수 없다는 걸 루이스도 알았다. 마음이 바뀌어 나머지 약물을 복용하지 않으면 진정 상태에 이르지 못하고 심부전으로 사망할 위험이 있었다. 그는 에이다의 L자형 진홍색 소파에 누워 빨대로 디곡신을 들이켰다.

이후 30분 동안 루이스는 점점 더 초조해졌다. 마지막 약물을 복용할 시간이 다가오자 루이스는 끊임없이 말을 이어갔다. 스스로 목숨을 끊은 그를 신께서 용서하지 않을지도 모른다며 안달복달했다. 그는 에이다에게 함께 기도해달라고 부탁한 뒤 잠시 말을 멈추고 나머지 약을 삼켰다. 그런 뒤에도 여전히 초조해서 어쩔 줄 몰랐다. 그는 에이다에게 물었다.

"그분이 날 용서하실까요? 하느님, 제발 용서해주세요. 예수님, 제발 저를 받아주세요."

에이다는 루이스가 불안해한다는 것을 알고 있었다. 그가 모텔에서 죽고 싶지 않았던 이유는 누군가가 죽어가는 자신을 발견할까 봐 두려워서였다. 에이다는 루이스에게 담요를 덮어주고 그의 손을 잡아주었다. 그리고 부드럽게 말을 건넸다.

"괜찮아요. 잠드는 것처럼 느껴질 거예요."

루이스는 잠들지 않으려 했다. 마치 잠자기를 거부하는 아기처럼 뭐라도 말해보려고 안간힘을 썼다. 20분이 지나자 마침내 그의 눈꺼풀이 감겼다. 잠이 든 것이다. 자원봉사자는 손목시계를 흘끗 보고 시간을 종이에 적었다. 오전 11시 47분이었다. 에이다는 안도의 한숨을 내쉬고 의자에 편히 앉았다. 루이스는 성공했다.

한 시간이 지나자 루이스의 호흡은 불규칙해졌고 때로는 한참 멈추었다. 죽음을 향해 가고 있다는 신호였다. 만사가 계획대로 진행되는 것처럼 보였다.

두 시간이 지나도 상황은 그대로였다. 드문 일은 아니었다. 새로운 약물로 사망하려면 시간이 걸릴 수 있다. 마틴이 얼마 전 관여한 조력 사망은 스무 시간이나 걸렸다.

DDMP2를 사용하기 시작하면서 의사들은 사망 시간이 길어질 수 있음을 환자의 가족에게 최대한 알리려고 노력했다. 그래도 실제 상황은 늘 사람들을 놀라게 했다. 그들은 대부분 자기 가족만큼은 순탄하게 빨리 사망할 거라고 여겼다. 찰스 블랭크는 처방 의사로 일하면서 임종 지연이 가족에게 얼마나 힘든 일인지 직접 목격했다. 누군가가 마지막 숨을 내쉬기까지 기다리다 보면 불안해지게 마련이다.

"처음 한두 시간은 가족이 환자의 손을 잡고 한 침대에 누워 있어요. 죽지 말라고 하면서요. 그렇지만 다섯 시간, 열여덟 시간이 지나면 사랑하는 사람을 떠나보낼 마음의 준비가 되거든요. 그럼에도 불구하고 환자가 떠나지 않으면 모두가 힘들어지죠."

의사들이 더 나은 치사 약물을 찾아 나선 이유는 사망에 이르는 시간이 지나치게 길다는 인식 때문이었다. 물론 사망에 이르는 시간에 관한 의학적 기준은 없다. 샤벨슨은 사망에 두 시간 이상 걸리면 '문제' 상황으로, 네 시간 이상 걸리면 '용납 불가' 상황으로 간주한다. 더러 사망은 신속해야 바람직하다는 전제에 동의하지 않는 의사들도 있다. 보통 호스피스 시설에서는 임종까지 며칠씩 걸릴 수 있고 열여덟 시간도 빠르다고 여긴다. 신속한 죽음이 반드시 좋은 죽음은 아닐 수도 있다. 임종하는 사람과 그 가족이 작별 시간이 길어진 것을 오히려 환영하는 문화도 있다.[4]

샤벨슨은 처음부터 의사가 치사 약물을 복용하는 환자의 침대 곁을 지켜야 한다고 주장했다. 그는 치사 약물을 복용하는 모든 환자에게 심장과 산소 모니터 연결을 요청해 그들의 신체가 어떻게 반응하는지 관찰했다. 그리고 이 데이터에 기반해 처음으로 호흡기 사망과 심장 사망을 구분할 수 있었다. 호흡기 사망은 보통 한 시간 이내에 일어난다. 환자의 호흡기가 진정제로 포화하면서 뇌간에 모든 호흡을 억제하라는 메시지가 전달되기 때문이다. 심장 사망은 더 오래 걸리는데, 심장이 박동을 멈추려면 심정지 약물이 작용해야 해서다. 다시 말해 환자는 D-DMP2의 진정제 성분으로 비교적 빨리 사망하거나, 아니면 디곡신과 프로프라놀롤의 효과가 나타나기까지 더 오래 버틴다.

마틴의 판단에 따르면 루이스는 후자에 속했다. 루이스가 마지막 약을 복용한 지 두 시간이 지났으니까. 에이다는 루이스가 죽기까지 몇 시간이 걸릴 수도 있으니 자기 혼자 기다려도 괜찮다고 말했다. 에이다는 요양 시설에서 일하며 많은 환자의 임종을 지켜보았기에 앞으로 어떤 일이 일어날 것이고 어떤 징후를 확인해야 하는지 잘 알았다. 간호학교에서 쓰던 청진기도 아직 가지고 있었다. 마틴은 필요한 것이 있으면 전화나 문자로 연락하라고 말한 다음 자원봉사자와 함께 떠났다. 에이다는 루이스의 두 다리를 소파 위에 올려주고(소파는 루이스가 몸을 뻗고 눕기에 딱 좋은 크기였다) 머리를 베개로 받쳐주었다. 그런 다음 부엌 식탁에 앉아 노트북 컴퓨터를 켰다. 수업 과제를 마쳐야 했다.

오후 4시에 에이다의 열 살 난 딸 에이프릴이 친구네 집에서 돌아왔다. 에이프릴은 요양 시설의 추수감사절 파티에서 루이스를 만났고, 그날 루이스가 죽으러 자기 집에 온다는 사실을 알고 있었다. 에이다는 항상 에이프릴에게 죽음에 관해 터놓고 이야기해왔다. 양가 조부모님과 부모님을 모두 떠나보내면서 에이프릴이 죽음을 두려워하거나 금기시하지 않기를 바랐기 때문이다. 에이프릴은 소파에서 잠든 루이스에게 다가가 머리를 쓰다듬으며 "루이스, 안전한 여행이 되길 바라요. 사랑해요"라고 속삭였다.

에이프릴은 자기 침실로 들어갔다. 에이다는 딸에게 따로 필요한 게 없으면 방 안에 있으라고 당부했다. 자기가 다 알아서 할 테니 걱정하지 말라면서.

에이다는 소파에 누워 잠든 루이스를 지켜보다가 그의 숨소리가 점점 더 잦아지는 것을 알아차렸다. 죽어가는 사람의 전형적인 징후였다. 마침내 겨울을 맞이한 가을 낙엽처럼, 손끝에서 핏기가 빠져나가며 온몸이 창백해지고 있었다. 에이다는 생각했다. 곧 끝날 거야, 괜찮아.

한 시간이 지나도 루이스의 상태는 그대로였다. 에이다는 별로 걱정하지 않고 마틴에게 문자 메시지를 보냈다.

"심박이 느리지만 불규칙하지는 않아요. 호흡은 얕고 드문드문해요. 체온도 정상 같아요."

바로 답이 왔다.

"알려줘서 고마워요. 장례식장에서 증빙 자료를 요청할 수도 있으니 내 메일 주소를 알려줄게요."

에이다는 루이스와 함께 고른 장례식장을 떠올렸다. 루이스는 원래 시신을 과학계에 기증할 계획이었다. 시신 처리 비용을 감당할 수 없어서다. 그런데 마지막 순간 그의 여동생이 화장 비용을 치르겠다고 제안했다. 그는 에이다의 강권에 따라 형들과 여동생에게 연락했고 자신이 세상을 떠나려 한다는 사실을 알렸다. 세 사람 모두 고통에서 벗어나고 싶다는 루이스의 말에 수긍했지만, 에이다가 보기에는 루이스가 죽음을 앞당기려는 이유를 그들이 온전히 이해하진 못한 것 같았다. 그래도 지난 며칠간은 다들 루이스를 위해주려 했다. 세 남매가 스포캔에서 차를 몰고 와 마지막으로 루이스와 하루를 보냈다. 그들은 장례식을 준비하고, 법적 서류를 살펴보고, 유품을 챙겨갔다. 그래봤자 옷가지 몇 벌이 전부였다. 루이스의 한평생에 남은 것이 얼마나 적은지 생각하니 에이다는 마음이 아팠다.

―――――――

저녁 7시 30분쯤 루이스의 두 팔이 움직이기 시작했다. 얼굴에 찡그린 표정이 떠올랐다. 에이다는 그날 처음으로 두려움에 뱃속이 뒤틀리는 걸 느꼈다. 아무래도 이상하다 싶었다. 이 약을 먹으면 원래 일어나는 현상인가? 에이다로서는 알 수가 없었다.

한 시간이 더 지났다. 갑자기 루이스가 베개에서 고개를 들었다가 도로 내려놓았다. 눈은 여전히 감고 있었지만 헛기침을 했다. 에이다는 그제야 깨달았다. 무언가 잘못됐어. 루이스가 깨어나려고 해. 오후 8시 53분, 에이다는 마틴에게 문자를 보냈다.

"루이스가 이리저리 움직여요. 보고 있기가 너무 힘들어요. 마치 깨어나려는 것 같아요. 기침도 하고요."

마틴이 대답했다.

"알았어요. 나라면 호스피스에 전화할 거예요. 그가 진정 상태를 유지할 수 있도록 설하舌下 진정제를 처방해줄 수 있는지 알아보세요."

에이다는 루이스의 호스피스 간호사에게 전화를 걸었다.

호스피스 환자는 보통 진정제가 든 '비상약 주머니'를 받을 수 있지만 루이스의 의료진은 이를 제공하지 않았다. 호스피스에서 진정제를 처방해주면 그걸 루이스의 혀 밑에 넣고 심정지 약물의 효과가 나타날 때까지 계속 잠재울 수 있을 터였다. 루이스는 치사 약물을 복용하기 전에 자신이 사망하기까지 오래 걸리거나 의식을 회복하려 할 경우 계속 진정제를 투여해달라고 요청하는 양식에 서명했다.

호스피스 간호사는 마틴과 직접 통화해야 한다고 말했다. 마틴은 간호사에게 전화를 걸어 진정제를 더 달라고 재차 요청했다. 간호사는 그와의 통화를 대기로 돌리고 상사인 당직 호스피스 의사에게 확인 전화를 걸었다. 5분 후 통화 대기가 끝났다. 간호사는 유감스럽다는 어조로 의사가 처방을 거부했다고 말했다. 조력 사망에 반대하는 가톨릭계 호스피스의 일원으로서 해당 법에 관여할 수 없으며 루이스의 죽음에도 개입하고 싶지 않다는 것이었다. 그러나 차선책이 있었다. 간호사는 루이스를 안타깝게 여겼고 도움을 주고 싶어 했다. 마틴이 처방전에 직접 서명할 의향이 있다면 간호사에게 메일로 처방전을 받아 약국에 보내면 되었다. 그러면 에이다가 루이스에게 약을 투여할 수 있었다. 마틴은 동의했다.

밤 9시가 조금 넘어 마틴은 에이다에게 문자를 보냈다.

"호스피스 간호사의 조치로 액상 옥시코돈을 주문했어요. 곧 전화할게요. 약국에서 30분 정도 걸린다고 했어요."

마틴은 당황했다. 이런 경우는 한 번도 본 적이 없었기 때문이다. 그는 상황을 되짚어보았다. 루이스의 몸에 실제로 흡수된 디곡신은 얼마나 될까? 루이스에게 인간 치사량의 열 배를 투여했지만, 그것도 소량이긴 했다. 혹시 일부가 유리잔이나 빨대에 남은 걸까? 잔에 한 번 더 물을 부어 잔여물까지 마시게 해야 했나?

어쩌면 루이스에게 변비나 위 마비(위장에서 소장으로 음식물이 내려가는 속도가 느려지는 증상)가 있었을 수도 있다. 그는 예전부터 적게 먹고 많이 토하곤 했다. 아니면 루이스의 벤조디아제핀과 오피오이드 내성이 마틴의 예상보다 훨씬 강했는지도 모른다. 루이스는 만성 통증으로 옥시코돈을, 불안증으로 디아제팜을 복용하고 있었다. D-DMP2의 진정제 성분이 루이스를 계속 잠재울 만큼 강하지 않았던 걸까? 아니, 애초에 왜 그런 게 문제가 됐을까? 루이스는 지극히 쇠약해진 상태라 즉사하는 게 당연한데.

바로 이것이 조력 사망법에 따라 치사 약물을 처방하기 시작한 이래 의사들을 괴롭혀온 수수께끼다. 왜 가장 쇠약해 보이는 환자가 죽는 데 가장 오래 걸리는 경우가 생길까? 수년간 환자들의 죽음을 지켜본 끝에 샤벨슨은 한 가지 가설을 세웠다. 어떤 질병이든 환자의 온몸을 망가뜨리면 소화기관도 망가뜨린다는 것이다. 이 가설이 옳다면 환자의 망가진 내장 기관에 약물이 흡수되기까지 몇 시간씩 걸리거나 심지어 아예 흡수되지 않을 수도 있다.

샤벨슨과 동료들은 이런 경우를 비롯해 조력 사망 고위험군 체크리스트를 만들었다. 이 목록은 심장이 튼튼한 환자(55세 미만이거나 운동 애호가), 췌장암을 비롯한 소화기 질환자, 오피오이드와 알코올 내성이 강한 환자, 과체중 환자 등을 포함한다.

되돌아보면 루이스는 그중 많은 항목에 해당했다. 어쨌든 이제 와서 돌이킬 수는 없었다. 마틴은 약물이 제구실을 하도록 루이스를 진정 상태로 유지해야만 했다.

밤 9시 30분경 마틴은 약국에서 전화를 받았다. 약사는 그가 처방한 용량의 옥시코돈이 없다며 다른 약을 처방해달라고 요청했다. 약이 바뀌었으니 배달하기까지 30분이 더 걸릴 것이라고 했다. 마틴은 처방을 승인하며 서둘러달라고 부탁했다.

한 시간이 지난 10시 30분까지도 약은 에이다의 아파트에 도착하지 않았다. 상황이 급박하게 돌아가고 있었다. 에이다는 식탁 의자를 떠나 소파 옆 바닥에 웅크리고 있었다. 루이스의 눈꺼풀은 감겨 있었지만 계속 꿈틀거리며 경련했다. 그가 나지막하게 신음하더니 바지 지퍼를 내리고 소변을 지렸다.

에이다는 정신없이 손가락을 움직여 마틴에게 문자를 보냈다.

"그가 깨어날 거라고 90퍼센트 확신해요. 질문하면 내 손을 꼭 잡을 정도로 의식이 돌아왔어요. 계속 움직이고요. 너무 불안해요. 자꾸 베개에서 머리를 들어 올려요. 솔직히 오늘 밤에 잠을 잘 수 있을지 모르겠어요. 이런 상황은 전혀 예상치 못했거든요. 바지 지퍼를 내리고 소변도 봤어요."

마틴이 응답했다.

"방금 호스피스 간호사와 통화했어요. 20분 후 약이 도착할 거래요. 그리고 호스피스 의사에게도 특별히 요청했어요. 루이스의 소망대로 그의 의식이 돌아오지 않게 해줄 진정제를 처방해달라고요."

"알았어요. 최대한 늦게까지 깨어 있으면서 루이스를 달래볼게요."

"지금으로서는 그게 최선이에요."

에이다는 마음을 안정시키기 위해 식탁으로 돌아가 과제를 계속했다. 그러면서도 초인종 소리가 나지 않는지 귀를 기울였다.

밤 11시 30분, 에이다는 누군가의 인기척을 느끼고 고개를 돌렸다. 루이스가 깨어나 몸을 일으키고 있었다. 그러고는 거실 바닥에 토했다.

에이다는 소파로 달려가 그에게 누워달라고 부탁했다. 루이스는 믿을 수 없다는 듯 겁먹은 눈을 크게 뜨고 에이다를 바라보았다. 그가 절규했다.

"에이다, 나 왜 안 죽었죠? 왜 안 죽었어요?"

공포에 목이 콱 막히고 가슴이 쿵쾅거렸지만, 에이다는 부엌으로 달려가 쓰레기봉투 묶음과 두루마리 휴지를 챙겨왔다. 한 손으로 토사물을 닦아내면서 다른 한 손으로 마틴에게 문자를 보냈다.

"그가 깨어나서 움직이고 있어요. 이를 어쩌죠."

에이다의 메시지는 마틴에게 전달되지 않았다. 그는 이미 잠든 뒤였다.

에이다는 다리를 움직일 수 없게 된 루이스를 업고 화장실로 향했다. 루이스가 화장실 문을 잠그자마자 호스피스에 전화를 걸었다. 그의 토사물에서 혈흔을 보았기 때문이다. 에이다는 혼자였고 겁에 질려 있었으나 루이스가 고통스럽게 죽지 않기만을 간절히 바랐다. 당직 간호사가 건성으로 대꾸하자 에이다는 폭발하고 말았다.

"누가 약을 가져다주든 상관없어요. 누구든 좋으니 당신네 책임인 환자를 도와줄 사람이 필요하다고요. 환자가 깨어났어요. 환자의 바람에 따라 진정제를 투여해야 해요. 지금 심하게 구토하고 있는데, 아무도 도와주러 오지 않으면 911에 전화할 거예요."

간호사는 바로 가겠다고 약속했다. 에이다는 전화를 끊고 에이프릴의 방문을 열어보았다. 딸은 아무 소리도 못 듣고 깊이 잠들어 있었다. 에이다는 반지르르한 문틀에 머리를 기대고 잠시 생각에 잠겼다. 용기를 내 치사 약물을 먹었는데 깨어나 약이 듣지 않았음을 깨달은 사람의 심정은 어떨까? 그 순간 때맞춰 욕실에서 구역질 소리가 들려왔다. 에이다는 에이프릴의 방문을 닫고 욕실을 향해 가만가만 걸어갔다.

자정을 조금 넘어 호스피스 간호사가 에이프릴의 집 앞에 도착했지만 아무런 약도 가져오지 않았다. 간호사는 에이다의 소파에 누워 헛소리하며 신음하는 루이스를 보자마자 "이거 심각한데"라고 중얼거리며 상사에게 전화했다. 한 시간 후 에이다는 911에 전화해도 된다는 허락을 받았다. 새벽 1시 30분에 구급차가 도착해 루이스를 병원으로 이송했다.

루이스가 병원에 입원하자마자 호스피스는 그를 퇴소시켰다. 호스피스 환자는 병원에 입원할 수 없기에 의료진은 루이스가 규칙을 어겼다고 공식 선포할 수 있었다. 처방약은 오지 않았다.

그날 오후 에이다는 루이스를 찾아갔다. 그는 '임종 돌봄' 병동에 있었다. 간호사들이 메스꺼움과 구토 증상을 달래기 위해 약한 진정제를 투여했고, 혼란에 빠져 길을 잃지 않도록 1인실에서 지내게 했다. 루이스는 만나서 반갑다며 몸을 숙여 에이다를 껴안았다. 말이 어눌하고 단기 기억도 흐릿했지만 에이다

가 예상한 것보다는 정신이 맑았다. 그는 여전히 자신이 왜 죽지 않았는지 이해하지 못했고 에이다 역시 그에게 대답해줄 수 없었다.

그다음 날 마틴은 루이스를 만나러 갔다. 놀랍게도 루이스는 여전히 조력 사망법에 따라 죽고 싶다며 마틴에게 도움을 요청했다. 의사는 당황했다. 루이스에게 아직도 정보에 근거해 본인의 죽음을 결정할 정신적 능력이 있는 걸까? 에이다가 또다시 아파트를 빌려주진 않을 텐데 그럼 루이스는 어디서 죽어야 할까? 루이스가 법에 따른 자격 심사 절차를 반복해야 할까, 아니면 기존 처방전에 따라 약을 새로 처방받을 수 있을까?

마틴은 루이스가 회복하는 동안 이런 문제를 조사해보겠다고 약속했다. 그는 오리건주 보건 당국과 의료위원회에 연락해 절차와 관련된 대답을 요청했다. 그런데 알고 보니 이런 상황에서 어떻게 해야 할지 아무도 몰랐다. 법은 그런 문제에 침묵했고 참고할 만한 공식 지침도 없었다.

그사이 루이스는 급격히 쇠약해졌다. 며칠 만에 경구 수액을 섭취할 수도, 제대로 말할 수도 없는 상태에 놓였다. 수요일에 에이다가 마틴에게 전화해 루이스가 죽어가고 있음을 알렸다. 얼마 후 완화 의료 간호사들이 루이스에게 모르핀 링거 주사를 연결했다.

목요일 오후 에이다가 병실에 들어갔을 때 루이스는 침대에 누워 홑이불을 끌어당기며 고개를 이리저리 내젓고 있었다. 에이다는 그의 손을 꼭 잡아주었다. 오후 4시 47분, 루이스는 사망했다. 치사 약물을 복용한 지 닷새 만이었다. 에이다는 이렇게 말했다.

"그는 평화롭게 죽지 못했어요. 끔찍한 죽음이었죠."

루이스가 사망한 후 에이다는 의료 사회복지사 일을 그만두었다. 대신 정신적 외상을 입은 아동을 위한 학군 내 전학 상담사로 일하기 시작했다. 내가 에이다를 만난 건 루이스가 죽은 지 3개월이 지난 뒤였다. 에이다는 새 소파를 구입한 참이었다. 마틴이 그 비용을 내겠다고 했지만 거절했다고 한다. 에이다를 괴롭힌 것은 얼룩이 아니었으니까. 얼룩은 충분히 닦아낼 수 있었으나 마음속에 새겨진 기억은 좀처럼 지워지지 않았다.

"차마 그 소파를 바라볼 수 없더라고요. 소파에 앉을 때마다 루이스가 몸을 일으키던 모습이 떠오르는 것도 싫었고요."

2018년 샤벨슨과 그의 동료들은 약물 조합을 일부 변경했다. 프로프라놀롤의 효과가 별로라고 판단해 고용량 복용 시 심장 박동에 치명적 영향을 미치는 항우울제 아미트리프틸린으로 교체한 것이다. 조합을 바꾼 이후 샤벨슨이 관여한 조력 사망 환자 90퍼센트가 두 시간 이내에 사망했다. 새로운 조합을 채택한 다른 지역 의사들도 비슷한 사망 시간을 보고하고 있다. 하지만 의사들이 새롭게 직면한 한 가지 문제가 있긴 하다. 아미트리프틸린이 상상하기 어려울 만큼 쓰다는 점이다. 복용하면 입과 식도 안이 타는 것처럼 느껴질 정도다. 샤벨슨은 복용 후 즉시 과일셔벗 한 숟갈로 화끈거림을 식힐 것을 권한다. 2020년부터는 호흡 억제 효과를 높이기 위해 세 번째 진정제인 페노바르비탈을 추가했고, 디곡신을 나머지 약물과 따로 복용하는 것은 권장하지 않는다. 새로운 조합인 DDMAPh는 사망에 이르는 평균 시간을 1.1시간으로 단축했다.

몇 가지 문제에도 불구하고 조력 사망의 약리학은 여러모로 발전해왔다. 임종 지연으로 이어질 수 있는 위험 요인에 관한 지식이 늘어나고 약물 조합도 발전해서 루이스와 같은 사례가 이른 시일 내에 반복될 가능성은 낮다.

8

가족 문제

많은 환자가 조력 사망을 추진하면서 부딪히는 장벽은 이를 넘어서도록 도와줄 사람들이 없으면 더욱 벅차게 느껴질 것이다. 보통은 가족이나 친한 친구가 삶을 마치려는 환자의 바람에 동참한다. 그들은 사랑하는 사람의 조력 사망이라는 임시 프로젝트 관리자가 된다. 호스피스·의사·자원봉사자와 장시간 통화하고, 환자의 서류 작업과 이런저런 신청 절차를 거들고, 환자를 진료 시간에 맞춰 데려다주고, 치사 약물을 조제해줄 약국을 찾아다닌다. 임종 전과 도중에 환자의 죄책감을 덜어주고 사후 절차도 준비한다. 그러는 한편 사랑하는 사람의 죽음에 따른 상실감과 후회도 극복해야 한다.

보통 가족은 환자를 간병하며 희로애락을 함께해왔기에 환자가 조력 사망을 선언했을 때 무작정 반대하는 일은 드물다.

실제로 많은 말기 환자가 자신의 고통뿐 아니라 그것을 목격할 가족의 고통도 걱정한다. 개인의 고통은 결코 혼자만의 고통이 아니며, 고통은 항상 타인과의 관계에 영향을 준다. 우리는 이 개념을 '관계적 고통Relational suffering'이라고 한다.

인류학자 탈랄 아사드는 이렇게 썼다.

"인간은 사랑하는 사람의 고통 앞에서 고통을 받는다. 예를 들어 상처 입은 아이와 마주한 어머니의 심정을 생각해보라. 그런 고통은 관계의 조건이며, 고통받는 사람에게 공감해서 반응하는 선천적 능력을 포함한다."[1]

사랑하는 사람이 죽어가는 과정을 지켜보는 고통으로부터 가족을 보호하려는 마음은 환자가 조력 사망을 결심하는 하나의 원인이다. 가족이 기꺼이 간병하고 임종을 지킬 준비가 되어 있더라도 말이다. 엔드 오브 라이프 초이스 오리건의 자원봉사자 린다 젠슨은 많은 환자가 어느 정도는 가족을 위해 조력 사망을 선택한다고 믿는다.

"환자가 가족에게 주는 선물이라고 할 수 있지요. 가족은 사랑하는 사람이 고통스러워하고 숨을 헐떡이는 모습을 상상하지 못합니다. 특정한 병으로 죽어가는 환자에게 어떤 일이 일어나는지 몰라요."

하지만 죽음을 선택하는 환자의 의지를 존중하려면 감정적·물질적으로 상당한 노력이 필요하다. 개중에는 이를 감내하기는커녕 받아들일 준비조차 되지 않은 가족도 많다. 갑자기 혼란스러운 의료적 위급 상황에 놓여 오랫동안 연락이 끊겼던 사람 대신 결정을 내려야 하는 경우도 있다.

2018년 3월, 루비는 오리건주 그랜츠패스의 앨버트슨 주차장에 세워둔 도요타 프리우스 안에서 생활하고 있었다. 일주일 전부터 개 두 마리와 고양이 두 마리를 데리고 그곳에 주차해 책을 읽고 잠자며 지내는 중이었지만, 어쩌다 그렇게 됐는지는 기억나지 않았다. 동물병원 접수원 일을 그만두고 키우던 염소들과 땅 2.5에이커(약 3,000평)를 이웃에게 맡긴 후 반려동물들을 차에 태우고 시동을 건 게 가물가물 떠오를 뿐이었다. 몇 달 전부터 직장에서 어지럼증을 느꼈고 끊임없는 두통에 정신이 산만해졌으며 자기답지 않게 공감 능력도 줄어든다고 느껴온 터였다.

루비는 차를 쇼핑센터로 몰고 가 주차장에 세웠다. 거기서부터 다시 기억이 흐릿해졌다. 마지막 기억은 전 남자친구 마커스에게 전화를 건 것이다. 현재의 남자친구 잭은 멕시코로 휴가 여행을 떠났는데 연락할 방법이 없었다. 루비는 마커스에게 뭔가 문제가 있는데 정확히 무슨 문제인지 모르겠다고 말했다.

"나 배터리가 다 닳아버렸어."

마커스는 자동차 배터리 얘기인 줄 알고 차를 가져와 루비를 자기 집으로 데려갔다. 거기서 루비는 신경 쇠약을 일으켰다. 자신이 누구인지 몰랐고 음식을 삼키지 못했으며 요실금 증세도 보였다. 마커스에게 연락받은 루비의 언니와 남동생은 그에게 루비를 응급실로 데려가달라고 부탁한 뒤 수백 킬로미터 떨어진 곳에서 달려왔다. CT 검사 결과 거대한 교모세포종이 드러났다. 악성 공격적 뇌종양이었다. 의사들은 루비의 뇌부종을 줄이기 위해 곧바로 스테로이드를 투여했고 일주일 후 수술했다. 그러나 종양이 이미 문어발처럼 뻗어나가서 수술로는 일부만 잘라낼 수밖에 없었다. 잘라낸 부분도 금세 다시 자랄 게 분명했다. 결국 의사는 루비의 가족에게 치료가 어렵다고 전했다. 루비는 겨우 쉰일곱 살이었지만 몇 달 후면 죽을 터였다.

루비가 집으로 돌아갈 수 없다는 건 누가 봐도 분명했다. 낙상과 발작 위험이 컸고 보행기 없이는 움직일 수도 없었다. 모든 선택지를 검토한 끝에 언니 비어트리스가 루비를 돌보겠다고 했다. 비어트리스는 한 해 전 어린이집 원장 자리에서 은퇴했고, 남편 랠프와 함께 사는 포틀랜드(북쪽으로 다섯 시간 거리다)의 집에 남는 침실도 있었다. 함께할 시간이 길지는 않겠지만 비어트리스는 잃어버린 세월을 만회하며 동생이 어떻게 살았는지 알아가고 싶었다. 그들은 어머니가 돌아가신 후 뿔뿔이 흩어져 10년 넘게 연락이 끊겼었다.

4월 초 비어트리스의 포틀랜드 자택에 도착한 루비는 호스피스 치료를 신청했고 조력 사망 자격 심사도 받았으면 한다고 언니에게 말했다. 2004년 캘리포니아에서 그랜츠패스로 이사할 때부터 오리건주에서 존엄사법이 통과되었다는 사실을 알고 있었으며, 그것이 오리건주로 이주한 이유 중 하나라고 했다. 삶의 마지막에 조력 사망을 선택할 수도 있겠다고 판단했기 때문이다. 아픈 반려동물은 안락사로 고통에서 벗어나게 해주는 것이 마땅하다면서 심각한 불치병에 걸린 인간은 끝까지 버텨야 한다니 희한하다고 생각했다는 얘기도 했다.

루비의 상태가 빠르게 악화하는 것을 본 비어트리스는 동생의 바람을 들어주기로 결심했다. 루비의 죽음을 돕겠다고, 최대한 편안하고 고통 없이 죽게 해주겠다고 약속했다. 기적을 기대하는 것은 무의미하다는 걸 비어트리스도 알고 있었다.

내가 두 자매를 처음 찾아갔을 때 비어트리스는 이렇게 말했다.

"자신이 무슨 역경이든 이겨낼 수 있다고 믿는 사람들은 결국 현실을 직시할 시기를 놓쳐요. 가능성에 사기당하는 거죠."

비어트리스는 아동 교육자답게 자신감 넘치고 단호하게 행동하는 사람이었다. 머리는 늘 짧게 잘랐고 루비를 위해 비상용 단것을 집 안 가득 채워놓았다.

"죽어가는 여자에게 단것을 먹지 말라며 말릴 사람이 있겠어요?"

비어트리스는 자신과 루비가 '간식의 벽the wall of snacks'이라 부르던 부엌 선반을 보여주며 농담을 던졌다. 선반에는 알 만한 브랜드의 사탕과 과자가 빠짐없이 채워져 있었다.

5월, 비어트리스는 루비를 도와 조력 사망 신청서를 작성했다. 클래커머스의 장례식장까지 가서 루비의 화장도 예약했다. 자기가 죽고 나서 언니 혼자 관료적 절차에 시달리지 않았으면 좋겠다는 루비의 바람 때문이었다(장례식장 직원들은 왜 이렇게 젊은 사람이 벌써 화장을 예약하는 거냐며 깜짝 놀랐다). 그달 말 루비는 법적으로 치사 약물을 처방받을 자격을 얻었지만, 실제로 처방전을 사용할지는 아직 결정하지 못했다.

"그런 예감이 들어요. 이 병이 질질 끌지는 않을 거라고요."

동그란 얼굴에 연한 금발인 루비는 이렇게 말했다. 스테로이드 약물인 덱사메타손을 복용하느라 볼이 다람쥐처럼 통통해지고 살이 몇 킬로나 찐 상태였다.

"하지만 갑자기 상태가 악화해 도저히 버티기 어려울 때는 약을 복용할 수 있으면 좋겠어요. 가만히 앉아 괴로워하며 빨리 끝내달라고 빌기는 싫어요. 언니의 고생이 두 배로 길어지는 것도 싫고요. 생각만 해도 끔찍해요."

"그런 걱정은 하지 마."

비어트리스는 단호하게 손을 내저으며 직접 만든 레모네이드가 담긴 잔을 집어 들더니 내게 말했다.

"완벽한 세상이라면 호스피스가 우리를 편안히 저승까지 데려다줄 테고, 우리가 '바로 지금이야'라고 결단을 내릴 필요도 없겠죠. 호스피스가 그럴 수 없다면 적당한 때를 우리가 선택하고 싶어요."

루비의 호스피스 담당 의사는 종양이 뇌의 어느 부위를 누르느냐에 따라 예측하지 못한 행동이 나타날 수 있다고 말했다. 하루아침에 갑자기 말을 못 하거나 반신마비가 생기거나 느닷없이 발작이 일어날 수도 있었다. 무슨 일이 생길지는 아무도 몰랐다. 비어트리스는 이를 종양의 '와일드 카드wild card'라고 불렀다.

루비는 다음 주나 다음 달에 자신이 어떻게 될지 전혀 몰랐어도 삶을 어떻게 끝낼지는 확신하고 있었다. 더 이상 선택지가 없다는 것을 알고 자신의 불가피한 상황을 받아들였다.

"유통 기한이 짧아졌다는 걸 받아들여야죠."

루비는 이렇게 말하며 어깨를 으쓱했다. 수술 과정에서 슬픔이나 걱정 등의 비관적 감정을 담당하는 뇌 부위가 잘려나간 게 분명하다고 했다. 그는 원래 감정을 잘 드러내는 성격이 아니었지만 예전보다 훨씬 더 무심하고 냉정해졌다. 여전히 어떤 일에 집중할 수는 있었으나 감정의 진폭은 크게 줄어들었다. 자매는 줄곧 죽음을 두고 농담을 주고받았다. 루비가 말했다.

"사람들이 실망하더군요. 다들 우리가 슬퍼하며 울 거라고 예상했거든요."

비어트리스와 루비는 주로 집 안이나 근처에서 시간을 보냈다. 책을 읽고 영화를 보고 동네 도서관에 갔다. 저녁 식사 후에는 식탁에 둘러앉아 어린 시절 이야기를 나누고 다른 가족을 흉보기도 했다. 비어트리스는 동생이 점점 더 순간에 집중하는 것을 느꼈다. 루비는 더 이상 전날 있었던 일이나 다음 날 있을 일을 생각하지 않고 주변을 민감하게 의식하는 듯했다. 그러나 두 사람이 상황의 심각성을 실감하는 순간도 있었다.

"하루 종일 우울하게 지낸 날도 있어요. 남동생에게 루비의 계획을 말해야 할지 고민하면서요. 더 이상 못 견디겠다 싶은 순간에 루비가 나를 쳐다보더니 '도서관에서 디즈니 영화를 빌려올걸 그랬네. 기분 전환이 필요해'라고 말하더군요. 정말 웃겼어요. 우리는 결국 영화를 두 편 봤죠. 단순하다 못해 유치해서 아무 생각 없이 볼 수 있고, 쥐를 포함해 모든 등장인물이 살아남는 영화요. 우리에겐 그런 게 필요했어요."

3주 후 다시 찾아갔을 때, 루비는 훨씬 더 피곤해 보였고 거의 온종일 잠만 잤다. 복용하는 약 때문에 피부가 약해졌고 하루에도 몇 번씩 코피를 흘렸다. 발과 발목이 부풀어 올라 비어트리스의 차가 있는 안뜰까지 계단을 내려가기도 어려웠다. 남자친구 잭이 그랜츠패스에서 찾아와 함께 머물며 루비를 휠체어에 태우고 여기저기 돌아다녔다. 마지막으로 단둘이 파나마 운하 크루즈 여행을 떠나자고 권유하기도 했다. 비어트리스가 말했다.

"루비가 살아 있는 동안 최대한 즐겁게 해주고 싶은 거예요. 정말 다정하죠. 그렇지만 잭은 2주에 한 번밖에 찾아오지 못해요."

잭은 아직 루비가 떠난 이후를 생각하고 싶지 않았다. 아무 문제도 없고 루비에게 약간의 운동과 기분 전환이 필요한 것뿐이라고 생각하는 편이 더 견딜 만했다. 루비는 이미 잭에게 자기가 죽을 때 곁에 있어 주지 않아도 된다고 말했다. 그가 죽어가는 자신을 지켜보는 것을 감당할 수 없으리라고 생각했기 때문이다. 루비는 가슴을 펴고 팔짱을 끼며 말했다.

"잭이 그런 기억을 간직할 필요는 없어요."

루비가 뭔가를 두고 그처럼 단호하게 말하는 모습은 처음 보았다. 루비는 잭이 자신의 마지막 모습을 어떻게 기억할지 걱정했다. 자신이 아직 몸을 가눌 수 있을 때 그에게 이제 찾아오지 말라고 부탁할 생각이었다.

"내가 여길 떠날 때가 오리라는 건 잘 알아요. 잭이 그리울까요? 네. 그러나 잭을 그리워할 나는 여기 없을 거예요. 그는 여기 있을 테니 나를 그리워하겠지만요. 당연히 그래야죠."

루비는 아직도 약을 사용할지 결정하지 못했으나 약이 필요할 때 바로 쓸 수 있을지 확인하고 싶어 했다. 처방 의사인 찰스 블랭크가 6월 4일 약국에 세코날 처방전을 보냈지만, 루비가 두 번이나 전화해서 물어보았어도 감감무소식이었다. 약을 확보하면 찾아가라고 연락하겠다는 대답뿐이었다. 루비는 얼굴에 들러붙은 머리 타래를 떼어내며 말했다.

"어떤 이유에서든 내 권리를 박탈당하고 약을 못 받는 상황에 놓이긴 싫어요. 그래서 지금 내 주된 관심사는 약국에 정말로 내 이름이 적힌 소포가 있는가 하는 거예요. 내가 궁금한 건 그것뿐이에요."

7월 초, 비어트리스는 루비의 퀸사이즈 침대를 환자용 침대로 바꾸고 루비에게 카테터를 삽입했다. 네 시간마다 진통제를 물에 녹여 동생의 입에 넣어주었다. 낮에는 루비의 방에서 지내며 코바늘 뜨개질을 하거나 책을 읽었고, 동생이 깨어 있으면 좋아하는 음악을 틀어주었다. 루비에게 시간이 얼마 남지 않았음을 직감한 비어트리스는 곁에 머물며 동생을 최대한 편안하게 해주고 싶어 했다.

일주일 만에 루비는 침대를 떠나지 못하게 되었다. 더 이상 책을 읽지 않았고 낮에는 대부분 잠을 자거나 창으로 뒤뜰을 내다보며 지냈다. 식욕도 사라졌고 7월 중순부터는 아무것도 먹지 않았다. 비어트리스나 랠프가 뭔가를 물어봐도 단음절로만 대답했다. 랠프가 회상했다.

"마치 한밤중에 잠자다가 질문받은 사람 같았어요. 대답하자마자 도로 잠들어버렸거든요."

루비의 세계는 하루하루 더 좁아졌지만 루비는 결코 불평하지 않았다. 비어트리스는 동생에게 처방약은 어떻게 되었는지 물어본 적이 없었다. 처음부터 조력 사망 계획은 모두 루비에게 맡겼다. 루비의 결정에 가능한 한 영향을 미치지 않기 위해서였다. 애초에 루비는 도와달라고 말하는 성격이 아니었다. 비어트리스가 힘들면 누르라며 방에 설치해준 벨을 루비는 단 한 번도 누르지 않았다. 그러나 밤에 랠프와 비어트리스가 누워 있으면 수면 모니터를 통해 루비의 신음이 들려왔다.

"루비가 도와달라며 저놈의 벨을 울리는 일이 있냐고요?"

비어트리스는 양손을 번쩍 들었다.

"천만에요."

블랭크가 처방전을 넘긴 지 6주가 지난 7월 19일, 비어트리스는 약국에서 걸려 온 전화를 받았다. 약사가 루비의 약을 준비했으니 찾아가라고 했다. 루비에게 연락했지만 휴대전화가 꺼져 있다는 것이었다.

"암으로 죽어가는 사람을 위해 약을 구하는 데 여섯 주나 걸렸다고요?"

비어트리스는 해명을 요구했다. 어처구니가 없었다. 루비는 약을 복용할 수 있는 시점을 지나 정신착란 상태에 빠져 있었다. 숨소리는 비어트리스에 따르면 '죽음의 그르릉 소리'로 변했고, 소변도 멈췄다. 비어트리스는 동생이 정말로 죽어가는 걸 느끼고 있었다.

약사는 약이 늦어져서 미안하다며 조달 문제가 있었다고 했다. 세코날은 그해 말 유통이 끝날 예정이기에 약국에서도 미리 주문하지 않고 한 번에 한두 병씩만 입고한다는 것이었다.

"어쨌든 이제 준비되었습니다. 언제든 와서 찾아가세요."

비어트리스는 절망감을 억누를 수 없어서 소리쳤다.

"관두세요. 그 애는 더 이상 결정을 내릴 수 있는 상태가 아니에요. 이제 말도 하지 못한다고요. 약은 찾아오지 않을 거예요."

다음 날 새벽, 비어트리스와 랠프는 루비에게 진통제를 먹이기 위해 3시 30분에 일어났다. 비어트리스는 알약 하나를 물에 녹이고 잠시 멈춰 수도꼭지를 잠갔다. 다른 약을 녹이기 전에 루비의 상태를 확인해야겠다고 생각했다.

루비는 침대에서 죽어 있었다.

한 달이 지난 뒤에도 비어트리스는 루비의 죽음을 돌아보며 착잡해했다. 치사 약물 투여가 지연되고 있었다는 걸 자기도 알았더라면 좋았을 텐데. 이처럼 부조리한 체계 탓에 고통받은 사람이 루비 하나만은 아닐 터였다. 하지만 비어트리스의 슬픔과 착잡함이 죄책감 때문만은 아니었다.

"동생과 함께 끝까지 갈 수 있어서 감사하다고 생각했어요. 그 애가 그렇게 죽은 것이 그 애의 선택이었을까요? 나도 모르겠어요. 우리가 기대하는 임종의 이미지가 있죠. 죽어가는 사람의 손을 잡고 '괜찮아. 편히 떠나도 돼'라고 말해주는 거요. 그러나 그런 기대가 우리 자신을 힘겹게 할 수 있어요. 루비가 아직도 숨을 헐떡이며 여기 누워 있는 건 바라지 않아요. 루비는 내가 아는 한 고통이나 불편 없이 잘 버텨냈어요. 하지만 맙소사. 만약 그 애가 고통스러웠다면 어떡하죠?"

숨 쉴 틈도 없이 이야기하던 비어트리스는 잠시 말을 끊고 창밖을 내다보며 마음을 추슬렀다. 오후 하늘에 비구름이 몰려들고 있었다. 루비는 떠났고, 정말로 동생을 위해 더 해줄 수 있는 일이 없었을지 비어트리스로서는 알 수가 없었다.

루비는 결국 조력 사망을 하지 못했으나 언니에게 도덕적·감정적으로 의지할 수 있다는 확신이 있었다. 조력 사망이라는 개념을 좀처럼 받아들이지 못하는 가족도 많다. 종교적 이유로 조력 사망에 반대하거나, 사랑하는 사람이 자기보다 먼저 죽는다는 걸 납득하지 못하거나, 임종 자체를 부정하기도 한다. 환자가 조력 사망을 하겠다고 결정하면 가족은 갑자기 죽음이

라는 고통스러운 현실과 맞닥뜨린다.

컴패션 앤 초이스 워싱턴의 상임이사를 지낸 롭 밀러는 사랑하는 사람의 임종 앞에서 가족이 얼마나 깊은 무력감에 빠지는지 목격했다. 그는 1980년대와 1990년대 내내 많은 친구와 오랜 파트너가 HIV/AIDS로 서서히 처참하게 죽어가는 것을 지켜보며 말기 의료 개선과 조력 사망 운동에 뛰어들었다. 밀러는 환자의 조력 사망 의사를 받아들이기 어려워하는 가족도 이해한다고 말한다.

"사랑하는 사람이 죽어간다는 사실을 외면하고 싶어 하는 가족도 있어요. 그래서 조력 사망에 반대하는 거죠. 그 사람이 죽게 되리라는 현실을 부정하려고요."

사랑하는 사람의 상태를 부정하는 가족은 환자의 선택을 성토하며 더 오래 살지도 모르는데 너무 일찍 치사 약물을 복용하려 든다고 비난한다. 작별 과정을 미루려고 조력 사망을 선택한 이유에 이의를 제기할 수도 있다. 그러나 환자와 가까운 사람들이 개인적 반대를 제쳐놓고 힘을 모으는 경우도 한다. 밀러는 이를 '고결한 반대loyal opposition'라고 부른다.

"찬성할 순 없지만 간섭하지도 않겠다는 거죠. 그 정도가 최선인 사람들도 있어요. 그러나 가족이 지지하지 않으면 환자는 버림받았다고 느낄 수도 있어요. 가족 자신도 나중에 사랑하는 사람을 버렸다고 생각해 후회할 수 있고요."

조력 사망에 관여하는 가족은 보통 개인의 불만을 접어두고 사랑하는 사람을 지지하며 단계별로 얼마나 참여할지 협상

한다. 준비 과정 일체를 거들겠지만 치사 약물을 조합하거나 섭취할 때는 빠져 있겠다고 할 수도 있다. 더러는 조력 사망법 이용에 반대해 절차를 시작하지도 못하게 방해하거나 진행을 가로막는 가족도 있다. 환자 가족 전원이 조력 사망에 반대하면 자원봉사자나 의사가 중재자 역할을 해야 할 수도 있다.

데리애나는 워싱턴주에서 가족의 반대에도 불구하고 조력 사망법을 이용하기로 결심한 아흔네 살 여성을 위해 자원봉사를 한 적이 있다. 눈이 멀었고 유방암 말기 환자였던 프래니의 모습을 그는 생생히 기억한다.

"내가 찾아가는 날마다 프래니는 푸른 새틴 가운 위에 긴 진주목걸이를 걸었죠. 양쪽 눈꺼풀에 파란 아이섀도를 칠하고 빨간 립스틱을 발랐는데, 눈이 멀어서 때로는 립스틱이 입술 선에서 삐져나와 있었어요. 그런 모습으로 거실에서 나를 맞아주었죠."

데리애나는 프래니의 가족인 아들과 며느리를 만났고, 독실한 가톨릭교도인 그들이 어머니가 생을 마감한 뒤 불멸의 천국에서 함께하지 못하리라는 생각에 심란해한다는 사실을 알게 되었다. 가톨릭교에 따르면 조력 사망은 곧 자살이기에 조력 사망한 사람의 영혼은 신학적으로 천국에 올라가지 못하고 영원히 소멸한다.

"아들과 며느리는 그저 어머니가 영원히 연옥에 남을까 봐 두려웠던 거죠. 그래도 프래니는 자기 뜻대로 죽고 싶다는 의지를 버리지 않았어요."

20년 동안 자원봉사자로 일한 데리애나는 조력 사망을 한다고 영혼이 위험에 빠지는 것은 아니라고 생각하는 가톨릭교도들도 만났다. 그의 경험에 따르면 독실한 신자들도 자비로운 신은 자신이 괴로워하는 걸 원치 않으리라는 믿음 아래 어떻게든 죽고 싶은 바람을 정당화했다. 그렇지만 프래니의 결정이 가족을 영적으로 고통스럽게 하는 건 분명했기에 데리애나는 자신의 계획을 확신할 수 없었다.

"아들과 며느리가 그토록 격렬하게 반대하는데 무작정 절차대로 진행할 수는 없었어요. 먼저 다른 방법을 시도해봐야 했죠. 프래니는 자식들의 심정을 고려할 필요가 있었어요. 실제로 자식들은 어머니를 끔찍이 염려했고요. 충분히 그럴 만했죠."

데리애나는 환자의 죽고 싶다는 마음과 가족의 반대를 신중하게 저울질한다. 자원봉사자는 죽음을 결정한 환자의 뜻을 최우선으로 존중하지만, 환자가 조력 사망법을 이용하도록 설득하는 것을 자신의 임무로 여기지는 않는다. 그들이 환자 곁에 있는 것은 조력 사망 절차를 거들고 가족과의 대화를 돕기 위해서다. 데리애나는 언제나 가족에게 환자의 바람을 따르려는 노력이 중요하다고 말한다. 사랑하는 사람이 지독하게 아픈데 죽지 말라고 말리는 건 끔찍한 짓이라고 여긴다. 내게도 여러 번 말했지만, 죽어가는 사람을 붙들고 먹기 싫은데 먹으라거나 자고 싶은데 일어나라고 하는 것만큼 지독한 행동도 없다는 것이다.

"그건 존중이 아니죠."

그러나 데리애나가 보기에 프래니의 경우는 달랐다. 프래니가 다른 모든 선택지를 검토했는지 한 번 더 확인하고 싶었다. 데리애나는 첫 번째 접수 방문에서 프래니가 복용하는 약을 함께 살펴보다가 그가 모르핀을 제대로 복용하지 않는다는 사실을 발견했다. 라벨을 읽을 수 없어서 하루에 두 번 복용하는 게 아니라 아침에만 복용한 것이다. 그러다 보니 밤에는 통증으로 잠을 이루지 못했다. 프래니가 충분히 피할 수 있는 고통에 시달리고 있는 게 아닌지 염려한 데리애나는 호스피스 간호사에게 전화해 프래니의 약을 함께 검토해달라고 요청했다.

데리애나는 프래니가 유급 간병인을 고용하길 꺼린다는 사실도 알게 되었다. 눈이 보이지 않아 일할 수 없는 아들에게 최대한 많은 유산을 물려주고 싶어 했기 때문이다. 그러나 프래니는 누가 봐도 부유한 사람이었고, 데리애나가 아는 한 몇 달쯤 유급 간병인을 쓴다고 큰돈이 들지도 않았다. 데리애나는 간병인을 구하면 '여왕님 대접'을 받을 거라며 프래니를 설득했다. 아들 쪽에서도 계속 어머니 몸이 우선이라고 말했으나 프래니는 완강히 거부했다.

데리애나가 몇 번이나 찾아간 끝에 프래니는 고집을 꺾었다. 프래니의 가족은 데리애나의 도움으로 어머니를 보살필 간병인을 여럿 고용했다. 어머니가 아프지 않도록 진통제도 충분히 복용하게 했다. 필요했던 것만큼 진통제를 복용하자 프래니의 통증이 누그러지고 기분도 점차 나아졌다. 3개월 후 프래니는 자연사했고 아들은 침대맡에서 찬송가를 부르며 어머니를 배웅했다.

장례식에서 그는 데리애나에게 어머니가 천국에서도 함께할 수 있는 방식으로 임종해서 얼마나 감사한지 모른다고 말했다. 데리애나는 그를 안아주었다. 가족이 괴로워하니 조력 사망법을 이용하지 말아 달라고 그토록 열심히 환자를 설득한 것은 그로서도 처음이었다. 데리애나는 회상했다.

"그렇게 하길 잘했어요."

3

통제력 회복

9

자유로이 날아가다

밴쿠버 출신의 콘트라 댄스 커플 애나와 조는 2018년 1월 호스피스 치료를 신청하고 워싱턴주의 조력 사망법에 따른 자격 심사에 착수했다. 조가 루게릭병 말기 진단을 받긴 했어도 조력 사망 신청이 쉽지는 않을 듯했다. 조력 사망을 도와줄 의사를 직접 찾아야 한다는 건 알고 있었다. 조의 담당 의사들은 모두 가톨릭계 의료 기관인 프로비던스 소속이었고, 프로비던스에서는 조력 사망법에 관여하는 것을 금지하고 있었으니까. 그럼에도 조가 부딪힌 반발은 그들의 예상을 훨씬 뛰어넘었다.

조는 담당 신경과 전문의에게 진료 기록에 조력 사망 신청을 입력해달라고 부탁했다. 자신이 언제까지 약을 삼킬 수 있을지 확신하기 어려워 법에서 요구하는 대기 기간 15일을 미리 시작하려 한 것이다. 그러나 담당 의사는 조가 각오했던 것보다 훨씬 더 비협조적이었다. 의사는 자신과 수하 직원들은 조의 요청에 협조할 수 없으니 '다른 선택지'를 고려하라며 그를 프로비던스 내부의 완화 의료 전문의에게 보냈다. 그때를 회상하던 애나는 새삼 마음속에 분노가 솟구치는 듯했다.

"그 시점에서는 다들 이리저리 말을 돌리기만 하더라고요. 함구령 같은 건 없었지만 터놓고 말해주는 사람도 없었죠. 모든 게 꼬이기만 했고 지독히 혼란스러웠어요. 애초에 조가 왜 다른 의사를 만나러 가야 했나요? 신청 절차만 늦어질 뿐이었죠. 우리를 뺑뺑이 돌리려는 것처럼 느껴졌어요."

그런 상황에서 조는 금세 진이 빠져버렸다. 대신 애나가 가까운 곳에서 일하던 조의 주치의에게 전화해 진료 기록에 조력 사망 신청만 입력해달라고 부탁했다. 의사는 비서에게 지시해 메일로 답변했다.

"나는 존엄사에 관여하지 않습니다."

애나는 이 메일을 '전쟁 포로 진술서'라고 불렀다. 두 사람은 막다른 골목에 다다른 기분이었다. 애나는 아연실색했다.

"대체 우리가 어떡해야 하지? 조에게는 1분, 1초가 중요했어요. 어떻게든 계속 해보는 수밖에 없었죠."

애나는 조의 기회가 빠르게 사라지고 있다는 것을 알았다. 그는 하루하루 호흡이 가빠졌고 목소리도 모깃소리만큼 작아졌다. 애나가 조의 말을 알아들으려면 한 문장을 몇 번씩 되풀이해달라고 부탁해야 했다. 머지않아 아무것도 삼키지 못하리라는 징후였다. 이제 밤이면 양압기 없이는 아무 데도 갈 수 없었다. 2월 중순부터는 낮에도 계속 양압기를 써야 했다.

조는 공포로 숨통이 조여드는 듯했다. 평생 공포란 걸 모르고 살아온 조였지만, 그가 그토록 두려워했던 숨 막히는 느낌이 이제는 규칙적으로 그를 짓눌렀다. 마치 보이지 않는 손에 물고문을 당하는 듯했다. 루게릭병 환자는 침이 많이 나와 입에 고인다는 얘기를 새뮤얼스에게 미리 듣긴 했다. 그래도 침이 식도로 흘러들면 물속에서 누군가에게 머리통을 붙잡힌 것처럼 느껴졌다. 때로는 공황 상태에 빠져 두 다리를 마구 내젓기도 했다. 그런데도 그는 아직 집에서 평안히 죽게 해줄 약을 구하지 못했다.

절망에 빠지기 직전, 애나는 우연히 엔드 오브 라이프 워싱턴 웹사이트를 발견했다. 환자와 가족이 조력 사망법을 이용하도록 도와주는 자원봉사 단체였다. 애나는 그곳에 전화해 조의 난처한 상황을 이야기했다. 단체 측에서는 곧바로 조와 애나에게 자원봉사 상담자 두 명을 보냈고, 그다음에는 조가 자원봉사 의사 두 명에게 진찰받게 해주었다. 첫 번째 의사 캐럴 패럿은 조력 사망 신청을 공식화하는 진료 기록을 작성했다. 두 번째 의사 닐 마틴은(오리건주와 워싱턴주에서 의사 면허를 취득했다) 며칠 뒤 조를 진찰했고 대기 기간 15일이 지난 후 또다시 찾아왔다.

마틴은 마침내 조를 위해 치사 약물 처방전을 작성해주었다. 하지만 그가 약국에 처방전을 넘기려면 조력 사망법에 명시한 또 다른 안전장치에 따라 48시간을 더 기다려야 했다.

2018년 2월 23일, 조는 약국에서 DDMP2 처방전을 접수했다는 소식을 들었다. 이제 며칠 후면 약을 찾아올 수 있을 터였다. 약국에서 성분을 조달하고 약물을 조제하는 데 사나흘이 걸렸다.

며칠 후 조와 애나를 찾아간 나는 처방약 준비가 끝나간다는 얘기를 듣고 무엇이 달라졌는지 조에게 물어보았다.

"이제 얼마 남지 않았다는 게 실감이 나더군요. 모든 의사가 너무 시간을 끌면 안 된다고 강조하더라고요. 삼키지 못하게 되면 죽을 기회도 잃을 테니까요. 그러니 정말로 얼마 남지 않은 거죠."

조력 사망 자격 심사를 통과한 환자 중 일부는 결국 치사 약물을 사용하지 못한다. 약을 섭취하기 전에 사망하거나 신체적 또는 정신적으로 약을 섭취할 수 없는 상태가 되어서다. 마음을 바꾸는 경우도 있다. 오리건주 존엄사법이 통과된 후 23년 동안 2,895명이 법에 따라 처방전을 받았고 그중 1,905명이 치사 약물로 사망했다.[1] 조력 사망을 신청한 환자 중 3분의 1이 끝까지 약을 섭취하지 않았다는 얘기다.

조는 가쁜 숨을 들이쉬며 자기 몸을 내려다보았다.

"이제 끝난다고 생각하니 안심이 되네요. 더 이상 숨 쉬려고, 밥을 먹으려고, 화장실에 가려고 애쓰지 않아도 되니까요."

나는 조에게 치사 약물 복용을 선택할 가능성이 얼마쯤일지 물었다. 이는 애나도 알고 싶어 하던 문제였다.

"조, 당신이 그런 선택을 할 확률이 얼마쯤일 거라고 생각해?"

애나가 숱이 많은 은발을 손가락으로 쓸어 넘기며 묻고는 조를 돌아보며 그의 반응을 살폈다.

조는 잠시 멈칫했다가 대답했다.

"상당히 높지."

애나의 턱이 굳어졌다.

"정말? 그렇진 않을 거라고 생각했는데."

조의 말을 받아들이려 애쓰는 기색이었다. 문득 두 사람이 지금껏 이런 얘기를 나눈 적이 없었구나, 하는 생각이 들었다. 애나가 말을 이었다.

"당신은 몇 주 전만 해도 실제로 그렇게 할 배짱이 있을지 모르겠다고 말한 것 같은데. 이젠 배짱이 생겼나 보네."

"글쎄, 잘 모르겠어. 아직도 그럴 수 있을지 걱정되긴 해."

"배짱은 없어도 저지르고 보겠다고?"

애나가 신랄한 어조로 묻더니 신경질적인 소리를 냈다.

"아니, 걱정스럽지만 머릿속으로는 할 수 있을 것 같아."

애나는 억지로 미소를 지었다.

"알겠어. 그럼 내게도 배짱이 있어야겠네."

지난 몇 주 동안 조는 애나가 마실 것을 줄 때마다 120밀리리터를 2분 안에 삼키는 연습을 해왔다. 절대로 실수해선 안 되었다. 약을 한 번에 전부 마시지 못하면 치사량을 섭취하기 전에 잠들지도 몰랐다. 도중에 숨이 막혀 약을 다 못 마시면 약효가 나타나지 않을 가능성도 있었다. 그는 무엇보다 약효가 확실하기만을 바랐다.

애나는 그를 '성취 중독자'라며 놀렸지만, 목소리에 애정이 담겨 있어 그런 별명도 정답게 들렸다. 조는 아이비리그 학위를 두 개나 받았고 평생 자신이 한 모든 일을 상세히 기록해왔다. 운전할 수 있던 시절에는 차에 주행 거리와 주유량 기록 장치를 설치했다. 지금은 간병인의 근무 시간과 두 사람의 공동 예산 내역 일체를 엑셀로 꼼꼼히 정리하고 있었다. 조는 기록을 남기는 데서 안정감을 찾았다. 애나는 조와 함께 살며 그런 습관이 좀스러워 짜증을 느끼기도 했으나 이제는 그가 꼼꼼한 사람이라서 다행이라고 생각했다.

마지막 몇 주 동안 조가 애나에게 거듭 건넨 말이 두 가지 있었다. 그는 애나의 눈을 들여다보며 중얼거리곤 했다.

"이제 끝이야. 이걸로 끝이야."

조는 자신에게 다음 해 여름은 없으리라는 것을 알았다. 다시는 크리스마스를 맞이할 수 없으리라는 것도. 다시는 살아서 아이들을 볼 수 없다는 것도. 이제 그의 삶은 하나하나가 고통스럽게 느껴지는 마지막 경험으로 가득했다.

조가 애나에게 몇 번이고 되풀이한 또 다른 말은 바로 이것이었다.

"당신을 떠나고 싶지 않아."

조와 애나는 끝까지 결혼하지 못했고(애나는 여전히 자신을 조의 '여자친구'라고 말했다) 양쪽 모두 그 사실을 크게 후회했다. 조는 애나에게 당신과 결혼하지 않은 건 실수였다고 말했다. 애나는 한참 전부터 결혼하고 싶어 했으나 조는 시간이 충분하니 서두를 필요가 없다고 생각했다. 결국 그렇지 않았다.

조가 급격히 쇠약해지면서 아무도 예상치 않았던 일이 생겼다. 조는 자신의 목숨이 얼마 남지 않았다는 것을 알고 오랫동안 연락이 끊겼던 세 자녀에게 다시 연락했다. 그는 힘겹게 이혼한 뒤 고기능 다운증후군 환자인 막내딸 드니즈를 홀로 키웠고, 7년 후 자녀들이 반대한 상대와 재혼했다. 조는 두 번째 아내가 자기 몰래 자녀들을 헐뜯고 구박한 게 아닌지 의심했으나, 또다시 이혼한 후에도 자녀들과 화해하지 못했다.

조의 자녀들은 한참 전부터 아버지와 소통이 단절된 상태였으나, 애나는 가끔 인터넷으로 그들의 이름을 검색해 페이스북 계정을 들여다보았다.

조는 2017년 10월에야 자녀들에게 루게릭병에 걸렸음을 알렸다. 진단을 받고 친구들에게 메일을 보낸 지 9개월 만의 일이었다.

"지나버린 시간이 너무 안타까워요. 그렇지만 이제 모두가 한마음이 되었죠. 다들 조에게 아낌없는 사랑과 응원을 보내주고 있어요."

애나의 말에 조의 왼쪽 입꼬리가 미소를 지으려는 듯 슬며시 올라갔다.

"애들이 나를 더 오래 살려둘 방법이 있는지, 완화 의료로 삶의 질을 높여줄 수는 없는지 계속 고민하고 있지만 소용없을 거예요. 그래도 그 마음은 고마워요."

말을 끝낸 조의 얼굴에 환한 미소가 번졌다. 조는 자녀들이 조금만 더 시간이 있기를 바란다는 것을 알았다. 얼마 전 드니즈와 스카이프로 통화했는데 그애가 아빠에게 들려주고 싶은 얘기를 줄줄이 적어왔다고 했다. 조는 감동해서 엉엉 울었다. 조에게 자녀들이 임종을 지켜주길 바라느냐고 물었다.

"글쎄, 애들한테 비행기를 타라고 해도 될지 모르겠네요. 고작 30초의…."

조는 적절한 단어를 찾으려고 했다.

"구경거리를 가지고."

애나와 나는 조가 농담한 건지 아닌지 긴가민가해서 서로 마주 보았다. 우리가 돌아보니 조는 웃고 있었다. 애나가 마침내 결정을 내린 듯 단호한 목소리로 말했다.

"당신더러 우리를 위해 살라고 할 수는 없어. 당신한테 뭐가 최선일지 생각해보고 스스로 결정해야지."

하지만 나와 둘이 있을 때 애나는 조의 결정을 지지하기가 너무 힘들다고 했다. 한편으로는 고통을 끝내려는 조의 열망을 응원하고 싶지만, 다른 한편으로는 그를 잃기가 두렵고 그 없이 살아가는 걸 상상할 수 없다고 말했다. 자기 의사와 상관없이 조를 기꺼이 보내주려는 것은 애나가 보여줄 수 있는 가장 큰 사랑의 증거였지만 동시에 가장 고통스러운 행동이기도 했다.

조의 집을 나서서 현관문을 닫고 나니 내가 조를 다시 만날 수 있을까 싶었다. 차에 시동을 거는 동안 그에게 무슨 말을 더 해줄 수 있었을지 생각해보았다. 곧 죽으려는 사람에게는 뭐라고 말해주어야 할까?

2월 28일 수요일 오후, 애나와 조의 여동생은 차를 타고 몇 킬로미터 떨어진 약국으로 조의 처방약을 받으러 갔다. 조가 애나에게 약을 미리 받아두고 싶다고 말했기 때문이다. 늘 불안하고 수면 부족에 시달리던 애나는 혼자 운전하지 않아도 된다는 데 마음이 놓였다.

두 사람은 약국 앞에 차를 세웠다. '전문 약국'이라는 간판이 달린 아담한 가게였다. 작은 나무문을 여니 의자 몇 개와 직사각형 계산대가 눈에 들어왔다. 조제한 약은 전부 안쪽에 보관되어 있었다. 애나는 부지불식간에 이렇게 말했다.

"조 대신 왔어요."

두 약사는 애나가 오기를 기다리고 있었다. 그들은 애나의 운전면허증을 복사한 뒤 약봉지 안을 보여주었다. 조가 사망하기 한 시간 전에 미리 복용할 두 가지 약물과, 세코날 가격이 급등한 후 워싱턴주 의사들이 개발한 치사 약물 DDMP2가 들어 있었다. 애나는 약값으로 525달러를 냈다. 두 사람에게 그리 부담스러운 금액은 아니었지만, 알뜰한 성격인 조는 세코날보다 더 저렴한 대체 약물이 있다는 얘기에 그쪽을 쓰기로 했다.

조는 DDMP2로 인한 임종 지연은 걱정할 필요가 없었다. 루게릭병 환자는 치사량을 복용하기만 하면 비교적 빨리 사망한다고 새뮤얼스가 말해줬기 때문이다. 새뮤얼스에 따르면 바로 그것이 이 끔찍한 병의 유일한 장점이었다. 루게릭병 환자가 치사 약물 복용을 승인받았을 때쯤이면 호흡기가 대부분 손상되어 호흡이 거의 즉시 멈춘다는 것이었다.

마침내 약을 손에 쥔 애나는 조의 마지막 소원을 들어줄 수 있다는 데 안도했다. 한편으로 불안하기도 했다. 가방 안에 치사 약물이 있으니 장전한 총을 들고 다니는 것 같은 기분이었다. 집으로 돌아온 애나는 재빨리 조의 약을 약장에 넣고 잠근 뒤 거실에 가서 조를 확인했다. 조는 양압기를 쓰고 있었다. 애나가 조의 귀에 대고 속삭였다.

"구했어."

조가 고개를 끄덕였다.

약이 집에 도착하자마자 애나는 조의 변화를 감지했다. 그의 기다림은 끝났다. 다음 날 아침, 조는 내일 바로 죽겠다고 말했다.

애나는 조가 정신이 흐려져서 한 말이 아닌지 의심했다. 혹시 예전처럼 공황 발작을 일으킨 것은 아닐까? 애나는 조에게 항상 의연함을 잃지 말라고 말한 어머니를 떠올려보라고 했다. 조가 죽기 전에 자녀들에게 비행기를 탈 기회를 주고 싶었던 것이다. 다른 한편으로는 그가 아슬아슬한 상황임을 감지했다. 조가 말했다.

"내가 왜 이래야만 했는지 당신이 잘 말해줘."

애나가 간청했다.

"애들이 올 때까지 하루만 더 기다릴 수 없어? 제발."

"안 돼. 못 기다려. 애들이 이해해주면 좋겠어."

조는 모든 것이 끝나기만 바랐다. 의문의 여지가 없었다. 약을 삼킬 기회가 사라지고 있었고 더 기다렸다가는 기회를 놓칠 수 있었다. 그러면 결국 병이 승리할 터였다.

그날 밤 조와 애나는 좀처럼 잠을 이루지 못했다. 조는 계속 불편함을 호소했고 화장실에 가려 했으며 자꾸만 목마르다고 했다. 만성화한 허리 통증을 달래려고 밤새도록 양쪽 발꿈치로 매트리스를 누르며 누운 채로 등을 더 높이 들어 올리려 했다. 하룻밤을 같이 지내러 온 조의 형 토머스가 애나와 함께 조의 몸을 뒤집었고, 애나는 조의 등을 마사지했다.

아침이 오자 두 사람 모두 이제 때가 되었음을 알았다. 조는 아이들과 전화로 작별 인사를 나누고 하와이로 휴가를 떠난 절친한 친구에게도 연락했다.

토요일인 3월 3일 아침, 내게 전화가 왔다. 애나였다. 조가 전날 사망했다는 소식을 전해주기 위해서였다. 조는 가장 친한 친구들, 형제자매와 그 배우자들, 그리고 애나에게 둘러싸여 자기 침실에서 약을 복용했다.

조의 침대 위에는 그 자신과 부모님을 각각 그린 유화 세 점이 걸려 있었다. 침대에 누운 그는 마지막으로 들려주고 싶은 얘기가 있으니 호흡기 마스크를 벗겨달라고 요청했다. 애나가 마스크를 벗겨주었다. 조가 말했다.

"내가 대학원에 다닐 때의 일이야. 큰 시험을 앞두고 내 가장 강력한 경쟁자들에게 《반지의 제왕》 책을 나눠줬지. 걔들이 공부에 집중하지 못하게 하려고."

심각하기 그지없던 침실 안에 나직한 웃음소리가 번져갔다. 애나가 추임새를 넣었다.

"몇 권이나 나눠줬어, 조?"

조는 비딱하게 웃으면서 중얼거렸다.

"꽤 많이."

그러나 다음 순간 그가 다급히 말을 이었다.

"마스크 다시 씌워줘."

애나는 조가 결연한 표정으로 약에 빨대를 꽂아 마셨다고 전했다. 유리잔이 텅 비어 공기를 빨아들이는 소리가 들리자 애나는 그가 성공했음을 알았다. 조는 물을 탄 버번 위스키로 약의 쓴맛을 달랬다. 방에 있던 모든 사람이 잔을 들고 그를 위해 건배했다. 조는 눈을 감고 5분 만에 잠이 들었다. 45분 후, 그는 세상을 떠났다. 애나가 말했다.

"만사가 비단처럼 매끄러웠어요."

조가 죽고 나서 애나는 한 시간 동안 홀로 시신 곁을 지켰다. 침대 옆에 무릎을 꿇고 그를 안아주며 얼굴을 들여다보았다. 조의 몸은 이후로도 한참 동안 온기가 남아 있었다고 했다.

애나의 이야기 중간중간 흐느낌이 섞여 들려왔다. 내가 있는 곳은 바닷가였고 통신 상태가 좋지 않아 전화가 몇 번이나 끊겼다. 나는 애나의 말을 잘 들으려고 위층 창가에 머물며 유리창에 얼굴을 갖다 댔다. 또다시 연결이 끊기기 전에 내가 물었다.

"기분이 어떠세요?"

"허망하고 슬퍼요."

전화를 끊으면서 문득 몇 주 전 애나에게 들은 얘기를 떠올렸다. 루게릭병 환자 간병인을 위한 온라인 포럼에서는 사랑하는 사람이 죽으면 육체에 갇힌 상태에서 벗어나 "자유로이 날아간 것"이라 표현한다고.

반짝이는 물 위로 리듬을 타고 거침없이 밀려오는 파도를 바라보며 나는 조가 스스로 자유로워졌다고 느꼈을지 궁금했다.

───────────

조처럼 질병으로 만신창이가 된 상황에서 죽음의 방식과 시기를 결정할 수 있다면 큰 안도감을 느낄 것이다. 그러나 조력 사망법을 이용하는 모든 환자가 안도감을 느끼려고 무조건 약물을 복용해야 한다고 생각하진 않는다. 병세가 악화할 경우 대안이 있다는 것만으로도 충분하다고 느끼는 환자들도 있다.

은퇴한 종양 전문의로 엔드 오브 라이프 초이스 오리건에서 자원봉사를 하는 마크 래릭은 처방전을 받는 것이 미래의 돌연한 악화 가능성에 따른 보험이나 보증처럼 작용한다고 확신한다. 그가 약을 처방해준 많은 환자가 실제로 복용하고 싶어질 경우를 대비해 약을 받아갔으나 끝내 복용하지 않았다. 래릭은 이렇게 말한다.

"환자들이 우리에게 요구하는 건 그것뿐입니다. 환자가 약을 먹는지가 아니라 환자 스스로 삶의 마지막을 선택하겠다고 결정한 것이 중요합니다. 환자가 약을 먹지 않았다고 해서 실패한 것이 아닙니다."

엘리자베스는 조만간은, 어쩌면 끝까지 치사 약물을 복용할 생각이 없었다. 오리건주 해안 출신인 그는 예순여덟 살이었고 조력 사망 자격 심사를 통과한 상태였다. 엘리자베스는 나를 만나기 9년 전부터 진행성 소뇌 운동실조증 환자로 살아왔으나, 병에 걸린 것은 아마도 훨씬 오래전일 터였다. 의사가 고심 끝에 겨우 그의 병을 진단한 것이 9년 전이었으니까.

진행성 소뇌 운동실조증은 균형감각, 협응력, 삼킴, 언어 능력에 문제가 생기는 희귀성 신경장애다. 환자는 잘 걷지 못하고 미세 운동 능력을 상실하며 심한 근육 떨림 때문에 거동이 어색해 보이기 쉽다. 루게릭병과 마찬가지로 치료법은 없다.

내가 엘리자베스와 남편 글렌의 바닷가 집을 방문했을 때, 엘리자베스는 2층 안락의자에 앉아 있었다. 쿠션에 파묻힐 만큼 작은 체구에 커다란 안경을 쓴 모습이었다. 얼마 전 넘어져서 퍼렇게 멍든 팔뚝 피부는 반투명할 정도로 얇았다. 그달에만 벌써 세 번째 낙상이었다. 계단을 네 단 올라갔을 때 갑자기 뒤로 자빠졌다고 했다.

"마치 누가 나를 확 밀친 것 같았어요. '어, 어지럽네' 하는 느낌도 없이 그냥 쾅! 하고 자빠진 거예요."

의사는 엘리자베스 사망의 원인이 두 가지 중 하나일 거라고 딱 잘라 말했다. 넘어져서 머리가 깨지거나 아니면 음식물로 인한 흡인성 폐렴에 걸리거나. 이후로 엘리자베스는 넘어지거나 목에 완두콩이 걸릴 때마다 의사의 말이 머릿속에 맴돌았다.

엘리자베스는 한순간 말을 우르르 쏟아내다가 멈추곤 했다. 마치 수도꼭지를 틀었다 껐다 하는 듯했다. 그렇게 해야 말하다가 혀가 꼬이는 증상을 막을 수 있었다. 그는 일상생활이 힘겨운 투쟁으로 변했다고 했다.

"침대에서 돌아눕는 것조차 엄청나게 힘들어졌어요. 아무 생각 없이 그냥 하던 일도 곰곰이 생각하고 계획을 세워서 해야 해요. 막막하죠."

가장 힘든 것은 더 이상 개를 키울 수 없다는 사실이었다. 엘리자베스는 10년 동안 동물 보호소에서 일했고 반려견의 행동 문제 해결에 관한 주간 칼럼도 연재했다. 그런데 몇 년 전, 매일 그랬듯 산책하던 중에 두 다리가 비틀거려 반려견의 목줄을 부여잡고 있는 자신을 발견했다. 사람은 걸을 때 머리가 위아래로 흔들려도 시선은 한 곳을 향하게 마련이다. 엘리자베스는 그렇지 않았다. 글렌에게 아내를 돌보는 것도 모자라 반려동물까지 돌보는 부담을 안겨줄 수 없었던 엘리자베스는 반려견을 입양 보내기로 했다.

글렌은 점차 사라지고 있는 엘리자베스의 신체 기능을 되돌릴 수만 있다면 뭐든 하겠다고 말했다. 그는 날마다 엘리자베스를 차에 태우고 두 시간씩 드라이브를 했다. 스타벅스에 들러 커피를 마시고 비밀 장소에 가서 날아다니는 독수리를 바라보기도 했다. 엘리자베스는 좀처럼 자리에서 일어나지 못했으나 매일의 그 의식을 소중히 여겼다. 글렌도 마찬가지였다.

"날마다 두 시간씩 아내와 붙어 앉아 별별 이야기를 다 나눠요. 나는 매일 출근하고 아내는 살림하며 저녁 식사 중이나 밤에만 짧게 대화하던 시절보다 훨씬 더 사이가 좋아졌어요."

글렌은 낙상에 따른 통증을 달래주려고 매일 밤 아내의 허리를 마사지했다. 어느 날 밤 엘리자베스가 자신을 빨리 죽여줄 처방전을 구할 수 없다면 자기 머리에 총이라도 쏴달라고 말했다. 은퇴한 경찰관인 글렌은 아직 총을 간직하고 있었다. 아내의 요청에 그는 눈물을 흘렸다. 아내를 위해서라면 뭐든 할 수 있었으나 그것만은 아니었다.

글렌은 아내가 죽고 싶어 하는 것이 자신과 상관없는 문제라는 걸 알았다. 그는 아내가 들을 수 없는 곳에서 내게 말했다.

"아내는 나를 정말로 사랑해요. 그건 의심의 여지가 없습니다. 그렇지만 저 사람도 이제 얼마나 더 견딜 수 있을지 모르겠대요."

엘리자베스의 다음번 정기 진료에서 담당 의사는 1년 사이 병이 얼마나 빨리 진행되었는지 알고 경악했다. 그 무렵 엘리자베스는 두 다리를 따라 내려오는 신경 통증이 극심해져 하룻밤에도 몇 번이나 고통스러운 비명을 질렀다. 엘리자베스는 의사에게 말했다.

"정말이지 칼에 찔린 줄 알았어요."

엘리자베스는 자신에게 조력 사망 자격이 있는지 물었으나 가능성이 있으리라고 기대하진 않았다. 브리트니 메이너드의 이야기를 듣긴 했어도 사람은 급성 공격적 뇌종양 환자였던 만큼 자신의 경우와는 다르다고 생각했다. 자신은 서서히 쇠약해지다 자리에서 일어나지 못하고 영양 보급관을 꽂게 될 거라고 예상했다. 의사는 엘리자베스가 합법적으로 시한부 판정을 받을 시기가 다가오고 있긴 하지만, 자신은 종교적 이유로 환자의 죽음을 돕는 것이 금지되어 있다고 대답했다. 그래도 엘리자베스의 요청을 진료 기록에 입력하고 엔드 오브 라이프 초이스 오리건의 소책자를 건네주었다. 엘리자베스는 단체의 도움을 받아 필요한 절차를 완료하고 치사 약물을 구할 수 있었다.

"상태가 더 나빠지면 그냥 끝낼 수 있어요."

이렇게 말하는 엘리자베스의 눈에 눈물이 고였다. 나는 그의 손을 잡았다. 피부가 라이스페이퍼처럼 얇아져 있었다. 엘리자베스는 뭔가 선택권이 주어진 게 정말 오랜만이라고 말했다. 더구나 언제든 마음을 바꿀 수도 있었다.

"여기까지 왔다고 해서 반드시 약을 먹어야 하는 건 아니니까요."

엘리자베스는 아직 세상에 미련이 많았다. 읽고 싶은 책이 있었고 어떻게 끝날지 궁금한 문제도 있었다. 삶을 향한 애착도 사라지지 않았다. 트럼프가 대통령직에서 물러날지, 내년에는 자이언츠가 더 잘할지 궁금했다. 그때까지 살 수 있으리라고 기대하는 것은 아니었지만(의사는 엘리자베스에게 시한부 최대 6개월을 선고했다) 아직 오지 않은 미래를 궁금해하는 마음을 떨쳐낼 수 없었다.

엘리자베스는 치사 약물을 복용하길 망설였으나 글렌은 처방전을 받은 후 아내가 확실히 변했다고 느꼈다. 조력 사망 자격을 얻기 전까지 엘리자베스는 점점 더 악화하는 병세에 분노하며 괴로워했다. 그렇지만 일단 약을 확보하자 자신의 병과 자기가 죽어간다는 사실을 훨씬 관대하게 받아들였다. 글렌은 오랫동안 사라졌던 평온하고 차분한 아내의 모습을 보았다. 감정적 폭주가 줄어들고 훨씬 덜해졌으며 유머 감각도 돌아왔다. 더 이상 참을 수 없으면 약을 복용할 기회가 있다는 사실만으로도 마음이 편해진 것이다.

"아내가 약물 복용을 선택한다면 자연이 빼앗아간 통제권을 조금이나마 되찾는 거예요. 비장의 무기인 셈이죠."

2006년 〈미국의학협회 저널〉에 실린 기사에서, 크리스티나 니콜라이디스는 치사 약물을 처방받는 것의 놀라운 효과를 언급한다. 니콜라이디스의 어머니는 유방암이 간과 뼈로 전이된 후 오리건주 존엄사법에 따라 조력 사망 자격을 얻고 바로 처방전을 받았다. 그 후 일어난 일은 니콜라이디스를 깜짝 놀라게 했다. 어머니가 쇠약해지는 몸에도 불구하고 새로운 삶의 의지를 발견한 것이다. 어머니는 명상을 시작했고 샌프란시스코 여행을 다녀왔으며 손주들에게 아낌없이 사랑을 퍼부었다. 니콜라이디스는 이렇게 썼다.

"나는 진심으로 어머니의 침실 탁자에 놓인 작은 바르비투르산 병이 그분의 수명을 연장했다고 믿는다. 약 덕분에 어머니는 정신이 흐려지고 신체 기능을 통제하지 못하는 상태로 서서히 죽어간다는 두려움에서 벗어나 삶을 쟁취할 수 있었다."[2]

치사 약물을 확보하는 과정은 글렌에게도 긍정적으로 작용했다. 엘리자베스의 남편이자 간병인으로서 병세가 악화하는 것을 무력하게 지켜보는 대신 아내가 원하는 방향으로 나아가도록 도울 수 있었기 때문이다.

물론 자신이 치사 약물을 준비할 수 있을지는 여전히 확신이 서지 않았다. 과연 그가 아내를 '독살'할 수 있을까? 어느 날 밤 글렌은 아내에게 말했다.

"당신이 약을 삼키도록 도와주는 역할이 썩 달갑지는 않을 거야. 그래도 당신이 원한다면 그렇게 할게."

엘리자베스도 자신이 남편에게 그런 짐을 지우고 싶은지 확신할 수 없었다. 그래서 자신도 결국은 자연사를 선호할지 모른다고 대답했다. 당분간은 이 문제를 미뤄두고 일상으로 돌아가는 데 만족하기로 했다.

몇 달 뒤 엘리자베스는 담당 의사가 경고한 대로 심각한 흡인성 폐렴에 걸렸다. 음식물 찌꺼기가 오른쪽 폐로 들어가 박테리아 감염을 일으킨 것이다. 처음에는 흉곽 근육 결림이라 생각해 병원에 가지 않으려 했으나 결국 글렌이 구급차를 불렀다. 엘리자베스는 완화 의료 이상의 조치는 원치 않았고 심폐소생술도 거부했다.

엘리자베스가 편안히 죽게 해달라고 말하자 의료진은 모르핀 링거 주사를 연결했다. 나흘이 지나자 그는 가사 상태에 빠졌다. 글렌은 아내가 되살아나지 못하리라는 것을 깨닫고 담당 의사에게 은밀히 모르핀 용량을 늘려달라고 부탁했다. 의사는 자신의 도덕적 원칙상 누군가의 죽음을 도울 수는 없다고 대답했다. 글렌은 더 이상 참을 수 없었다.

"당신의 도덕은 잘 알겠소. 그러면 아내를 위한 내 윤리적 의무도 말씀드리죠."

그는 고함치고 싶은 충동을 억누르며 내뱉었다.

"내 윤리적 의무는 아내를 위해 최선을 다하는 겁니다. 그리고 당신의 도덕이 내 의무보다 우선하는 것은 온당하지 않다고 생각해요. 아내는 정말 힘들어하고 있고 나는 아내가 힘들어하는 걸 보고 싶지 않아요."

의사는 가만히 서서 몇 분간 말없이 글렌을 바라보았다. 그러고는 모르핀을 놓아주겠다고 약속했다.

엘리자베스는 그날 밤 자정 직전에 숨을 거두었다.

나는 엘리자베스가 사망하고 나서 몇 주 후 글렌에게 전화를 걸었다. 그는 아내가 몹시 그립지만 앞으로 나아가고자 노력 중이라고 했다.

"배우자가 사라지면 내 일부도 사라지는 겁니다."

스피커를 거쳐 글렌의 목소리가 들려왔다. 다음 순간 숨죽여 흐느끼는 소리가 이어졌다.

"죄송합니다."

글렌은 최근 엔드 오브 라이프 초이스 오리건에 기부했다고 했다. 그는 이 단체의 서비스가 자신과 엘리자베스의 삶을 바꿔놓았다는 자필 메모를 남겼다. 아내가 약물을 복용하지 않았음에도 말이다.

"엘리자베스는 지난 7년간 끊임없는 통증에 시달렸고 일상생활을 영위할 능력을 완전히 잃어버렸다고 판단했습니다. 여러분은 아내에게 그 능력을 돌려주었죠. 진심으로 감사드립니다."

글렌은 치사 약물을 폐기했다. 약사의 조언에 따라 나흘 동안 아침마다 원두커피 찌꺼기를 모아 약물과 섞었다. 그리고 바닷가 모래 언덕까지 차를 몰고 가 짐칸에 든 정원 삽을 꺼내 구덩이를 팠다. 마치 봄에 새로 피어날 꽃을 심듯 검은 찌꺼기를 구덩이에 넣고 모래 더미로 덮었다.

작업을 끝낸 그는 다시 운전대를 잡았다. 겨우 몇 주 전 엘리자베스와 함께 날아오르는 독수리들을 보았던 곳으로 차를 몰았다. 이미 해가 질 무렵이었고 언덕 위로 솟은 나뭇가지에 첫 별들이 엉켜 있었기에 독수리가 보일 거라고는 기대하지 않았다. 그러나 바람이 몰아치는 황량한 들판에 선 그는 아내의 존재를 느꼈다.

10

건너가다

조력 사망은 임종 과정에 확실성이라는 새로운 요소를 도입했다. 다시 말해 누군가가 죽을 시간, 환경, 수단을 예측할 수 있게 했다. 이런 확실성 덕분에 사람들은 임종을 준비하는 과정에서 예전과 다른 관계를 형성하게 되었다. 가족은 사랑하는 사람이 언제 죽을지 알기에 임종 전부터 용서, 추모, 작별 등의 애도 작업을 더 계획적으로 시작하고, 필요한 경우 의식과 의례를 동원하기도 한다.

죽음이 예기치 않게 혹은 서서히 찾아오면 작별 인사를 나누기가 어렵거나 심지어 불가능할 수 있다. 포틀랜드의 장례지도사 홀리 프루트는 살아 있을 때 작별 인사를 하는 것이 미국에서는 문화적 금기라고 말한다.

"사람들은 그런 의식이 죽음을 소환한다고 여기죠. 마지막 순간까지 기다려야 한다고도 해요. 너무 일찍 작별 인사를 하면 예의에 어긋난다는 막연한 생각에 임종이라는 현실을 최대한 뒤로 미루려고 합니다."

조력 사망은 이러한 금기를 깨뜨리고 있다. 이 새로운 죽음의 방식과 함께 등장한 의식 관행은 한 인간의 삶이 끝날 때 행하는 일들의 전통적인 순서를 뒤집는다. 살아온 날을 기리고, 유품을 전달하고, 마지막 인사를 나누고, 죽음을 받아들이는 등 인간이 세상을 떠난 후에 일어나던 일들을 이제는 임종 이전에 할 수 있다. 어쩌면 사랑하는 사람의 마지막 시간을 함께하는 행위 자체가 그를 떠나보내는 아픔을 덜어줄 수도 있다.

거의 모든 문화권에는 출생, 결혼, 죽음 같은 인생의 중요한 전환점을 기념하는 의식이 있다. 개인의 신체적 또는 사회적 지위 변화를 드러내고 중요한 전환이 일어나려 함을 주변 사람들에게 알리기 위한 의식들이다. 의식은 우리의 혼란스러운 인생 경험에 질서와 의미를 부여하고 속된 것과 성스러운 것을 구분한다. 인류학자로서 나는 오래전부터 결혼식, 세례식, 장례식 같은 생애주기 의식과 이를 치르는 사람들이 머무는 경계 공간에 마음을 빼앗겼다. 예를 들어 결혼식을 올리는 두 사람은 이전 단계(독신자 두 명)에서 벗어나지만 아직 다음 단계(부부)에는 이르지 못해 모호한 중간 단계에 놓인다. 많은 문화권에서 의식 전문가들은 이 경계 공간에 붙들린 사람들의 모호함을 해소하고 다음 단계로 인도하려 한다.

연구를 진행하면서 나는 데리애나 같은 자원봉사자와 조

력 사망에 관여하는 의사를 일종의 의식 안내자, 누군가가 편히 죽도록 도와주는 사람으로 생각하게 되었다. 이들은 약물 섭취를 지휘하고 환자와 가족에게 임종의 단계별 과정을 안내하며 그 과정을 완료했음을 선언한다. 자원봉사자와 의사가 하는 일에는 고별사를 읽거나 환자와 가족에게 내려놓기의 중요성을 이야기하는 등 명백히 영적인 측면이 있다.

데리애나는 평생 인생의 중요한 전환점을 통과하는 사람들을 도와온 만큼, 임종에 참여하는 데 따르는 특별한 책임감도 받아들였다.

"죽으려는 사람을 도울 때마다 영광스러운 자리에 있다고 생각해요. 내가 매번 실감하는 은총의 일부죠. 그들이 성공하면 나도 기뻐요. 아기를 받을 때마다 그랬던 것처럼요."

데리애나는 내게 '사랑으로 떠나보내기'라는 개념을 알려주었다. 이는 누군가가 생사의 경계를 넘어서도록 돕기 위한 가족과 친구들의 모든 언행을 가리킨다. 데리애나는 자신을 전환 전문가, 즉 한 사람이 다른 세계에 '탄생'하도록 도와주는 사람으로 여겼다. 그래서 임종에 참석하거나 입회하는 것이 아니라 '참여'한다고 말했다. 데리애나에게 누군가의 죽음을 돕는 것은 열심히 집중하고 배려해야 하는 능동적이고 역동적인 과정이었다.

죽음이 '적극적인 내려놓기' 과정이라는 생각은 죽음을 준비해야 한다고 강조하는 문화권에서 훨씬 더 흔하다. 가령 네팔의 율모족 불교도 사이에서 죽음은 평생 배워야 하는 난해한 기술이자, 순조롭게 내세로 넘어가 환생하기 위해 현명하게 의식적으로 수행해야 하는 프로젝트로 여겨진다. 죽어가는 사람 혼자서는 이처럼 중대한 프로젝트를 완수할 수 없다. 친지들은 죽어가는 사람이 세상에 남은 애착을 버리도록 세심하게 도와준다. 이승의 재산에 관한 미련을 달래주려 그의 가슴에 돈이나 보석 같은 귀중품을 놓기도 한다. 죽음의 시간이 다가오면 곳곳에서 가족과 친구들이 찾아와 침대맡에 모여든다. 사랑하는 사람이 그들을 향한 그리움에 연연하지 않게 하려는 것이다. 인류학자 로버트 데잘레는 이렇게 지적한다.

"그리워할 것이 없으면 미련도 남지 않는다. 따라서 많은 욜모족이 죽을 때 그리움을 남기지 않으려 한다."[1]

처음에는 간호사로서, 나중에는 자원봉사자로서 수백 명의 임종을 목격하며 데리애나도 미련이 남는 것의 암묵적 위험을 이해하게 되었다. 조력 사망 과정에서 그는 늘 죽어가는 사람에게 내려놓기의 중요성을 강조했다. 임종을 계획대로 순탄히 진행하려면 죽어가는 사람이 준비되어 있어야 한다는 얘기다.

"그들은 작별 인사를 끝냈고 할 일도 다 마쳤어요. 이제는 책을 덮어야 합니다."

데리애나는 치사 약물 복용을 학수고대하던 아흔네 살 남성 멜빈의 임종에 참여한 적이 있다. 멜빈은 이미 몇 달 전에 만성 폐쇄성 폐질환으로 말기 진단을 받아 조력 사망 자격을 얻었다. 그러나 그가 인내심의 한계에 도달한 것은 이후의 낙상 사고에 따른 고관절 골절 때문이었다. 멜빈은 사망 예정일 전날 저녁 데리애나에게 전화해 임종 시간을 앞당겨달라고 부탁했다. 골절에 따른 통증이 악화해 화장실에 갈 수 없었기 때문이다. 이미 잠옷으로 갈아입고 있던 데리애나는 호스피스 간호사에게 연락해 모르핀 투여량을 늘려줄 수 있는지 물어보라고 했다. 그리고 계획한 대로 다음 날 아침 10시 30분에 가겠다고 약속했다.

멜빈에게 시간이 얼마 남지 않았다는 건 데리애나도 알고 있었다. 그는 죽을 시간을 앞당겨달라는 멜빈의 요구를 기꺼이 세상을 떠나겠다는 의지 표현으로 이해했다. 다음 날 데리애나는 멜빈의 아파트에 도착해 모든 조력 사망 환자에게 해온 조언을 건넸다. 일단 치사 약물을 복용하고 나면 뒤돌아보지 말고 앞만 바라보라고.

데리애나는 멜빈의 안락의자 앞에 깔린 푹신한 카펫에 앉았다. 반바지 아래로 튀어나온 나뭇가지처럼 앙상하고 창백한 다리가 바로 눈앞에 있었다.

"부탁하고 싶은 게 있어요. 당신뿐 아니라 여기 있는 다른 모든 사람을 위해서예요. 작별 인사를 하면 그걸로 끝이에요. 당신은 떠날 거예요. 그냥 다 내려놓고 죽는 거죠. 내 말을 명심해요, 알았죠?"

멜빈은 데리애나의 눈을 들여다보며 고개를 끄덕였다. 그는 진중하고 요란 떨지 않는 사람이었다. 원래 그는 혼자 죽겠다고 했지만 데리애나가 가족을 생각하라고 간청했다. 그래서 마지막 순간을 함께할 수 있게 아들 리처드를 불렀다.

데리애나는 준비한 약물을 와인 잔에 부어 멜빈에게 건넸다. 멜빈은 묵묵히 약을 마셨다. 아들 리처드가 달려와 아버지를 안아주며 사랑한다고 말했다. 멜빈은 독서용 안경을 손에 든 채 눈을 감았고, 몇 분 만에 잠들어 코를 골기 시작했다. 10분 후 그는 숨을 거두었다.

데리애나는 멜빈의 죽음이 순조롭게 이뤄진 것은 단지 약물의 효과뿐 아니라 그가 내려놓을 수 있어서였다고 믿었다. 내려놓을 준비가 되지 않은 사람은 죽기까지 더 오래 걸릴 수 있다.

데리애나는 오리건주 존엄사법 시행 초기에 참여한 어느 여성의 임종을 기억한다. 그 여성의 남편은 부시 전 대통령 시절 CIA 요원이었다. 그는 부엌에서 세코날 캡슐을 여는 데리애나를 거들며 혼잣말로 뇌까렸다.

"내가 이런 짓을 하고 있다니 믿기지 않아. 내가 이러고 있다는 게 믿기지 않아."

시카고에서 비행기를 타고 온 아들도 어머니의 임종을 돕는 것을 불편해하긴 마찬가지였다. 데리애나는 가족의 불안감을 눈치챘다. 그들이 아내이자 어머니의 죽음을 지지하지 않으면 환자에게 매달려 놓아주지 않을 수도 있었다. 데리애나는 바르비투르산 약물을 비율에 맞게 조합하며 환자에게 물었다.

"약을 마시기 전에 하고 싶은 말이나 행동이 있으세요?"

여성이 대답했다.

"딱히 없어요. 그냥 가족이 괜찮은지 확인하고 싶어요."

데리애나는 위험 신호라고 생각했다. 이분은 바로 죽지 않겠어. 오래 걸릴 거야.

여성은 약을 먹자마자 잠들었으나, 남편과 아들은 45분 동안 방에 남아 울고 있었다. 환자는 숨을 멈추었다가도 갑자기 심호흡하더니 다시 숨을 쉬곤 했다. 이런 단계를 서너 번쯤 반복했다. 데리애나가 회상했다.

"가족이 울고 있는데 떠나기는 싫었던 것 같아요. 방에 있던 사람들이 전부 울음을 멈추고 그분의 삶을 돌아보며 웃기 시작한 후에야 숨이 끊어졌죠. 다들 정말로 괜찮은지 확인하고 싶었나 봐요."

중환자실 간호사도 이와 비슷하게 환자가 명백히 임종에 가까워졌을 때 가족을 지원하는 역할을 맡곤 한다. 임종 의사결정에서 중환자실 간호사의 역할에 관한 캐나다의 연구에 따르면 간호사는 가족이 환자의 임박한 죽음을 인정하고 받아들이도록 돕는 데 중요한 역할을 한다. 연구진은 그 역할에서는 중환자실 간호사가 의사보다 더 뛰어나다고 설명한다. 인공호흡기 같은 연명 의료 기술이 임종 환자에게 가하는 고통을 직접 목격하기 때문이다. 간호사는 가족이 "사랑하는 사람을 감정적으로 떠나보내고" "이제 미래가 어떨지" 상상하도록 돕는다는 것이다.[2]

조력 사망을 진행하는 의식은 사랑하는 누군가를 저 너머 세계로 보내는 데 중요한 역할을 할 수 있다. 죽음으로 자연 질서가 무너지는 삶의 마지막 순간에 사람들에게 따를 수 있는 지침을 제공한다. 의식은 불안정한 경험 속에서 방향과 의미를 제시하며, 모든 것을 내려놓고 죽어가는 사람을 기리고 존중하는 방법이 된다.

진은 나를 만나기 1년 전 담당 의사에게 생명을 인위적으로 연장하는 약물 투여를 중단해달라고 요청했다. 옥신각신 끝에 의사는 그의 요구를 들어주었다. 여든여덟 살의 진은 당뇨병과 중증 말초동맥질환(동맥이 좁아져 사지로 가는 혈류가 감소하는 질환) 등 온갖 불치병에 시달리고 있었다. 그때쯤 진은 자신이 숨만 쉬고 있을 뿐 살아 있지 않다고 느꼈다. 진이 조력 사망 신청서를 제출했을 무렵 호스피스 담당 의사는 시한부 6개월 이하 진단을 내렸다.

진이 엔드 오브 라이프 초이스의 자원봉사 의사 마크 래릭에게 첫 진찰을 받기 일주일 전, 막내딸 엘리스는 생활 보조시설에서 어머니와 나눈 대화를 비디오로 녹화했다. 어머니가 모든 것을 심사숙고했는지 확인하고 싶어서였다. 엘리스는 진이 치매 초기에 접어들어 언어와 숫자 기억력을 잃기 시작했다는 것을 알고 있었다.

엘리스는 자신보다 어머니를 위해 영상을 촬영했다고 말했다. 녹화하려고 자리에 앉았을 때 엘리스는 어머니의 결정을 완전히 받아들이지 못한 상태였다. 통제력을 잃기 싫다는 진의 바람은 존중했으나 아직 어머니를 놓아줄 준비가 되지 않았기 때문이다.

"정말로 어머니의 생각을 이해하고 싶었어요. 그런 선택을 한 이유를요. 그래서 이후에도 재생할 수 있는 기록을 남기려 했죠."

영상 속에서 진은 거실의 갈색 가죽 안락의자에 앉아 있다. 전등갓 아래로 호박색 불빛이 그의 얼굴을 비춘다. 어깨에 남색 카디건을 걸치고 무릎에는 가장 좋아하는 디저트인 딸기 쇼트케이크 접시를 올려놓았다. 화면 밖에서 엘리스의 목소리가 들려온다.

"엄마는 이제 여든여덟 살이죠. 현재 삶에서 마음에 들지 않는 점을 말씀해보세요."

"내 삶에 아무런 활동도 없다는 것. 뭔가 추진 중인 계획도 없고. 활발히 돌아다니던 게 그리워."

진은 두꺼운 뿔테 안경 너머로 카메라를 똑바로 응시하며 말한다. 머리칼을 부스스하게 헝클어뜨린 채 휘핑크림을 가득 떠서 입에 넣는다.

"이곳 생활은 그야말로 무미건조하단다. 창밖으로 아름다운 층층나무가 몇 그루 보이긴 하지만 그 뒤로는 아무것도 안 보여. 그러니 저 나무들이 나를 가둔 담장인 거지."

카메라가 얼음처럼 새파란 진의 눈을 비추더니 진의 손길을 따라 격자창으로 향한다. 창밖에는 거대한 층층나무 이파리가 초저녁 햇살에 황금빛으로 반짝인다. 엘리스가 어머니를 다

그친다.

"정말로 삶을 끝내고 싶은 게 확실해요?"

"물론이지. 의심의 여지가 없어. 딱 하나 아쉬운 건 네가 나이 들어가는 모습을 볼 수 없다는 거야."

진이 말을 끊고 미소를 짓는다.

"하지만 저 위에서 지켜볼게."

엘리스가 잠시 침묵했다가 말을 잇는다. 목소리가 한결 부드러워졌다.

"그날 무슨 일이 일어날 것 같은지 말해보세요. 어떻게 진행될 것 같아요?"

"난 머리를 손질하고 올 거야. 귀걸이를 달지도 모르지. 같이 와인도 한 잔 마시자. 그리고…, 내 손을 잡아줘. 나도 네 손을 잡을게."

진에게는 이야기하다가 딴생각에 빠지는 버릇이 있었으나, 본인의 죽음을 화제로 삼으면 정신이 번쩍 들었다. 진의 솔직한 말을 듣고 나서 엘리스도 어머니의 선택을 받아들였다. 어쩌다 다시금 의구심이 생겨도 이때의 영상을 보며 어머니의 결단을 되새겼다.

2주 후 나와 만났을 때도 진은 자신의 결정을 고수하고 있었다. 그는 평생 분주하게 움직여온 사람이었다. 실내장식 디자이너로서 시내에서 단독 작업실을 운영한 경력만 17년이었다. 포틀랜드 시장 집무실을 새로 꾸며달라는 요청을 받았을 때처럼 유난히 자랑스러운 순간들도 있었다. 진은 집에서 손님을 대접하길 좋아했고 여행과 정원 가꾸기도 즐겼다. 그런데 이제 그가 즐기던 모든 것이 사라지고 취미와 관심사를 공유할 수 없는 사람들 사이에서 지내게 된 것이다.

진은 죽음을 생각하면 자신과 세상을 대하는 마음가짐이 평안해지는 느낌이라고 말했다.

"난 한 번도 죽음을 두려워한 적이 없어요. 하루하루 죽음이 가까워질수록 얼마나 평온하고 행복한지 놀라울 정도예요. 광분하지 않고 울지도 않아요."

"그렇지만 죽을 날짜와 시간을 안다는 건 정말 이상하게 느껴져요."

엘리스가 콧등으로 내려온 갈색 뿔테 안경을 밀어 올리며 끼어들었다. 엘리스는 언니 밸러리와 함께 우리의 대화에 귀를 기울이고 있었다. 지역 비영리 단체 이사로 마감 일정에 쫓기며 일하는 데 익숙한 엘리스지만, 자기 어머니의 임종 일정이 잡힐 줄은 꿈에도 생각지 못했다.

"죽음은 예기치 않게 찾아오는 것이라고만 생각했거든요. 병에 걸린 사람도 자기가 언제 죽을지 정확히 알 수 없으니까요. 우리 같은 경우 엄마의 사망일을 알 수 있고 그날 곁에 있겠죠. 그런 생각을 하니 희한한 현실감이 느껴져요."

진의 사망일을 확정하고 나서 몇 주 동안 엘리스네 남매들은 어머니와 더 많은 시간을 보냈고 매 순간을 굉장히 소중하게 여겼다. 그중 딱 한 명, 큰아들 론만 제외하고.

론은 진의 결정에 극렬히 반대했다. 그가 성인이 된 뒤 가톨릭교로 개종하긴 했지만, 동생들이 보기에 단지 그것 때문만은 아니었다. 이스트코스트에 사는 론은 수년간 어머니를 찾아오지 않아 동생들처럼 어머니가 쇠약해지고 있는 모습을 지켜보지 못했다. 엘리스와 밸러리는 론의 기억 속 어머니는 극심한 다리 통증이나 그 밖의 건강 문제가 없던 오래전 모습일 거라고 생각했다. 옅은 금발 머리에 옆가르마를 탄 밸러리가 말했다.

"우리 둘이 온갖 뒤치다꺼리를 다 해왔죠. 엄마는 서서히 쇠약해지며 여러 보조시설을 전전한 끝에 여기까지 온 거예요. 오빠는 그 과정에서 완전히 빠져 있었고요."

엘리스도 고개를 끄덕였다.

"오빠도 자기가 막을 수 없는 일이란 걸 알아요. 그렇다고 엄마에게 화를 내다니 정말 짜증스러워요. 욕하고 울고. 오빠 자신의 후회와 죄책감 때문일 거예요. 괜히 엄마 화만 돋우고 설득하지는 못할걸요."

얼마 전, 론은 어머니에게 전화를 걸어 대체 어떻게 자살할 수 있느냐고 다그쳤다.

"어떻게 감히 우리를 떠나갈 수 있어요?"

아들이 이렇게 소리치자 진은 전화를 끊었다. 엘리스는 론이 어머니의 선택을 지지하지 않는다면 그를 임종 자리에 부르지 않겠다고 했다.

"오빠가 부정적으로 굴 거라면 오지 말아야 해요. 긍정적이고 사랑과 빛이 넘치는 분위기 속에서 돌아가시는 엄마를 안 아드려야 하니까요."

진은 두 딸을 번갈아 바라보며 한숨을 내쉬었다.

"내가 론을 어떻게 할 수는 없어요."

팔짱을 끼었다 풀었다 하던 진이 마침내 말했다.

"그 애가 소란을 피운다면 오지 않는 게 좋겠네요."

진은 장남이 자신의 결정에 '반항'하는 걸 슬퍼했지만, 그가 오든 오지 않든 계획을 실행하기로 했다.

진이 사망하기로 한 날 그의 처방 의사가 내게 전화를 걸었다. 계획대로 진행할 것이라고 알려주는 전화였다. 그날 아침 래릭은 진의 아파트에 들렀다. 환자가 여전히 죽고 싶다는 의사를 명확히 표현할 수 있는지 알아보기 위해서였다. 진의 초기 치매가 의사결정 능력에 영향을 미치지 않는지 확인해야 했다. 진은 그의 모든 질문에 완벽하게 대답했다.

나는 오후 늦게 래릭, 자원봉사자와 함께 진의 아파트 입구로 걸어갔다. 밖에 나와 서성이던 진의 세 딸이 우리를 보고 웃으며 손을 흔들었다. 진은 엘리스뿐만 아니라 쌍둥이인 밸러리와 리즈도 로비로 내보내 우리를 기다리게 했다. 누군가가 대기하고 있으면 진행이 더 빨라질 거라고 생각한 듯했다. 우리를 데리고 보안 데스크 앞을 지나가며 엘리스가 내게 말했다. 며칠 전부터 어머니가 휠체어 대신 보행기를 쓰고 있으며 언어장애도 사라졌다고. 엘리스가 동그란 눈을 반짝이며 말했다.

"보행기를 끌고 복도를 돌아다니셨다니까요. 엄마의 라스트 스퍼트인가 봐요."

마침내 죽음이 가까웠다는 희망이 진의 마음을 안정시킨

모양이었다.

조력 사망 사례를 자주 접하는 가정의학과 의사 닉 기디언스는 이런 일이 드물지 않다고 말한다. 치사 약물을 처방받고 나면 중증 환자도 기분이 좋아지고 신체 기능이 향상되는 경우가 종종 있다.

"일단 처방을 받으면 힘이 생겨 더 오래 산다는 얘기가 있지요. 내가 보기에도 옳은 말입니다. 사람이 헬멧을 쓴다고 스키를 더 잘 타게 될까요? 그렇지 않죠. 그러나 자신감이 더 생길 수 있어요. 그 자신감 때문에 더 많이 먹고 마시거나 오락거리를 찾아 나서는 경우가 간혹 있습니다. 무모한 짓을 저질렀다가 위기에 처할지도 모른다는 두려움이 사라지는 거죠."

나는 진의 아파트에 들어서는 순간 기디언스의 말을 이해할 수 있었다. 진은 꽃다발에 둘러싸여 보라색 안락의자에 앉아 있었다. 보라색 바지에 보라색 줄무늬 양말, 크림색 블라우스, 복숭앗빛 조끼 차림이었다. 잿빛 곱슬머리는 깨끗이 감고 세심하게 빗어 올렸으며 은빛 귀걸이와 커다란 고리 모양 목걸이를 착용했다. 그는 새 학기 첫날을 맞은 여학생처럼 활짝 웃었다.

진은 인사말 대신 이렇게 말했다.

"시작합시다."

진의 아파트에는 이미 기본 세간만 남아 있었다. 진이 쓰는 침대와 안락의자, 그리고 그 주위에 반원형으로 늘어놓은 의자 몇 개만 빼고 가구를 대부분 처분한 것이다. 작은아들 대니얼과 진의 친구 로이드가 그중 두 개에 앉아 있었다. 평생 실용

주의자였던 진은 남은 물건을 가족과 지인뿐 아니라 만나는 모든 사람에게 나눠주었다. 일단 이 집에 들어온 사람은 하나를 고르지 않고는 나갈 수 없었다. 진은 래릭에게 장식용 아프리카 가면 하나를 떠넘겼고, 나도 진과의 첫 만남 때 나이지리아 유목민 화보집을 가져왔다.

의사가 진의 맞은편에 자리를 잡고 앉았다. 그는 진에게 부엌 조리대에 놓인 약을 먹으면 어떻게 되는지 아느냐고 물었다. 진은 미국의 주도를 나열하듯 건조하게 대답했다.

"쓴맛을 느끼고 뇌가 호흡을 멈추면서 죽겠지요."

인상적인 대답이었다. 약의 작용 원리까지 구체적으로 알아보는 환자는 드물다.

래릭이 계속 진행할 것인지 물었다. 진은 의사에게 생긋 웃어주며 대답했다.

"물론이죠."

진은 어느 정도 사회적 지위가 있는 남성에게 애교를 부리는 버릇이 있었다. 몸에 맞지 않는 등산 바지를 꿰입은 래릭의 초라한 모습은 사회적 지위와 상관없어 보이긴 했지만 말이다.

"확실해요?"

래릭이 되물었다. 진이 지나치게 신나 있었기에 다시 확인할 필요가 있었다. 우리가 도착한 후 처음으로 진의 얼굴에서 미소가 사라지고 목소리가 엄숙해졌다.

"네. 약을 먹고 싶어요."

래릭은 진에게 약 세 알과 물 한 잔을 건넸다. 구토와 불안 완화제였다. 래릭과 함께 일하면서 나는 그가 조력 사망에 관여할 때마다 심란해한다는 것을 알았다. 그는 누군가의 죽음을 돕는 게 쉬워지면 이 일을 그만두기로 다짐했고 환자 하나하나와 깊은 유대감을 형성했다. 진이 속눈썹을 깜박이며 의사에게 속삭였다.

"고마워요, 자기."

래릭과 자원봉사자는 진의 침실에 들어가 세코날 캡슐을 열기 시작했다. 나머지 사람들은 의자에 앉아 진을 마주 보았다. 대니얼이 휴대전화로 어머니가 좋아하는 노래들을 틀었다. 스티비 원더, 페기 리의 노래. 진은 한쪽 다리를 다른 쪽 다리에 올려놓고 앉아 있었다. 흰색 테니스화를 신은 발로 박자를 맞추고 손가락을 튕기며 아는 가사를 따라 불렀다. 그는 젊었을 때 타악기와 피아노를 연주한 경력이 있었다.

"그게 전부야, 그게 전부야?"

진은 가장 좋아하는 페기 리의 노래를 엘리스와 함께 따라 불렀다. 그 노래는 진의 중년 시절 애창곡이었다. 여름이면 진은 집의 모든 문을 열어젖히고 10대 청소년처럼 레코드를 몇 번이고 다시 틀면서 아이들과 함께 방바닥을 빙글빙글 돌다가 쓰러지곤 했다.

엘리스는 그 시절의 태평한 여름날을 회상하며 어머니를 힐끗 쳐다보았다. 어머니가 예전 모습을 잃어버린 지도 오래되었다. 특히 지난 1년간 어머니의 삶은 그 반대에 가까웠다. 하루하루가 점점 더 비참해졌다. 엘리스는 어머니가 얼마나 벗어나고 싶어 하는지 알았다. 죽고 싶다는 어머니의 단호함이 엘리스에게는 차라리 안도감으로 다가왔다. 어머니는 유쾌하게 떠나가실 터였다. 엘리스가 고개를 숙여 어머니의 머리칼을 쓸어 올리며 큰 소리로 후렴구를 따라 불렀다.

"그게 전부라면, 친구들아. 그러면 계속 춤추자꾸나."

노래 한 곡이 끝날 때마다 진은 나를 침실로 보내 약물 준비 상황을 확인했다. 내가 돌아와 좀 더 기다리라고 할 때마다 '왜 이리 오래 걸려요?'라고 말하는 듯 눈썹을 치켜세웠다. 세코날을 준비하고 사전 투약 이후의 권장 대기 시간이 끝나기 15분 전, 진의 조바심은 한계에 달했다. 더는 기다릴 수 없는 듯했다.

딸들이 안락의자를 앞으로 밀며 어머니를 에워쌌다. 그들은 어머니의 조급한 모습에도 놀라지 않았다. 어머니는 일단 마음을 정하면 누구도 막을 수 없는 사람이었으니까. 진은 아이들 하나하나에게 입을 맞추었고 아이들은 어머니에게 사랑한다고 말했다. 대니얼은 자기 차례가 오자 울음을 터뜨렸다. 진이 아들을 위로하려 했다. 그는 대니얼의 손을 토닥이며 말했다.

"괜찮아. 아니, 괜찮지 않겠지만 괜찮아질 거야."

남매들은 차례로 마음을 다잡으며 서로에게 티슈 상자를 건네주었다. 로이드 아저씨가 티슈를 독차지하고 있다는 농담을 건네면서. 래릭은 그날 네 번째로 진에게 마음이 바뀌진 않았는지 물었다. 진이 어찌나 매몰차게 거부하던지 의사에게 정이 떨어진 게 아닌가 싶을 정도였다. 래릭이 치사량의 바르비투르산을 건네자 진은 한 모금 마시더니 얼굴을 찌푸리며 몸서리

쳤다.

"어휴, 끔찍하네!"

진은 나머지를 다섯 번에 나눠 힘겹게 꿀꺽 넘겼다. 래릭은 잔에 다시 물을 채워 바닥의 잔여물을 휘저었다. 치사 약물이 남김없이 진의 몸에 들어가도록 하려는 것이었다.

갑자기 진이 기침하기 시작했다. 휘둥그레진 그의 눈이 의사의 눈을 찾았다. 엘리스가 진의 배에 손을 얹었고 쌍둥이 엄마의 어깨를 꼭 잡았다. 래릭이 진에게 숨을 천천히 내쉬라고 일렀다. 진은 의사를 주시하며 숨을 살짝 들이마셨다가 길게 내쉬었다. 몇 초 후 기침이 서서히 멈추고 진의 눈빛도 침착해졌다. 물이 기도로 넘어갔던 것이다.

진의 얼굴이 다시 밝아졌다. 그는 아이들 모두에게 마지막 뽀뽀를 해주며 말했다.

"서로 잘 돌봐줘야 한다."

리즈가 입을 닦으며 외쳤다.

"와, 진짜 쓰네요! 입술에 감각이 없어졌어요!"

엄마의 입술에 남은 극소량의 세코날도 딸이 쓴맛을 느끼기에는 충분했다. 진이 나를 돌아보았다.

"이거 맛이 지독해요. 정말이지 누가 좀 개선해야겠어요. 법 이름도 바꿔야죠. 존. 엄. 사. 법이라니, 너무 거창하잖아요."

내 마음속에 불안이 밀려들었다. 진이 오리건주 존엄사법을 사람들에게 널리 알려야 한다고 생각한다는 건 알고 있었다. 자신의 임종을 직접 참관하고 글을 쓰도록 나를 초대한 이유가 그것 때문이었으니까. 그러나 죽음을 앞둔 이 깐깐한 여성이 생의 마지막 순간을 존엄사 옹호 연설로 보내려 한다는 사실이 믿기지 않았다. 딸들도 어머니에게 친밀하고 의미 있는 유언을 기대했을 터였다. 그럼에도 진은 하던 얘기를 이어갔다.

"베이비붐 세대는 더 나은 죽음을 바랄 텐데, 우리 사회는 아직 그 점을 인식하지 못하고 있어요. 그래도 언젠가는 그렇게 되겠지요."

나는 진에게 최선을 다하겠다고 약속했다. 진은 입가에 미소를 지으며 의자에 기대 누웠다. 래릭이 몸을 숙이며 진에게 말을 건넸다. 내 아들놈이 얼마 전 차기 대통령은 여성이어야 한다고 그러더라고요. 진은 눈이 흐려지는 와중에도 수긍하는 표정을 지으며 자신도 오래전부터 그렇게 생각해왔다고 말했다. 그러다 말을 맺지 못하고 잠이 들었다. 고개가 가슴 위로 수그러졌다.

엘리스가 본능적으로 흐느낌을 내뱉었다. 밸러리는 깜짝 놀라 울지도 못했다. 자매들은 어머니의 머리를 받쳐주려 했으나 베개가 계속 떨어졌다. 래릭은 진을 똑바로 눕히라고 권했다. 엘리스가 어머니의 큰 귀걸이를 더듬어 뽑고, 밸러리가 안경을 벗기고, 리즈가 조심스럽게 두 다리를 폈다. 대니얼과 래릭은 진의 몸을 양쪽에서 들어 올렸다. 엘리스가 연 방문을 진의 친구 로이드가 붙잡고 있었다. 다들 함께 진을 침실로 옮겨 트윈베드에 눕혔다.

진의 가족은 반원형으로 침대를 에워싸고 어머니의 몸에

손을 얹은 채 가만히 서 있었다. 밸러리가 '해돋이를 향해 서쪽으로Going Westward to the Sunrise'라는 의식에서 낭송했던 문답형 시를 나눠주었다. 어슐러 르 귄의 저서 《귀향Always Coming Home》에서 발췌한 시였다. 유명 SF 작가인 르 귄은 그해 초 포틀랜드의 자택에서 세상을 떠났으며 엘리스가 참석한 추모 예배에서 이 시가 처음으로 낭송되었다. 진과 르 귄은 이웃이었고, 엘리스는 그분의 시를 낭송하는 것이 어머니를 떠나보내는 적절한 방법이라고 생각했다.

밸러리는 살아 있는 사람들이 왼쪽 부분을 한목소리로 읽고, 한 연聯이 끝날 때마다 잠시 멈춰야 한다고 설명했다. 죽어가는 사람이 그에 답해 침묵으로 오른쪽 부분을 낭송하는 데 귀기울일 수 있도록. 밸러리가 선언했다.

"우리는 엄마가 건너가도록 도울 거예요."

나아가세요. 나아가세요.   나는 나아갈 거예요.
우리가 당신과 함께해요.   힘드네요. 힘들어요.
우리가 당신 곁에 있어요.   그래도 앞으로 나아갈 거예요.

이제 가세요. 어서요.   나는 나아갈 거예요.
우리를 떠나가세요.   모든 게 변하고 있어요.
떠나갈 시간이 왔어요.   앞으로 나아갈 거예요.

당신은 나아가고 있어요.　　　길이 있어요.
길을 떠나려는 참이에요.　　정말로 길이 있네요.
그 길로 나아갈 거예요.　　　갈 길이, 나아갈 길이 있어요.

돌아보지 마세요.　　　　　노래가 변하고 있네요.
당신은 들어가고 있어요.　　빛이 변하고 있네요.
거의 다 왔어요.　　　　　　노래가 변하고 있어요.
이제 도착했어요.　　　　　　빛이 변하고 있어요.
점점 더 환해져요.　　　　　그들이 오고 있어요.
뒤는 어둠이에요.　　　　　　춤추고 반짝반짝 빛나고
앞만 보고 가세요.　　　　　하나로 모여들면서.

네 집의　　　　　　　　　　네 집의
문이 열리네요.　　　　　　　문이 열렸어요.
활짝 열리고 있어요.　　　　활짝 열려 있어요.

　　떠나가는 영혼을 위해 우리가 입을 모아 낭송하는 동안, 엘리스는 어머니의 몸 위에서 손을 움직이기 시작했다. 진의 영혼을 풀어주려는 듯 손가락을 펼쳐 머리에서부터 온몸을 쓸어내렸다. 낭송이 끝나갈수록 손놀림도 점점 더 길고 묵직해졌다. 일종의 정화 과정이었다. 죽음이 종말이 아니라 하나의 여정이

라면, 엘리스는 어머니가 무사히 여행하기를 바랐다.

진의 얼굴에서 점차 핏기가 가셨다. 그의 침대를 둘러싸고 있던 사람들이 하나하나 자리를 떠났다. 래릭은 왕진 가방에 손을 뻗어 청진기를 꺼냈다. 차가운 금속 덩어리를 진의 블라우스 위에 대고 눌렀다. 진이 약을 마신 지 16분 후였다.

"심장이 멈췄습니다."

래릭이 눈물을 글썽이며 말하더니 울기 시작했다. 진의 자녀들과 로이드가 차례로 진에게 다가가 이마에 입을 맞추며 마지막 인사를 속삭였다. 내 차례가 오자 나는 진의 팔을 꼭 잡고 저승길이 무사하길 기원했다. 진의 피부는 이미 창백했으나 손을 대면 여전히 온기가 느껴졌다.

아이들과 단짝 친구에게 둘러싸여 침대에 누워 있는 진을 바라보며 나는 그가 저승에서 무엇을 찾을지 생각해보았다. 진에게 자신이 죽으면 어떻게 될 거라고 보는지 물어본 적이 있었다. 진은 성인이 된 후 유니테리언 교회 예배에 몇 번 참석하긴 했지만 자신을 신앙인이라고 생각지는 않았다. 그가 창밖의 층층나무로 눈길을 돌리며 말했다.

"알 수 없죠. 나도 알고 싶어요."

녹음기를 끄려던 순간 진이 다시 입을 열었다. 내게 하는 말이라기보다 혼잣말처럼 들렸다.

"내가 아는 누군가를 만나겠지요. 구름 사이로 내려다보며 흘러가는 길을 바라볼 거예요."

그는 이렇게 중얼거렸다.

11

슬픔 속에 함께하다

진이 세상을 떠나고 6주가 지난 무더운 여름 저녁, 나는 진의 두 딸 엘리스와 밸러리를 만나 엘리스의 집에서 와인을 마셨다. 두 자매가 어머니의 임종을 지켜본 경험을 어떻게 받아들였는지, 후회는 없는지 궁금했다. 어머니의 죽음에 참여한 것이 그들의 상실감과 슬픔을 달래주었을까, 아니면 더 키웠을까?

 진이 죽은 날, 의사와 내가 떠난 뒤 누군가가 로비에서 대기 중이던 호스피스 간호사에게 전화를 걸었다. 진은 간호사가 자신의 임종에 입회하길 원치 않았기에 간호사는 나중에 와서 사망을 선언하고 장례식장에 연락하기로 합의한 상태였다. 다른 사람들은 하나하나 떠나가고 호스피스 간호사와 세 자매만 남아 장례식장 직원이 도착하기까지 두 시간을 기다렸다. 엘리스와 밸러리 자신들도 놀란 점은 그런 시간이 생겨 정말 기뻤다는 것이었다. 그들은 계속 침실을 들락거리며 돌아가신 어머니의 모습을 기억에 남겨두려 했다. 엘리스가 언니 옆 소파에 책상다리로 앉아 무릎에 레드 와인 잔을 받쳐 든 채 회상했다.

"엄마의 시신 곁에 머물 수 있다는 게 정말 신성하게 느껴졌어요. 계속 옆방에 들어가 엄마를 바라봤어요. 엄마를 만지기도 했죠. 그제야 마치 파도가 밀려드는 것처럼 엄마가 죽었다는 생각이 들었어요. 엄마의 기운이 몸을 떠난 것 같았고 '이건 우리 엄마가 아니구나'라고 느꼈죠."

밸러리도 고개를 끄덕였다.

"그래요. 엄마가 옆방에 있다는 건 알았어요. 그렇지만 엄마라고 느껴지지 않았고 다른 누군가라는 생각도 들지 않았어요. 무언가가 그 건물을 떠나버린 것 같았어요."

엘리스와 밸러리는 장례식장 직원들의 작업 방식에 만족을 표했다. 그들은 진의 시신을 조심스럽게 들것에 싣고 누비이불을 덮어준 뒤 베개에 장미 한 송이를 올려놓았다. 진이 누워 있던 침대도 정리했다. 세 자매는 어머니의 시신을 따라 나가 차에 싣는 것을 도왔다. 그리고 떠나가는 승합차를 지켜보았다.

진이 사망한 다음 날 아침, 자녀들은 다시 모여 어머니의 아파트를 정리하고 남은 가구를 치웠다. 그러고는 뿔뿔이 흩어졌다. 하루가 지나고 나서야 어머니의 부재가 실감 나기 시작했다. 엘리스와 밸러리는 격렬한 슬픔에 휩쓸렸다. 밸러리는 입술을 떨며 말했다.

"'그래, 엄마가 원했던 거야'라거나 '그래, 엄마는 이제 고통스럽지 않아'라고 말할 수는 있지요."

그는 티슈 한 장을 뜯어 손에 들고 돌돌 뭉쳤다.

"그렇지만 엄마가 너무 그리웠어요. 지금도 그립고요. 엄마를 잃는 건 정말 원초적 슬픔이니까요. 그래도 엄마가 어떻게 돌아가셨는지 지켜봐서 다행이에요. 엄마 혼자 돌아가셨다면 훨씬 더 힘들게 느껴졌을 거예요."

엘리스가 말했다.

"우리가 그 자리에 있다는 사실이 정말 완벽하게 느껴졌어요."

밸러리도 동의했다.

"혼자와는 거리가 멀었죠."

엘리스의 얼굴이 밝아졌다.

"그리고 정말 좋았어요. 정답기 그지없는 시간이었죠."

시간과 장소를 미리 정한 죽음이라 해도 유족에게는 죽음 자체가 충격으로 다가올 수 있다. 하지만 조력 사망은 가정에서의 호스피스 임종보다 더 명확한 측면이 있다. 캘리포니아 북부의 호스피스 기관 베이헬스BayHealth는 3년에 걸쳐 의료 조력 사망과 전통 호스피스 임종에 따른 애도 경험을 비교 연구했다.[1] 연구 결과 조력 사망 환자의 유족은 호스피스 임종에 입회한 유족보다 미련이 덜 남았고, 임종 과정을 통제할 수 있다는 느낌이 훨씬 더 컸다고 답했다. 조력 사망 환자의 유족이 착잡함과 비탄을 호소한 사례는 두 가지뿐이었다. 마지막까지 환자의 결정에 반대한 유족과, 치사 약물을 복용할 계획이었으나 그러기 전에 사망한 환자의 유족이었다. 후자의 경우 사랑하는 사람이 원하는 죽음을 맞게 해주지 못했다는 좌절감을 느껴 회한에 빠진 것으로 나타났다.

엘리스와 밸러리는 어머니의 죽음을 앞두고 마음의 준비를 하면서 어머니를 어떻게 기억할지 결정할 수 있었다. 두 사람은 아버지가 달랐고 외모나 기질도 비슷한 구석이 없었다. 밸러리는 마르고 아담한 체구에 다소 내성적이었다. 엘리스는 키가 크고 글래머러스하며 사교적이었다. 그럼에도 불구하고 밸러리는 다른 남매들보다, 심지어 쌍둥이인 리즈보다 엘리스와 훨씬 더 가까웠다. 열두 살 때 다섯째 아이를 낳아 키우던 어머니의 부담을 덜어드리기 위해 엘리스를 돌봤기 때문이다. 엘리스는 오랜 시간이 지나서야 어머니에게 버림받았다는 감정을 극복할 수 있었다.

어머니의 조력 사망이 정해진 이후 엘리스는 어머니와의 관계를 되돌아보고 결국 재정립했다. 어머니를 용서하기로 결심했으며 마지막에는 온전한 모녀 관계를 회복했다고 느꼈다.

"더 이상 엄마에게 분노를 느끼지 않았어요. 엄마를 정말 사랑한다고 느꼈고 그분을 위해서라도 조력 사망을 할 수 있길 바랐어요. 엄마는 평생 살아온 것처럼 지낼 수 없게 된 걸 너무 힘들어했으니까요. 그래서 상실감에도 불구하고 일말의 후련함이 있었죠."

진이 약을 마시기 몇 분 전 엘리스와 정답게 페기 리의 노래를 따라 부르던 모습이 주마등처럼 스쳐 지나갔다. 모녀간의 그 애틋한 찰나가 이제는 더욱 통렬하게 느껴졌다.

밸러리가 끼어들었다.

"나도 그렇게 느꼈어요. 엄마는 성격이 무던한 편은 아니었고 늘 '엄마답게' 행동하는 사람도 아니었죠. 그렇지만 나는 사망일이 정해진 이후에, 그리고 당일에는 더더욱 의식적으로 그간의 모든 일을 잊기로 결심했어요. 엄마의 죽음이 다가오고 있다는 걸 알았기에 일찍부터 애도를 시작할 수 있었고요. 마지막까지 아무 말도 하지 못하고 있다가 나중에 후회하는 대신 뭐든 다 말할 수 있었죠."

엘리스가 휴대전화를 꺼내 사진을 넘기다가 내게 건네주었다.

"엄마가 세상을 떠나기 15분 전에 당신이 찍어준 사진만 봐도 더 설명할 필요가 없겠죠."

진이 세상을 떠난 날 오후, 그의 가족은 마지막으로 함께 사진을 찍었다. 사진 속에서 잘 차려입은 진은 자녀와 절친한 친구에게 둘러싸여 보라색 안락의자에 앉아 있다. 모두가 편안하고 정다워 보인다. 생일 기념사진이라고 해도 믿을 법하다.

엘리스는 사진 속의 진이 20년 전과 같은 모습이라고 말했다.

"엄마는 생기 넘치고 상쾌하고 행복해 보였어요."

환자가 죽기까지 시간이 남았다고 생각하는 가족은 난감한 화해의 과업을 회피하곤 한다. 심지어 호스피스 임종의 경우에도 환자가 언제쯤 사망할지 예측하기 어려울 수 있다. 반면 조력 사망은 앞으로 일어날 일을 부정할 수 없다. 임종을 앞두고 모든 것을 해결할 수는 없겠지만, 사랑하는 사람이 죽을 날을 알면 과거의 잘못을 바로잡고 서로 용서하고 용서받을 기회를 얻는다.

많은 유족이 사랑하는 사람의 죽음을 돕는 과정에서 위로와 힘을 얻는 게 사실이긴 해도, 사회적으로는 사별 이후가 고통스러울 수 있다. 스스로 삶을 마쳤다는 데 대한 사회적 낙인 탓에 사랑하는 사람의 죽음을 솔직히 털어놓지 못하기도 한다. 고인이 조력 사망을 실행하도록 허락했다는 이유로 친척, 친구, 동료에게 비난받을까 봐 두려워하는 유족이 많다. 사별 전문가들은 이처럼 사회에서 제대로 인정하지 않거나 심지어 허용하지 않는 경우를 숨겨진 애도, 즉 '박탈당한 애도$^{disenfranchised\ grief}$'라고 부른다. 이는 다른 죽음에 비해 애도할 가치가 없다고 여겨지는 상황(자살, 약물 과다 복용, 유산 등)으로, 사랑하는 사람을 떠나보낸 유족은 고통을 드러내지 못하고 억누른다.

유족이 타인에게 받는 비난은 매우 미묘할 수 있다. 그런 비난은 사람들의 무심한 언행, 움찔하는 몸짓, 어떤 단어의 억양 등 말해지지 않는 것들의 침묵 속에 담겨 있을지도 모른다. 엘리스는 가까운 동료 이사라면 어머니의 죽음에 관해 어떤 이야기를 듣더라도 자신을 응원해줄 거라고 기대했다. 그런데 그의 반응은 엘리스를 당황하게 했다.

"세상에, 정말 미안해요."

그는 어머니의 임종을 지켜보는 것이 끔찍하고 충격적인

일이라는 어조로 외쳤다. 밸러리의 직장 상사는 진의 임종 과정을 듣고 뭔가 웅얼거리더니 애도조차 표하지 않았다.

"그 이후로는 믿을 수 있는 친구와 친척에게만 자세한 얘기를 했어요. 상대가 어떻게 반응할지 추측하려 애쓰다 보니 한층 더 슬퍼졌죠. 엄마를 떠나보낸 경험이 너무 강렬해서 그냥 '엄마가 돌아가셨어'라고 말하는 것만으로는 내 감정을 전달할 수 없었거든요."

밸러리는 이렇게 말하고 입을 앙다물었다. 심지어 그들은 가족 내에서도 그런 비난을 느꼈다. 밸러리는 진의 죽음을 지지했다는 이유로 친척들에게 모욕적인 말을 들었다고 했다. 진의 쌍둥이 동생마저 사망 후 전화로 언니가 '그런 짓'을 저질러서 '유감'이라고 말했단다. 밸러리는 전혀 유감스럽지 않다며 자기도 엄마 입장이었다면 똑같이 행동했을 것이라고 대답했다. 그러자 이모는 별말 없이 전화를 끊었다. 밸러리가 엘리스의 눈을 마주 보며 말했다.

"나는 죽는 날까지 엄마의 결정을 지지할 거예요."

엘리스가 밸러리의 손을 잡았다.

사랑하는 사람의 죽음을 미리 알게 된 가족은 그 사람을 떠나보내기 전에 화해하고 마지막 인사를 나눌 수 있다. 이는 예기치 못한 의료 사고나 갑작스러운 사고로 죽는 사람이 누리

기 어려운 기회다. 시애틀의 죽을 권리 운동가 롭 밀러는 조력 사망 과정을 거친 유족이 다른 유족보다 사랑하는 사람의 죽음에 훨씬 더 준비되어 있을 때가 많다고 말한다. 밀러가 보기에 그 준비 과정의 핵심은 환자가 해당 주의 조력 사망법 자격을 얻기 위해 거쳐야 하는 온갖 절차다.

"이 법을 이용하려는 사람은 자신이 죽어가고 있다는 사실을 인정한 겁니다. 가족은 여전히 그 사실을 부정할 수 있지만, 환자가 법적 절차에 따라 치사 약물을 받았다는 것 자체가 죽음이 임박했다는 강력한 신호입니다. 죽음이 임박했음을 인식하면 죽어가는 환자와 가족 모두가 더 원만하게 죽음을 준비할 수 있습니다. 나는 삶이 곧 끝나리라는 사실을 인식하고 준비하는 것이 좋은 임종의 필수 단계라고 봅니다. 이로써 애도 과정도 더 원만해질 수 있고요. 임종에 어느 정도 의식적으로 개입하면서 죽음을 바라보는 유족의 감정이 나아지는 겁니다."

조력 사망이 유족에게 미치는 영향을 연구해온 오리건보건과학대학교 정신과 전문의 린다 간지니는 밀러의 의견에 대체로 동의한다. 간지니에 따르면 조력 사망을 신청한 오리건 주민의 유족은 그 과정을 거치지 않은 유족보다 훨씬 더 마음의 준비가 되었다고 느꼈고, 그중 90퍼센트 이상이 작별 인사를 할 기회가 주어져 만족한다고 응답했다. 사랑하는 사람이 죽었다는 사실을 더 원만하게 받아들인 것이다.[2]

켄의 큰아들 잭은 아버지가 본인의 뜻대로 죽음을 맞이할 수 있어서 다행이라고 느꼈다. 잭의 아버지가 조력 사망으로 떠나간 지 얼마 지나지 않아 어머니도 세상을 떠났다. 켄의 아내 클라라는 남편이 사망하고 일주일 뒤 밤늦게 화장실에 다녀오다 미끄러져 넘어지면서 문턱 모서리에 머리를 부딪쳤다. 잭의 동생 토니는 응급실에 있는 어머니를 찾아가 새벽 4시까지 곁에 있었다. 두 형제는 아버지의 사망을 아직 어머니에게 알리지 않은 상황이었다. 셋이 모두 모였을 때 말하고 싶었기 때문이다. 그다음 날 잭과 토니는 어머니에게 가서 아버지가 세상을 떠났다고, 아버지는 어머니를 사랑했다고 전했다. 어머니가 듣거나 이해하는지 확신할 수 없었으나 어쨌든 알아주었으면 좋겠다고 생각했다. 클라라는 잠이 들었고 다시는 깨어나지 못했다. 이틀 후 그는 사망했다.

3개월 후 잭을 다시 만났을 때 나는 그에게 부모님의 사망 방식이 애도 과정에 어떤 영향을 미쳤는지 물었다. 아버지의 계획된 죽음이 어머니의 낙상 후 우발적 죽음보다 더 힘들었을까, 아니면 덜 힘들었을까?

잭은 부모님의 사망 방식보다 두 분이 너무 가까운 시일 내에 연달아 돌아가셨다는 게 훨씬 더 힘들었다고 말했다.

"어머니가 돌아가신 후 아내의 어깨에 기대 몇 시간을 울었어요. 갑자기 고아가 됐으니까요. 그래도 아버지의 죽음은 그분의 상황 때문에 더 쉽게 받아들였어요. 아버지가 돌아가실 거라는 사실을 알았기에 우리가 하고 싶던 말을 전부 할 수 있었지요. 그런 의미에서 애도 과정이 도움을 주었다고 해야겠죠."

잭은 아버지의 죽음을 미리 알고 있었기에 상실감이 완화

되어 애도 과정이 다소나마 덜 고통스러웠다고 했다. 그러나 아버지가 죽은 뒤 자기 집에 새 목공소를 지으면서 손으로 물건을 만드는 방법을 가르쳐준 사람에게 그 사실을 알릴 수 없다는 게 슬펐다. 켄의 지도와 조언이 그리웠다.

"열네 살 난 내 딸과의 사이에 문제가 생기면 가장 먼저 아버지에게 전화를 걸었습니다. 이제 더 이상 그럴 수 없죠. 그런 생각을 하면 허전합니다."

한 달 전 어머니의 생신이라는 휴대전화 알람이 울리자 잭은 순간 아버지에게 전화로 알려야겠다고 생각했다. 그러다 갑자기 현실을 깨닫고 우울해졌다. 무엇보다 괴로운 것은 아버지의 갑작스러운 부재였다. 아버지가 떠나면서 그의 삶에 커다란 구멍이 생겼다. 잭은 이렇게 말을 맺었다.

"아버지가 너무 그리워요. 설령 아버지가 그런 선택을 하지 않았어도 지금쯤 이렇게 말하고 있었겠지만요."

켄이 죽음을 앞당기지 않았어도 그리 오래 살지는 못했을 터였다. 한참 전부터 건강이 악화하고 있었기 때문이다.

잭에게 어머니의 죽음은 아버지의 계획된 죽음과는 또 다른 단계적 경험이었다. 클라라는 알츠하이머로 수년 전부터 정신이 무너졌고 마지막 2년간은 아들도 알아보지 못했다. 자아가 신체보다 먼저 죽었던 것이다. 잭은 이미 한참 전부터 어머니를 잃었다는 슬픔에 빠져 있었다.

"어머니는 아주 오래전에 정신을 놓았고, 나는 어머니의 애도 과정을 벌써 마친 셈이었어요. 어머니를 찾아가도 껍데기만 남아 있는 것 같았죠. 나를 키워준 분의 흔적은 전혀 남지 않았고요. 그래도 어머니가 돌아가셨을 때는 어머니를 두 번 잃은 기분이었어요."

잭과 토니는 켄이 자신의 유골을 뿌려달라고 했던 숲이 우거진 도시공원에 부모님의 유골을 함께 뿌리기로 했다. 1년 후에도 잭은 아버지의 결정에 유감이 없다고 전했다. 오히려 아버지가 원하는 방식대로 죽을 수 있었던 게 다행이라고 했다. 잭은 내게 이런 메일을 보냈다.

"나는 여전히 아버지의 선택이 옳았다고 생각합니다. 함께해준 당신과 마틴 선생님, 데리애나에게 정말 감사드립니다."

―――

유족의 애도 방식은 사랑하는 사람의 사망 방식뿐 아니라 사망 전의 상황과 감정에 따라서도 달라진다. 인류학자 로버트 데잘레는 다음과 같이 썼다.

"애도는 유족에게 국한된 독특한 감정이다. 상처를 공유할 수 없듯 애도 감정도 공유할 수 없다. 그 상처는 홀로 감당해야 할 몫이다."[3]

누군가가 어떤 방식으로 죽든, 죽음의 시간을 선택할 수 있든 없든 간에 모든 죽음은 남겨진 사람에게 너무 이르게 느껴질 수 있다. 조의 파트너 애나도 그런 경우다.

조가 사망하고 나서 일주일 뒤 애나가 나를 집으로 초대했다. 그들의 집이 있는 언덕 위 동네로 들어서는데 앞 유리창에 빗방울이 떨어졌다. 조를 처음 만난 날 그랬던 것처럼. 진입로로 들어가려고 방향지시등을 켜자마자 차고 문이 열리더니 반대 방향에서 애나의 차가 달려왔다. 나는 딱 제때 마주친 게 반가워서 시동을 끄며 애나에게 미소를 보냈다. 그런데 애나는 멍하니 앞만 바라보며 나더러 집 안으로 따라오라고 손짓했다.

집 안은 어둡고 냉기가 감돌았다. 집에 들어선 뒤에도 애나는 불을 켜지 않았다. 나는 애나가 처음 만났을 때와 똑같은 체크무늬 셔츠를 입고 있다는 것을 알아차렸다. 그러나 오늘은 그날보다 더 나이 들고 지쳐 보였다. 눈 밑이 시커메진 게 잠을 자긴 하는지 걱정스러웠다. 애나는 장바구니를 조리대에 내려놓으며 말했다.

"너무 막막해요. 자꾸 집 안을 돌아다니게 돼요. 그이가 여기 어디 있을 것 같아서요."

조가 사망한 이후 엿새 만에 처음 집 밖으로 나간 날이었다. 그동안 땅콩버터잼 샌드위치와 범죄수사 드라마 〈로 앤 오더Law and Order〉로 연명하며 지냈다고 했다. 조의 담당 의료진이 들러 환자용 침대와 일부 의료 장비를 가져갔고, 욕실에 공간이 모자라 전동 칫솔과 면도기도 치웠다. 그렇지만 애나는 조의 존재를 좀 더 느끼기 위해 그의 나머지 소지품을 전부 붙잡고 있었다. 우리가 이야기하는 동안 애나는 일어나서 조가 남긴 파란색 체크무늬 셔츠로 갈아입었는데 그 모습이 더욱 쓸쓸해 보였다. 삶이 잇따른 애착 형성 과정이라면, 죽음은 그 모든 연결고리를 꼼꼼히 끊어내길 요구한다. 애나는 주방에 서서 눈물을 머금고 내게 말했다.

"다시는 그이 얼굴을 볼 수 없다는 게 너무 가슴 아파요."

더 슬픈 것은 지난 1년 반이 드리운 그림자 탓에 진단받기 전의 조가 가물가물해졌다는 점이었다. 진단 후의 힘겹던 몇 년이 행복하던 시절의 기억을 지워버린 듯했다.

콘트라 댄스 모임 회원들이 조의 추모식 준비를 돕겠다며 연락해왔다. 애나는 도움에 감사했으나 그들과 다소 거리를 두었다. 자기가 다시 춤추는 날은 올 것 같지 않다고 했다. 춤이라는 말만 들어도 조가 떠올라 너무 힘들었으니까. 애나에게 조의 부재라는 충격에 대비한 선견지명이나 계획 같은 건 없었다.

애도를 연구하는 인류학자들은 사랑하는 사람의 죽음을 애도하는 이들이 일시적이나마 스스로 고인이 '되는' 경우가 많다는 사실을 관찰했다. 유족은 상실을 처리하는 과정에서 고인과 하나가 되려고 한다. 예를 들어 모리스 블로흐와 조너선 패리에 따르면 마다가스카르에 사는 메리나족Merina 사람들은 애도 과정에서 "자신을 공격"했다.[4] 여성 유족은 고인과 비슷해지려고 일부러 흉한 모습을 보인다. 머리를 땋지 않고 누더기를 걸친 채 배설물 더미에 앉아 조문을 받는다. 매장 직전에는 고인과 함께 죽고 싶다는 마음을 드러내기 위해 시신 위에 몸을 던지기도 한다. 이런 슬픔 표현은 장례 의식이 완전히 끝날 때까지 이어지지만, 이후 유족은 사회로 복귀해 다시 평소 역할을 시작한다.

조의 추모식은 포틀랜드에서도 매우 오래된 무도장 중 한 곳에서 열렸다. 화창한 4월 저녁이었다. 애나는 내게 조를 도왔던 얘기를 몇 마디 들려주고 그와 인생을 함께한 사람들을 만나 달라고 요청했다. 자신이 지난번에 만났을 때보다는 잘 지낸다고 하면서. 애나가 수줍게 웃으며 말했다.

"시간이 지날수록 당당하게 일어나 나와 함께 춤추던 조의 모습이 떠올라요. 내가 돌보던 환자가 아니라 내 남자가요."

내가 무도장에 들어섰을 때 실내는 손님으로 가득했다. 다들 조와 어떻게 아는 사이인지 간단히 적은 이름표를 달고 있었다. '춤'이라고 적은 이름표가 많았다. 애나는 뒤쪽 테이블에 조의 육상 메달과 등 번호, 그리고 그가 즐겨 입던 무도복을 펼쳐놓았다. 턱시도 티셔츠, 검정 댄스화, 우아한 검은 모자였다. 조의 친구 하나가 한가운데에 조의 인형을 배치하고 그 주위를 춤꾼들이 둘러싼 무도장 나무 모형을 만들어놓았다.

추모객들의 발언은 한결같았다. 조는 사랑받는 친구이자 경쟁심 강한 춤꾼이었다. 차분하고 겸손하며 유쾌하고 정중하며 재치 있는 사람이었다. 조의 가족과 내가 그에 관한 기억을 이야기한 뒤 춤꾼들이 무대에 올라와 한마디씩 했다. 배경음악은 조가 가장 좋아하던 악기인 백파이프로 연주하는 〈어메이징 그레이스〉였다. 춤꾼 하나가 말했다.

"조는 아마 일주일에 여드레쯤 춤을 추었을걸요."

다른 사람이 말했다.

"조와 함께 춤추는 것은 그야말로 이성적이고 분석적인

즐거움이었죠."

무도장 안에 웃음소리가 퍼졌다. 한 여성이 뺨에 흐르는 눈물을 닦으며 말했다.

"우리는 최고의 리드 중 하나를 잃었어요."

추모식이 끝나갈 무렵 한 남성 춤꾼이 무대에 올랐다.

"죽음은 노래의 간주 부분과도 같아요."

그는 이렇게 말한 뒤 은은하고 감미로운 목소리로 발라드를 불렀다. 그러다 노래 중간에 멈춰 자기 말의 의미가 전해질 때까지 기다렸다. 무거운 침묵이 감돌았다. 마치 무르익은 배가 떨어지길 기다리는 것처럼. 그가 말을 이었다.

"조는 항상 가장 먼저 와서 가장 늦게 떠났죠. 이번만 빼고요. 그는 너무 일찍 떠났어요."

추모식 전까지 그들은 대부분 조가 죽음을 앞당겼다는 사실을 알지 못했다. 그의 수명을 단축한 것은 불치병이었으니 많은 친구가 그의 루게릭병이 유난히 빨리 진행된 거라고만 생각했다. 조가 치사 약물을 복용해 몇 개월을 앞당겼다고 해서 그리 달라질 게 있었을까? 다들 조의 죽음이 너무 빨리 찾아왔다고 느꼈다. 설령 좀 더 늦게 찾아왔더라도 똑같이 느꼈을 것이다.

4

앞으로 나아갈 길

12

새로운 영역

내가 브루스를 처음 만난 것은 2018년 2월 오리건주 의사당 대리석 계단에서였다. 시민운동가인 그는 법적으로 시각 장애인임에도 불구하고 자기 지역구의 민주당 하원의원 캐디 매큐언과 15분간 면담하기 위해 플로렌스 해안에서 세일럼까지 190킬로미터를 달려온 터였다. 오리건주 존엄사법의 접근성을 확대하는 새로운 법안을 지지해달라고 매큐언을 설득하기 위해서였다. 그는 이 법이 자신처럼 진행성이지만 불치병은 아닌 신경퇴행성 질환자를 배제한다는 데 분노하고 있었다.

브루스는 2011년 쉰여덟 나이로 파킨슨병 진단을 받았다. 새크라멘토 계곡에서 엔지니어 기술자로 일하던 그는 조기 은퇴하고 장애 수당을 받기 시작했다. 곧이어 그와 아내 캐시는 파킨슨병 증상을 악화하는 계곡의 더위를 피해 서늘한 지역으로 이주하기로 했다. 두 사람은 웅장한 모래 언덕과 오래된 숲으로 유명한 오리건주의 작은 바닷가 마을에 정착했다. 400평 부지가 딸린 집을 사서 개 다섯 마리를 키웠다. 이후 몇 년간 캐시의 남편은 활발해지고 삶의 의욕을 되찾아갔다. 캐시는 이렇게 말했다.

"파킨슨병에 관해 잘 알려지지 않은 사실이 있어요. 이 병에는 우울증과 불안이 따르는 경우가 많다는 거죠. 진단 직후 그이는 우울증과 불안증 약을 복용했고 건강 상태가 좋지 않았어요. 우리가 여기 오고 나서 '이제는 나아질 거야'라고 하더군요. 파킨슨병 환자에게 그런 일은 불가능하죠. 그런데 정말로 그랬어요. 나아졌다고요."

브루스는 다른 장애인 야외 활동 애호가들과 친해져 함께 하이킹이나 낚시 여행을 다녔다. 심지어 낚싯배도 한 척 구입했다. 캐시가 찍은 사진 속의 그는 두 마리의 거대한 무지개송어 주둥이를 잡아 들어 보이고 있다. 그을린 주먹코 아래로 도마뱀처럼 히죽 웃음을 지으면서.

그렇지만 브루스는 그처럼 행복한 말년이 이어질 수 없다는 것을 알고 있었다. 그는 자신의 인생을 끝낼 방식을 스스로 정하고 싶었다. 그가 오리건주에 정착한 데는 이 지역에 조력사망법이 있다는 점도 한몫했다. 고통을 견딜 수 없으면 그 법을 이용해야겠다고 생각했다. 당시에는 시한부 6개월 이하 불치병 환자만 이용할 수 있는 법이라는 걸 몰랐다. 시한부 진단을 받지 못한 그는 아무리 쇠약해져도 부적격자였다.

브루스가 가장 염려한 부분은 신체 기능을 점진적으로 상실하는 것이 아니었다. 그는 몸보다 마음이 먼저 무너질까 봐 무서웠다. 이미 기억력이 상당히 감퇴한 터였다. 관리하기 어려운 환자는 진정제를 맞고 결박당할 수도 있는 기억력 치료실에서 키 180센티미터, 체중 117킬로미터에 풋볼 선수 출신인 거구의 자신이 어떤 취급을 받을지 두려웠다. 그런 시설에 들어간 친구의 동생을 문병했을 때, 옷이나 결혼반지가 서로 바뀐 채 다른 사람 침대에서 잠든 환자들을 본 적 있었다. 진행성 치매인 친구의 동생은 벽에 똥을 칠하며 '예술 활동'을 하곤 했다. 그날 브루스는 '선다우너sundowner'라는 말을 배웠다. 해가 지면 방향 감각을 잃고 혼란에 빠지는 환자를 일컫는 용어였다.

"해가 저물면 정신도 저무는 거죠."

어느 간호사의 말이었다. 브루스는 나와의 첫 번째 통화에서 말했다.

"나는 고통받고 싶지 않아요. 우리 주의 존엄사법을 이용하고 싶어요."

현재로서는 불가능했다. 파킨슨병에 시한부 6개월 이하 판정을 내리는 의사가 없다는 건 브루스도 알고 있었다. 설령 시한부 판정을 받더라도 이미 정신이 온전하지 못하거나 스스로 약물을 투여할 능력을 상실했을 터였다. 존엄사법의 시한부 판정 기준은 바뀌어야 했다.

2017년 브루스는 행동에 나섰다. 그는 지역 신문 편집장에게 연달아 편지를 보냈다. 대중 연설 기술을 습득하기 위해

토스트마스터스Toastmasters(커뮤니케이션과 리더십 기술을 지도하는 미국의 비영리 교육 기관 _옮긴이)에도 가입했다. 그리고 소장품인 베이브 루스 사인을 판 돈으로 주 전역의 양로원, 재향군인 단체, 주민센터, 교회, 라디오 방송국, 의원 사무실을 돌며 법안 개정을 외쳤다. 초청받지도 않은 관련 법안 공청회에 참석해서 자기주장을 펼치며 지지를 이끌어내기도 했다. 새로운 사전연명의료의향서에 관한 공청회에서 브루스는 자진하여 발언대에 올라가 직격탄을 날렸다.

"우리는 삶에 진절머리가 나고 의사에게 시한부 6개월 판정도 받을 수 없는 상태로 10년, 12년씩 자리보전 중인 사람들을 보는 데 지쳤습니다."

브루스는 정치와 거리가 먼 사람이었다. 로비나 사회 운동 경험도 없었고, 세련되거나 전략적이지도 않았으며, 머릿속에 떠오르는 생각을 그대로 내뱉을 때가 많았다. 캐시는 그를 허풍쟁이라고 놀리곤 했다. 그는 캐시의 막후 지원을 받으며 어찌어찌 새로운 비영리 단체 '엔드 초이스End Choices'의 웹사이트를 만들었다. '내 삶, 내 죽음, 내 길'이라는 슬로건을 새긴 티셔츠도 제작했다. 브루스의 매력과 털털한 태도는 부족한 기교를 보완하고도 남았다. 그는 사람들과 대화할 줄 알았고 기꺼이 들어주는 사람이면 누구와도 대화할 수 있었다. 브루스는 유명한 죽을 권리 운동가 데릭 험프리를 이사회에 영입하는 데 성공했다. 그리고 개정 법안 지지자를 확보하기 위해 캐디 매큐언처럼 바쁜 의원들의 일정표에 슬쩍 끼어들기도 했다.

나와 함께 폴리에스터 정장 차림의 사람들을 지나 매큐언의 사무실로 향하면서, 브루스는 지팡이 손잡이를 손가락 마디가 드러날 만큼 꽉 잡았다. 그는 여전히 자기 생각을 발표할 때마다 긴장했다. 자신에게 정말로 많은 것이 걸려 있었으니까. 매큐언 맞은편에 자리를 잡자마자 브루스는 본론으로 들어갔다. 그는 떨리고 갈라진 목소리로 말했다.

"법이 너무 제한적이에요. 좀 더 관용적으로 만들어야 합니다."

그러고는 손이 떨리는 것을 사과하며 매큐언의 책상에 개정 법안이 적힌 종이를 올려놓았다.

"죄송합니다, 제가 파킨슨병 환자라 마음이 급해서요. 우리가 요구하는 건 그저 임종을 맞게 된 사람들에게 공평한 선택 기회를 달라는 겁니다."

매큐언은 의자에 기대앉으며 양쪽 손가락을 마주 대어 세웠다. 자신에게도 루게릭병에 걸린 친구와 천천히 진행되는 유전병으로 양손을 쓰지 못하게 된 친구가 있다고 말했다. 그리고 브루스에게 개정안을 입법화할 수 있을지, 아니면 투표에 부쳐야 할지 물었다.

브루스는 평소의 자신감을 되찾은 목소리로 "입법화할 수 있습니다"라고 말했다. 마침내 매큐언이 말했다.

"저는 이 개정안에 찬성합니다. 통제권이 있다는 확신은 매우 중요하죠."

그러나 시골이고 보수적 유권자가 많은 자기 지역구에서

존엄사법 개정을 어떻게 받아들일지 우려스럽다고 했다. 브루스는 매큐언 본인이 찬성한다는 데 주목했다. 그는 밀어붙였다.

"그럼 의원님 이름을 사용해도 괜찮을까요? 그 정도면 충분합니다."

"아마도요, 생각해보겠습니다."

우리에게 주어진 시간이 끝났다. 매큐언의 비서가 제안서를 복사한 뒤 우리를 복도로 안내했다. 엘리베이터를 타고 로비로 올라가는 동안 브루스는 일이 순조로워 만족스럽다고 했다. 연줄이 생긴 셈이었다. 그는 미소를 지으며 말했다.

"베이비붐 세대라면 누구에게나 환자인 지인이 있지요."

그의 과제는 이런 공감대를 정치적 의지로 전환하는 일이었다.

1년 후, 브루스는 이 법의 확대를 지지할 의향이 있는 몇몇 의원을 찾아냈다. 결국 2019년 입법 회기에 오리건주 존엄사법의 여러 항목에 관한 네 가지 개정안이 하원과 상원에 제출되었다. 브루스가 관여한 것은 그중 두 가지였다. 가장 야심 찬 개정안(하원 상정 법안 2232)은 말기 질환의 정의를 "합리적인 의학적 판단 내에서 환자의 사망을 초래하거나 실질적 사인이 될 수 있는 병"으로 확대하자는 것이었다.[1] 중증 환자는 시한부 6개월 진단을 받지 않아도 이 법을 이용할 수 있게 하자는 의미였다. 또한 환자 스스로 약물을 투여할 수 있는 한 섭취 외의 다른 방법(예를 들어 정맥주사 튜브를 여는 것)을 포함하도록 자가 투여의 정의를 확대하자고 제안했다.

수정안 반대 의견은 예상한 모든 단체(오리건 라이트 투 라이프Right to Life, 가톨릭교회, 자비로운 치료를 위한 의사회)와 일부 예상치 못한 단체에서 나왔다. 전국 최대의 죽을 권리 옹호 단체 두 곳, 컴패션 앤 초이스와 전국 존엄사 센터Death with Dignity National Center가 개정안에 단호히 반대한 것이다. 이들은 지난 20년간 조심스럽게 쌓아온 기반을 잃을까 봐 우려하며 존엄사법 확대에 반대했다. 단체 임원 한 명은 미국 50개 주의 절반 이상이 조력 사망법을 통과시키기 전까지는 오리건주의 기본 모델 변경을 지지할 수 없다고 말했다. 이런 간섭은 반대자들의 '미끄러운 비탈길' 논리에 힘을 실어주는데다, 향후 다른 주에서의 합법화도 위태롭게 만들 터였다. 신중함이 관건이었다. 한마디로 "가만히 있으라"는 것이라고 브루스는 말했다.

2019년 입법 회기가 끝났을 때 존엄사법 개정안 중 매큐언의 지지를 받은 한 건만 통과되었다. 사망이 며칠 남지 않았다고 판정받은 환자는 1차와 2차 구두 신청 사이의 대기 기간 15일을 면제해달라고 요청할 수 있으며, 의사도 서면 신청 후 약을 처방하기까지 48시간을 기다릴 필요가 없어졌다.

브루스는 실망했으나 2021년에 열릴 다음 회기에 다시 돌아오겠다고 다짐했다.

오리건 외에 몇몇 다른 주의 민간인, 의사, 의원 들도 조

력 사망의 접근성을 높이고 보다 포괄적인 법을 만들기 위해 노력하고 있다. 가장 많이 제시한 개정안은 대기 기간을 단축하거나 면제하고 의사 외의 의료인도 처방과 상담을 할 수 있다는 정도의 온건한 내용이다. 2021년 뉴멕시코주는 기존 오리건주 모델을 크게 벗어나 미국에서 가장 쉬운 조력 사망법을 통과시킨 최초의 주가 되었다. 뉴멕시코 법에는 2주의 대기 기간이 없고, 자문 의사가 있으면 처방 의사 역할은 전문 간호사나 보조 의사도 할 수 있다. 환자가 이미 호스피스를 신청한 경우, 자문 의사나 처방자 중 한 명만 조력 사망 신청서에 서명하면 된다.

삶의 마지막을 다소나마 통제하길 원하는 환자의 선택지를 개선하는 데 어떤 과제가 남아 있을까? 최우선 과제는 50개 주 모두에서 조력 사망법이 통과되는 것이다. 이 글을 쓰는 현재 미국인의 80퍼센트가 합법적으로 조력 사망을 시도할 수 없는 주에 살고 있다. 이들이 삶의 마지막에 심각한 고통을 피하려면 은밀하고 위험할 수 있는 자력 구제에 의존해 죽음을 앞당기거나, 음식물 섭취를 자발적으로 중단하거나, 아니면 스위스까지 가서 죽어야 한다. 우리는 이미 아픈 사람들과 조만간 아플 사람들을 위해 더욱 노력해야 한다.

두 번째 중요한 과제는 조력 사망을 음지에서 공론의 장으로 끌어내는 것이 아닐까 싶다. 조력 사망을 '자살'로 칭하기를 그만두고 의료 행위로 인정하는 것도 하나의 방법일 수 있다. 조력 사망은 그 자체로 고유한 도덕적·법적 범주를 이루므로 이제 우리가 사용하는 언어에도 그 사실을 반영해야 한다. 또 다른 방법도 생각해볼 수 있다. 임종 돌봄을 의과대학 교육 과정에 필수 과목으로 포함하고, 조력 사망 신청에 관심 있는 임상의에게 대응 방법을 교육하며, 조력 사망에 반대하는 의료인을 위한 보편적 위탁 조항을 도입하는 것이다.

또 하나의 과제는 임종 환자 돌봄 인력 양성과 관리에 크게 기여할 호스피스나 완화 의료 기관과의 협력을 강화하는 일이다. 이미 일부 진전이 있었다. 호스피스에서 조력 사망 환자의 자문 의사 역할을 맡는 의사들이 나타났고, 캘리포니아와 오리건과 워싱턴의 일부 호스피스는 조력 사망을 원하는 환자를 지원하는 정책을 명시했다.

버클리에서 임종 과학을 개척하는 데 기여한 의사 로니 샤벨슨은 결국에는 호스피스에서 조력 사망을 삶의 마지막 선택지 중 하나이자 치료의 일부로 받아들여야 한다고 생각한다.

"나는 정말로 조력 사망이 호스피스 프로그램의 일부가 되기를 원합니다. 호스피스 의사들은 임종을 돕는 데 필요한 모든 경험을 갖추고 있습니다. 그들은 왕진을 갈 수 있으며 조력 사망을 제외하고 상상할 수 있는 모든 죽음을 경험했습니다. 죽음을 어떻게 맞이해야 하는지, 죽음이 무엇인지도 알지요. 조력 사망은 죽음의 또 다른 형태일 뿐입니다. 따라서 조력 사망도 항상 임종에 관여하는 사람들의 영역에 속해야 한다고 생각합니다."

샤벨슨은 조력 사망 진료소를 운영하는 동시에 베이 에어리어에서 가장 큰 두 호스피스 기관과 긴밀히 협력했다. 이곳 의사들은 자문 의사 역할을 하면서 처방 의사 역할을 샤벨슨에게 위탁했고, 간호사들은 정기적으로 조력 사망에 관여했다. 샤벨슨에 따르면 다음 단계는 호스피스 의사들이 처방 의사 역할도 편하게 수행하도록 격려하는 일이다.

조력 사망 관련법을 시행하는 주가 늘어남에 따라 새로운 의사 집단이 급성장 중인 지식을 바탕으로 임종 과학 연구에 가담할 것이다. 임종 과학을 개선하기 위한 첫 단계는 더욱 표준화한 데이터 수집이다. 콜로라도대학교의 생명윤리학자 매튜 위니아는 조력 사망 분야가 발전하려면 관련 연구와 데이터 공유를 승인할 필요가 있다고 말한다. 현재 그는 2020년 설립한 비영리 단체로 전국의 임상의와 환자를 지원하는 미국 임상의 아카데미에서 의료 조력 사망 연구팀을 이끌고 있다. 서서히 고통스럽게 죽어가는 환자가 안전하게 투여할 수 있는 대안적 치사 약물을 찾아내는 것도 이런 노력의 일환이다.

한편, 입법부는 조력 사망법의 일부 회색지대를 명확히 해야 한다. 특히 조력 사망이 실패할 경우와 사용하지 않은 치사 약물 폐기 문제가 있다. 현재는 의사와 약사, 주 보건 당국이 그때그때 규정을 만들어가고 있다. 루게릭병 같은 만성 불치병 환자가 더 쉽고 덜 부담스럽게 이용하도록 조력 사망법을 개선하는 것도 좋겠다. 이를 위해서는 신경퇴행성 질환자의 조력 사망 신청 가능 기간을 늘리고, 약물 투여 방법을 확대하며, 모든 환자가 조력 사망 신청을 공정하게 심사해줄 기관을 이용하도록 보장해야 한다. 또 약물 처방과 진료 비용을 보험 처리할 수 없는 환자는 재정 지원을 받아 비용을 충당할 수 있어야 한다.

조력 사망법에는 해결하기 어려운 여러 문제가 따른다. 그중에서도 까다로운 것은 정보에 입각한 결정 능력이 없어서 조력 사망법을 이용하지 못하는 진행성 치매 환자의 경우다. 가장 흔한 치매 유형인 알츠하이머는 미국에서 향후 40년간 두 배 이상 증가할 것으로 보인다.[2] 그런 환자 중에는 치매가 악화해 자연사하기를 기다리기 싫은 사람도 있을 것이다. 현재 초기 치매 환자를 위한 사전연명의료의향서 작성을 놓고 이론적 논의를 진행하는 중이다. 이런 서류에는 병세가 특정 단계를 넘어선 미래의 어느 시점에 죽고 싶다는 의사를 구체적으로 명시할 수 있을 것이다. 가령 환자가 사랑하는 사람을 더 이상 알아보지 못하거나, 스스로 음식을 먹지 못하거나, 침대를 떠날 수 없거나 같은 특정 조건에서 조력 사망을 요구할 수 있다.

그렇지만 이 제안이 대중의 광범위한 지지를 얻기는 어려울 듯하다. 의사를 표현할 수 없는 상태의 치매 환자가 정말로 죽고 싶은지 알 수 없다면, 그 사람을 강제로 죽이려고 할 의사가 있을까? 의사는 과거나 미래의 환자가 아니라 현재의 환자를 위한 의무를 최우선으로 고려하게 마련이다. 환자가 마음이 바뀌었지만 이를 전달할 수 없는 상태라면? 예전에는 손주를 알아보지 못하면 바로 죽겠다고 했지만 그렇게 되고서도 여전히 일상에서 기쁨을 느낀다면? 조력 사망은 기본적으로 자발적인 자기 결정이라는 개념에 달려 있다. 환자가 조력 사망 의지를 표현하려면 지금 이 순간 동의할 수 있어야 한다.

따라서 치매 환자에게 적합한 해결책을 찾기는 어렵겠지만, 조력 사망의 시한부 조건을 확대하는 것도 하나의 방법이다. 아니면 캐나다처럼 아직 정신 기능을 잃지 않은 초기 치매 환자에게도 법적으로 조력 사망을 허용할 수 있다. 물론 이 방법을 선택한다면 두려운 미래를 회피하기 위해 상당한 수명 단축을 감내해야 하며, 이를 기꺼이 받아들일 사람은 드물 것이다.

궁극적으로 해결해야 할 과제는 우리 사회가 죽음을 끈질기게 부정한다는 점이다. 죽음을 적으로 여기면 죽음에 패배할 수밖에 없다. 모두가 죽음을 회피하려 할 경우 그 불가피성을 직면하기가 지독하게 고통스러워진다. 죽음을 향한 침묵과 회피를 깨뜨리려면 나이를 떠나 모든 사람에게 삶의 마지막을 받아들이는 다양한 방법을 가르쳐야 한다. 죽음의 두려움으로부터 그들을 보호할 것이 아니라 스스로 죽음과의 관계를 탐구할 공간과 수단을 제공해야 한다. 일찍부터 삶의 마지막을 두고 대화를 시작하면 죽음에 관한 사회적 지식을 되찾을 수 있다. 그리하여 삶의 무상함을 깊이 인식하고 애도 상담부터 호스피스 치료에 이르기까지 죽음과 관련된 모든 문제를 개선할 수 있다.

벌써 이 과제에 착수한 사람들도 있다. 지난 10년 동안 미국 곳곳에서 사람들이 '죽음 카페Death Cafés'로 모여들기 시작했다. 이는 커피를 마시고 케이크를 먹으며 죽음에 관해 이야기하는 비공식 모임이다. 사전연명의료의향서를 작성하고 어떻게 죽고 싶은지 가족과 의논하는 사람들이 코로나19 이전부터 꾸준히 늘어나는 추세다. 호스피스 치료가 전국으로 확대되면서 병원이 아닌 자기 집에서 가족에게 둘러싸여 죽겠다는 이들도 새삼 주목받고 있다.

'웰다잉' 욕구는 의료와 장례 영역에서 삶의 마지막에 관한 통제권을 찾으려는 사회적 움직임의 일환이다.[3] 관습에 얽매이기를 거부하는 밀레니얼 세대와 베이비붐 세대가 이런 노력을 주도하고 있다.[4] 이들은 자연장, 가정에서의 임종 돌봄, 수분해장, 시신 퇴비화, 수목장 등의 선택지를 조사한다. 자신의 추모사와 부고장을 작성하고, 생전에 작별 인사를 나누며, 자기 장례식 배경음악 목록을 만들거나 관을 직접 디자인하기도 한다. 죽음에 관한 논의를 정상화하려는 '죽음 긍정death-positive' 운동(최근 급성장 중이다)에서 영감을 얻는 사람도 있다.[5]

그러나 '좋은 죽음good death'이 현대인의 또 다른 의무('생산적 삶과 성공적 죽음')로 둔갑하지 않도록 유념해야 한다. 웰다잉이 여력 있고 선택받은 소수의 사람들만 누릴 수 있는 사치가 되어서도 안 된다. 성급한 우리 문화는 모든 종류의 인간적 고통에 간편하고 기계적인 해결책을 요구하기 쉽다. 조력 사망은 어디까지나 중증 환자의 요구에 따라 이루어져야 하며, 인간적이고 존엄하게 죽을 수 있는 유일한 선택지여서는 안 된다.

사회 비평가이자 작가인 바버라 에런라이크는 우리가 인생만사를 통제할 수는 없다는 것을 명쾌히 지적한 바 있다. 그는 《건강의 배신》에 이렇게 썼다.

"우리가 아무리 노력해도 모든 것을 통제하기는 불가능하다. 심지어 우리 자신의 몸과 마음도 마찬가지다."[6]

브루스는 그 교훈을 몹시 힘겹게 깨우쳐야 했다. 2020년 8월 11일 나는 그에게 이런 메일을 받았다.

"안녕하세요, 잘 지내고 계시길 바랍니다. 새로운 소식이 있어요. 췌장암 진단을 받았습니다. 물론 항암 치료는 받지 않을 겁니다. 예상 여명은 1년 반입니다. 2021년에 새로 발의할 개정안의 지지자들도 찾았습니다. 이번에는 더 좋은 결과가 있길 바랍니다. 글은 잘 쓰고 있나요? 여러 가지로 고맙습니다. 브루스."

그는 2주 전 정기 MRI 검사에서 공격적 유형의 췌장암을 발견했다고 전했다. 종양이 간으로 가는 동맥을 감싸고 있어서 수술로 제거하기가 매우 위험한 상황이었다. 종양 전문의에 따르면 화학 요법으로 종양이 줄어들 확률은 15퍼센트에 불과하고 결국 재발할 거라고 했다. 브루스와 캐시가 췌장암 환자의 생존 통계를 살펴보니 치료를 받아도 낙관할 수 없는 상황이었다. 브루스 같은 상태의 환자가 5년을 생존할 가능성은 6퍼센트 미만이었다. 브루스는 가능성이 너무 작다고 판단해 치료를 거부하기로 했다.

처음에 브루스를 진료한 소화기내과 전문의는 예상 여명이 1년 반이라고 했다. 2주 후 종양 전문의를 만나니 예상 여명이 6개월로 줄어들었다. 브루스와 캐시에게는 충격적인 소식이었으나 덕분에 조력 사망을 선택할 길이 열린 셈이었다. 브루스는 수년간 헛된 시도를 한 끝에 아이러니한 운명의 반전으로 오리건주 존엄사법을 이용할 수 있게 되었다. 마법의 6개월에 도달한 것이다.

브루스는 즉시 조력 사망을 신청하고 치사 약물을 처방받기로 했다. 호스피스 치료를 받기 시작한 8월 말 또다시 예상 여명이 줄어들었다. 담당 간호사는 췌장암 환자를 돌본 경험을 바탕으로 브루스가 3~4개월 안에 사망하리라고 예상했다. 췌장암은 다른 암보다 빠르게 퍼지는 경향이 있다. 췌장은 다른 소화기관처럼 막으로 둘러싸여 있지 않기 때문이다. 브루스에게 아직 하고 싶은 일이 남았다면 바로 지금이 적기였다.

브루스는 그다음 주에 캘리포니아의 고향 마을로 떠났다. 오랜 친구들과 작별 인사를 나누기 위해서였다. 몇 주 후 그가 돌아오자마자 간호사는 매일 복용하는 약을 늘렸고, 브루스는 운전을 그만두어야 했다. 그는 12월 1일을 사망일로 정했다.

10월 18일, 브루스는 지난 몇 년간 활동의 토대였던 지역 유니테리언 교회에서 마지막 강연을 했다.

브루스는 연단에 올라 "췌장암 진단을 받고서야 평화롭게 생을 마감할 수 있게 되다니 어처구니가 없다"라고 선언했다. 그가 입은 줄무늬 마린블루 폴로셔츠가 뒤편에 펼쳐진 바다 풍경과 잘 어울렸다.

"그래도 나는 행운아입니다. 운이 좋았죠. 여러분 중에도 항상 잠든 채로 죽기를 꿈꾸어온 사람이 많지 않습니까? 나는 그렇게 될 겁니다. 눈을 감고 무엇이든 내가 원하는 것을 보면서 죽어갈 겁니다. 사랑하는 사람들이나, 아니면 영화 〈M.A.S.H〉의 한 장면을요."

브루스는 2019년 통과하지 못한 세 가지 오리건주 존엄사법 개정안을 2021년 다시 발의할 것이라고 청중에게 전했다. 그는 간곡한 호소로 마무리했다.

"여러분 자신과 미래를 보호하고 스스로 통제할 수 있는 평화로운 삶의 마무리를 원한다면 입법자들에게 그렇게 이야기하세요. 할 수 있습니다. 올해야말로 그래야 할 때입니다."

마지막으로 공개 석상에 모습을 드러냈을 즈음, 브루스는 액상 모르핀에 의존하고 있었다. 그때부터 환각이 시작되었다. 캐시는 어느 날 둘이 침대에 앉아 있는데 그가 웃음을 터뜨리더니 그치질 못했다고 회상했다. 그들이 키우는 작은 개 오지가 캐시에게 팬케이크를 가져오는 모습을 봤다는 것이었다. 브루스는 자신이 환각을 보았다는 걸 아내가 호스피스 간호사들에게 말하지 않겠다고 약속하게 했다. 스스로 치사 약물을 복용할 정신적 능력을 잃었다고 여겨질까 두려워서였다.

사망일 한 달 전인 11월 초, 브루스는 갑자기 마음을 바꿨다. 그는 캐시에게 치사 약물을 사용하지 않겠다고 말했다. 자신의 삶을 끝낼 권리를 얻기 위해 수년간 싸워온 끝에 그러지 않기로 정한 것이다. 그는 잠든 채로 평화롭게 죽을 생각이었다. 캐시는 이렇게 회상했다.

"나만큼 그이 말에 놀란 사람도 없을걸요."

브루스는 마음을 바꾼 이유를 말하지 않았으나, 캐시는

나름대로 추측한 바가 있었다.

"이런저런 행동을 하겠다고 말하기는 쉽죠. 실제로 자기 삶을 끝낸다는 결정에 직면하기 전까지는요. 브루스는 암 진단을 받고 엄청 화를 냈어요. 존엄사와 관련해 완수하고 싶은 과업이 있는데 일찍 죽게 되리라는 데 분노한 것 같아요. 그이는 기만당한 것처럼 느꼈고 아직… 준비되지 않았다고 생각했어요. 브루스는 삶을 사랑했어요. 정말로요. 그이는 떠나고 싶어 하지 않았어요."

몇 주가 지난 애초의 사망 예정일 무렵, 부르스는 인지 기능을 상실했다. 암이 악화하고 약물 요법을 강화하면서 의사결정을 내릴 수 없게 된 것이다. 진정제를 써도 역효과만 나타났다. 그는 불안하고 초조해져 밤을 지새우다시피 했다. 무의식적이고 불규칙한 신체 움직임인 운동이상증도 심해졌으며 체액 축적으로 발이 끔찍하게 부어올랐다. 소음에도 점점 더 민감해져 사랑하는 반려견들을 침실에서 내보내야 했다. 이후에 캐시가 말하길, 만약 브루스에게 앞으로 겪을 일들을 보여주는 수정구슬이 있었다면 치사 약물을 복용했을 거라고 했다.

12월 초, 간 기능이 떨어지기 시작하면서 고비가 닥쳤다. 피부에 황달이 생겼고 칼로리 섭취량도 급감했다. 그 무렵부터 캐시는 자신이 항상 필요한 것보다 한발 늦는다고 느꼈다. 어느 금요일 캐시는 호스피스에 전화해 샤워 도우미를 요청했으나 월요일에 그 요청을 취소했다. 더는 브루스를 샤워실로 데려갈 수 없었기 때문이다. 대신 휠체어를 집으로 보내달라고 요청했다. 그러나 휠체어가 도착했을 즈음 브루스는 이미 침대를 벗어날 수 없는 상태였다. 캐시는 다시 한번 전화해 환자용 리프트를 요청했다.

파킨슨병 탓에 브루스는 호스피스에서 일반적으로 처방해주는 통증과 불안 완화제를 복용할 수 없었다. 그래서 아티반을 복용했는데, 이 약은 브루스의 망상증을 악화하고 다리가 비틀거려 몇 번이나 심각하게 넘어지게 했다. 호스피스 간호사 한 명이 통상 파킨슨병 환자에게는 금기인 할돌을 써보라고 권유했다. 남편을 조금이라도 편하게 해주고 싶었던 캐시는 그 권유에 따랐다.

그런데 브루스의 몸은 캐시가 예상한 것보다 더 나쁘게 반응했다. 눈을 부릅뜬 채 일그러지고 뒤틀린 그의 얼굴은 에드바르 뭉크의 그림 〈절규〉를 떠올리게 했다.

"온몸의 근육이 단단히 굳어졌어요. 내 평생 그렇게 끔찍한 모습은 처음 봤어요. 아직도 그 생각을 하면 화가 나요."

크리스마스 무렵 캐시는 매시간 브루스에게 진통제를 투여했다. 브루스는 폐에 분비물과 점액이 쌓일 때마다 잠에서 깨어 격렬한 기침 발작을 일으키며 극심한 공황에 빠졌다. 캐시에 따르면 욕조를 가득 채울 만큼 맹렬한 기침이었다고 한다. 마침내 호스피스 의사가 브루스를 깊은 잠에 빠뜨릴 약물 조합을 찾아냈고, 크리스마스이브 저녁 7시경 브루스는 숨을 거두었다.

캐시는 브루스가 마지막 몇 주 동안 겪은 고통을 되새기느라 지친 얼굴로 이렇게 말했다.

"브루스가 원하거나 상상하던 죽음은 아니었어요."

그렇지만 캐시를 위로하고 브루스의 죽음을 재고하게 해준 한 가지 생각이 있었다.

"넓게 생각하면 브루스가 싸운 건 결국 선택하기 위해서였어요. 그이는 선택을 했고요."

맺음말

이 프로젝트를 시작할 때만 해도 죽음에 관한 내 경험은 협소했다. 증조할머니 두 분, 백혈병으로 죽은 초등학교 동급생, 기차 사고로 죽은 사촌을 어렴풋이 기억하는 정도였다. 야외에서 모험하다가 아찔한 순간을 겪기도 했지만 내가 정말로 죽을 고비를 넘긴 적은 없었다. 대다수가 그렇듯 나 역시 삶을 즐기느라 바빠서 죽음을 생각하는 데 많은 시간을 할애하지 않았다.

그러나 이 연구에 뛰어들면서 모든 것이 바뀌었다. 나는 갑자기 죽음만을 생각했다. 난생처음 죽는다는 게 어떤 느낌일지 궁금해졌다. 삶의 마지막에 직면한 사람들 곁에서 오랜 시간을 보낼수록 죽음에 침묵하는 우리 문화와 그 악영향에 회의감이 들었다. 우리는 평생 수학부터 집수리까지 온갖 것을 공부하면서도 정작 우리가 겪을 가장 중요한 사건은 배우려 하지 않는다. 죽음을 어떻게 준비했는지, 죽음을 어떻게 생각하는지, 죽은 이를 어떻게 애도했는지 사람들과 이야기하는 일은 우울하지 않았다. 오히려 집단적 죽음 회피를 깨뜨리고 자유로워지는 것을 느꼈다.

내가 이 책을 쓰기 시작했을 때는 세상 곳곳에 죽음이 있었다. 코로나바이러스가 전국을 휩쓸고 가는 동안 우리는 목숨을 잃은 사람들의 숫자를 공개적으로 헤아렸다. 많은 사람이 아마추어 과학자가 되어 어느 정도 위험을 감내할 수 있는지, 어디에 선을 그어야 하는지 계산했다. 거의 하룻밤 만에 죽음의 유령이 공간 내에서 우리 몸의 움직임을 지배하기 시작했다. 우리는 실내에 남은 숨결을 피하고자 거리로 나가고, 다른 사람의 손길로 오염된 문고리를 피하고, 기침 소리에 본능적으로 몸을 움츠렸다. 그러나 죽음에 관한 새로운 인식은 죽음을 덜 무섭게 해주기는커녕 우리가 더욱 겁에 질리도록 만들었다.

2020년 여름, 죽음은 내게 더욱 가까이 다가왔다. 할머니가 소비에트 스타일의 고층 아파트 4층에서 투신한 것이다. 할머니는 새벽 5시경 잠에서 깨어 운동복을 입은 뒤 문을 열고 발코니로 나갔다. 그런 다음 실내화를 의자 아래에 벗어놓고 의자에 올라가 난간을 밟고 뛰어내렸다. 두 시간 뒤 이웃이 할머니를 발견하고 아직 침대에서 잠들어 있던 할아버지에게 알렸다. 급히 아래층으로 내려간 할아버지는 치명상을 입은 할머니를 관목 옆에서 발견했다. 아무런 메모도, 경고도, 설명도 없었다. 할머니는 건강에 여러 가지 문제가 있었지만 남부끄럽게 여겨 그런 얘기를 전혀 입 밖에 내지 않았다. 또한 여든한 살에도 여전히 우리 문화의 불로장생 신화에 따라 머리를 진한 밤색으로 염색하고 있었다. 할머니는 자신의 아픔을 껴안은 채 고통스러운 세상을 등지고 무덤으로 가셨다.

몇 달 후, 오리건에서 산불이 널리 번졌던 주에 나는 14주 전부터 뱃속에서 자라고 있던 아이를 잃었다. 내가 초음파 화면 속의 얼어붙은 태아를 바라보는 동안 세 명의 임상의가 들락날락했지만 그중 아무도 진실을 말해주지 않았다. 마침내 네 번째 의사가 두 겹의 마스크 너머로 소식을 전했다. 죽음을 연구한 시간이 아니었다면, 아픔을 드러내는 법을 배우지 않았더라면, 내가 느낀 그 처절한 슬픔을 어떻게 감당했을지 모르겠다. 나는 직감적으로 이 갑작스럽고 이해할 수 없는 종말을 기념할 의식이 필요하다고 느꼈다. 그래서 친구들과 함께 뒤뜰에서 죽은 영혼을 위한 추모식을 열었다. 데리애나가 와서 시를 낭송했다. 촛불을 켜서 물그릇에 띄우고 친구 한 명의 선창에 따라 다 함께 노래했다. 이웃 사람은 내가 사둔 뜨개 신발을 보관할 작은 나무 진열장을 만들어주었다. 내 평생 가장 다사로운 위로의 시간이었다.

이 책의 주인공들은 죽음을 대하는 내 의지와 역량을 놀랍도록 키워주었다. 두려움과 회피를 극복하고 모두가 공유하는 죽음의 진실을 숙고한다면 우리 문화가 얼마나 성숙해질 수 있을지 가르쳐주었다. 내 삶의 이 시점에서 죽음에 침묵하는 것은 더 이상 매력적인 선택지가 아닌 듯하다.

이 책은 단기간의 관찰 결과다. 내가 이 책을 쓰기 시작한 이후 치사 약물 조합이 일부 바뀌었고 부분적이나마 법안 개정도 추진 중이다. 그렇지만 미국에서의 조력 사망 경험은 전반적으로 변한 것이 없다. 조력 사망 자격은 여전히 획득하기 어렵다. 병세가 지나치게 악화했거나 반대로 처방전을 받을 만큼 심각하지 않은 환자들은 여전히 법조문에 구속받는다. 그리고 환자들이 삶의 마지막에 겪는 고통을 덜어주려 헌신해온 의사들은 의심과 비난에 시달린다.

우리 사회는 더 나아질 수 있고 더 나아져야 마땅하다. 세계적 팬데믹의 여파와 씨름하면서, 우리는 죽음이라는 관념이 개인에게 더 밀접하게 다가오는 중대한 전환점에 이르렀다. 바로 지금이 만사를 다르게 처리하고 더욱 온정적인 방향으로 나아갈 기회다.

결국에는 이 모든 게 끝날 테니까. 그리고 그때가 되면 어떻게 떠날지 선택권이 주어지는 것이 좋지 않을까.

감사의 말

이 책이 세상에 나오기까지 도와주신 모든 분을 생각하면 벅찬 감동을 느낍니다. 내게 시간을 내주고 자기 이야기를 기꺼이 들려준 환자와 그 가족, 자원봉사자, 의사, 활동가 들에게 깊은 감사를 표합니다. 이 책에는 그들의 목소리 중 극히 일부밖에 담아내지 못했지만, 그 대화들로 조력 사망에 관련된 온갖 이해관계와 노고를 더욱 절실히 이해할 수 있었습니다.

내가 조력 사망 세계에 입문할 길을 열어주고 이후로도 절친한 친구로 남아준 신디 라스무센에게 고마움을 전합니다. 엔드 오브 라이프 초이스 오리건, 엔드 오브 라이프 워싱턴의 자원봉사자와 의사들은 이 프로젝트를 첫날부터 한결같이 응원했습니다. 여러분의 세계에 들어갈 수 있게 해주어 진심으로 감사드립니다.

데리애나 무니는 여전히 내게 에너지를 불어넣어 주는 존재입니다. 수년 동안 친구이자 스승이 되어주어 정말로 감사합니다. 셀 수 없이 다양한 측면에서 내 작업에 기여한 질과 토니 대니얼스가 없었다면 이 책은 존재하지 않았을 겁니다. 내 '필멸자deathlings' 동료들, 특히 자연사 돌봄과 죽음 카페의 놀라운 세계로 나를 이끌어준 헤더 매시에게 감사를 전합니다.

내 학문적 욕망을 창작욕으로 변환하고 나만의 목소리를 찾도록 도와준 오서 액셀러레이터Author Accelerator의 켐로 아키와 제니 내시에게 감사하고 싶습니다. 유능한 저작권 담당자 매켄지 브래디 왓슨을 비롯해 스튜어트 크리체프스키 문학 에이전시의 뛰어난 팀원들은 처음부터 이 프로젝트에 무한한 열의를 쏟았고 이후로도 전문가답게 업무를 처리해주었습니다. 이 책에 기회를 주고 항상 올바른 직관을 발휘해준 소스북스의 뛰어난 담당 편집자 애나 미셸스에게 감사합니다. 이 책을 열렬히 지지해준 애나의 팀원들, 특히 브리짓 매카시와 리즈 켈시에게도 감사하고 싶습니다.

수년 동안 자료 필사와 정리를 도와준 연구 조교들인 일라나 코언, 더글러스 배퍼드, 어맨다 보타, 시에라 다킨 카이퍼, 제스 프리스틀리에게도 고마움을 전합니다. 브랜다이스대학교에서는 프로보스트 연구 기금, 맨들 인문학부 기금, 시어도어 앤 제인 노먼 연구와 창작 펀드 등으로 이 책의 연구와 집필 과정을 넉넉히 지원해주었습니다. 예나 지금이나 변함없이 학문적 엄밀함과 창의성, 대담성을 통합하도록 가르치는 브랜다이스대학교의 훌륭한 동료와 학생들에게 특별히 감사드립니다.

    수년간 죽음에 관해 이야기하게 해주고 이 프로젝트의 모든 고비를 함께해준 가족과 친구들에게도 고맙다고 말하고 싶습니다. 내 모든 것은 그들 덕분입니다. 특히 에이브럼 로젠탈은 내게 없어서는 안 될 뮤즈가 되어주었고, 용감하고 아름다운 의자매 제이드 지오타는 늘 내가 갈 길을 밝혀주었습니다. 모두에게 진심으로 감사드립니다.

독서 모임 가이드

1 이 책을 읽기 전 조력 사망에 관해 어떤 이야기를 들었나요? 조력 사망과 관련해 가장 궁금했던 점은 무엇인가요? 이 책에서 가장 놀라웠던 내용은 무엇인가요?

2 해닉은 인류학자로서 연구를 위해 조력 사망에 여러 차례 직접 관여했습니다. 인류학의 참여관찰 방법론이 이 책에서는 어떻게 작용했나요?

3 이 책에 등장하는 인물 중 누구에게 가장 공감이 가나요? 그 인물의 이야기에서 어떤 부분에 공감했나요?

4 조('1 자아를 잃다'와 '9 자유로이 날아가다'에 나오는 루게릭병 환

자)의 이야기는 신경퇴행성 질환자가 조력 사망을 추진하면서 겪는 온갖 난관을 보여줍니다. 그중 무엇이 가장 인상에 남았나요? 조처럼 자기 뜻대로 죽으려고 하는 사람들이 부딪히는 난관을 어떻게 해결할 수 있을까요?

5   치사 약물을 스스로 섭취할 수 있는 능력은 미국 조력 사망법의 중요한 도덕적·법적 조건입니다. 이 조건을 어떻게 생각하나요? 조력 사망법을 이용할 수 없는 환자가 생기더라도 이 조건을 고수할 가치가 있다고 생각하나요?

6   조력 사망을 반대하는 사람들의 주된 근거는 조력 사망이 쉬워지면 '미끄러운 비탈길' 현상이 발생할 수 있다는 것입니다('3 제한적 법률' 참조). 이 주장에 타당성이 있다고 생각하나요? 현행 조력 사망법은 이런 경우를 방지하기 위해 어떤 수단을 동원하나요?

7   인권 운동가 존 켈리는 의료 조력 사망이 장애인의 삶을 암묵적으로 평가절하한다고 주장합니다. 장애인은 말기 환자가 조력 사망으로 벗어나려 하는 것과 같은 신체적 제한을 안고 하루하루를 살아가야 하니까요. 장애인을 더 잘 지원할 방법은 무엇일까요? 조력 사망에 관한 장애인들의 우려를 어떻게 해소할 수 있을까요?

8 조력 사망을 추진하는 환자는 의료계 내부뿐 아니라 우리 문화 전반에 걸쳐 죽음에 관한 침묵이 만연해 있음을 실감하게 됩니다. 이처럼 죽음을 회피하는 미국의 현상을 어떻게 생각하나요? 인간의 죽음에 다르게 접근하는 방식(미국과 다른 문화 맥락에서)을 알고 있나요?

9 미국의사협회는 조력 사망이 "근본적으로 의사의 치료자 역할과 양립할 수 없다"라고 주장합니다. 이 책에 소개한 의사들은 조력 사망 관여자와 치료자의 역할을 어떻게 병행하고 있을까요?

10 조력 사망을 추진하는 사람에게 가족은 중요한 지원군일 수 있습니다. 그러나 임종으로 인해 오랫동안 쌓여온 가족 간의 갈등이 더욱 악화할 수도 있습니다. 이 책에 나온 가족들의 관계에서 인상 깊었던 부분은 무엇인가요?

11 조력 사망의 긍정적 효과 중 하나는 유족의 애도 과정이 간결해진다는 점입니다. 애도에서 가장 복잡한 부분이 무엇이라고 생각하나요? 조력 사망은 애도의 이런 부분에 어떤 영향을 미칠까요?

12 이 책은 죽음과 임종에 관해 개인의 다양한 철학을 소개합니다. 그중 무엇이 가장 마음에 와닿았나요? 그로 인해 인생의

마지막 장에 관한 생각이 바뀌었나요?

13 조력 사망법 옹호 단체 중 상당수가 법 개정에 반대하고 있습니다. 다른 주에서의 조력 사망 합법화까지 위태로워질 수 있다는 판단 때문입니다. 조력 사망이 더 많은 지역에서 받아들여질 때까지 법 개정을 미뤄야 한다고 생각하나요, 아니면 지금 바로 더 많은 주민이 이용할 수 있게 법을 개정해야 한다고 생각하나요? 양쪽 조치의 장단점은 무엇일까요?

14 이 책을 읽고 나니 시한부 진단을 받는다면 조력 사망을 선택할 수도 있겠다는 생각이 드나요? '좋은 죽음'이란 어떤 것이라고 생각하나요?

저자와의 대화

조력 사망에 관여하게 된 계기는 무엇인가요? 데리애나처럼 죽음과의 관계를 재정립하고 싶었나요?

사실 저는 우연한 계기로 이 주제에 빠져들었습니다. 브랜다이스대학교에서 인류학 강의를 하던 도중 〈오리건주에서 죽음을 맞이하는 방법〉(조력 사망에 관한 최고의 다큐멘터리라고 생각해요)을 상영했다가 곧바로 마음을 빼앗겼죠. 이전에는 에티오피아에서의 출생과 삶의 시작을 연구했는데, 초점을 바꿔 그 반대 주제를 살펴보는 것도 좋겠다고 느꼈습니다. 물론 얼마 지나지 않아 죽음이 탄생의 반대 개념이 아니라 매우 유사하다는 것을 깨달았지만요.

인터뷰한 사람들은 어떻게 찾아냈나요?

처음에는 조력 사망 관련 공청회에 참석했습니다. 행사가 끝나면 사람들에게 다가가 일대일 인터뷰를 요청했지요. 몇 번 그랬더니 인터뷰한 사람들이 저를 조력 사망 옹호 운동의 주요 인사들에게 소개하더군요. 오리건주로 이사한 후에는 거의 매일 인터뷰 약속이 잡혔지요. 심지어 제가 만난 몇몇 의사는 자기 환자들에게도 연락해주겠다고 제안했습니다. 환자는 대부분 자신의 사연을 나누고 싶어 했어요. 팬데믹으로 민감한 시기였음에도 불구하고 놀랍도록 열성적으로 그들의 이야기를 들려주었습니다.

사전연명의료의향서를 작성하고 조력 사망 의사를 가족에게 미리 알리는 사람들이 점점 늘어나고 있습니다. 이런 화제를 꺼내는 적당한 방법이 있을까요?

물론이죠. 그런 화제를 어떻게 꺼내면 좋을지 방법을 소개하는 웹사이트가 많습니다. 특히 데스 오버 디너deathoverdinner.org나 컨버세이션 프로젝트 theconversationproject.org가 좋습니다. 랜턴www.lantern.co 같은 임종 계획 도구도 추천합니다.

조력 사망의 접근성 개선에 찬성하거나 반대하는 여러 활동가와 대화했을 텐데요. 조만간 50개 주 모두에서 조력 사망법이 통과될 수 있을 것으로 생각하나요?

> 조만간은 아닐 겁니다. 미국 대법원이 죽을 권리를 헌법으로 보호하지 않는다는 1997년 판결을 뒤집지 않는 한 말이죠. 현재로서는 각 주정부가 개별적으로 조력 사망법을 만들어야 합니다. 2015년 동성 결혼을 인정한 것과 마찬가지로 연방 차원에서 죽을 권리를 인정한다면 50개 주 모두에서 조력 사망법이 나올 수 있을 거라고 생각합니다.

이 책을 집필하면서 인류학적 방법론을 사용한 것은 몰입하기 위해서라고 설명했습니다. 깊은 몰입이 연구에 어떻게 도움을 주나요? 몰입에서 가장 큰 난관은 무엇인가요?

> 저는 인간의 모든 경험은 주관적일 수밖에 없으며 다른 사람의 입장에 완전히 이입하기란 불가능하다고 봅니다. 최대한 가까이 다가가려면 수동적 방관자가 아니라 적극적 참가자로서 타인의 경험 일부를 함께 겪어야 합니다. 환자나 가족과 함께 조력 사망을 경험하면 간접적으로 전해 듣는 것보다 훨씬 더

깊은 통찰에 이릅니다. 그건 매우 본능적이고 획기적인 경험입니다. 때로는 그 내밀한 순간에 침입했다는 느낌이 들어 힘들었지만, 결국엔 사람들이 제 존재를 환영한다는 것을 깨달았습니다. 제가 방관하지 않고 진심으로 현장에 참여해 그 일부가 되었음을 알아준 거지요.

코로나 팬데믹이 죽음에 관한 사람들의 사고방식을 어떻게 바꿨는지 언급했는데요. 그 변화가 이 책을 집필하는 데도 영향을 미쳤는지요? 그렇다면 어떤 영향을 미쳤나요?

팬데믹을 거치면서 죽음이 많은 사람에게 얼마나 다루기 어려운 주제인지 새삼 실감했습니다. 지금까지 이 주제를 기피해온 독자들의 벽을 어떻게 허물지 많이 고민했어요. 결국 죽음을 이야기하는 가장 좋은 방법은 내가 만난 인물들의 관점에서 본인의 죽음과 씨름하는 그들의 모습을 보여주는 거라고 판단했습니다. 죽음이 반드시 비극적인 것만은 아니며 아름다움과 우아함으로 가득할 수도 있음을 보여주는 것이 중요하다고 생각했어요.

어떤 식으로 글을 쓰나요? 특별한 글쓰기 의식이 있나요?

네, 다양한 글쓰기 의식이 있습니다(의식이라기보다 노이로제에 더 가까울지도 몰라요). 아침에 일어나자마자 녹차를 한 잔 내려서 글쓰기 책상에 앉습니다. 조용한 클래식 음악을 들으며 작업에 집중하지요. 일단 뭔가를 쓰고 나면 문장 하나하나를 뜯어보며 간결하게 다듬고 불필요한 부분을 쳐냅니다. 그다음엔 문단 단위로도 똑같이 합니다. 저는 글을 쓰는 시간만큼, 아니 어쩌면 더 많은 시간을 퇴고에 투자합니다. 글을 쓰다가 막히면 밖으로 나가 신선한 공기를 쐬기도 해요. 그러면 적절한 문구가 떠오르곤 합니다.

요즘 침대에서 읽는 책은 무엇인가요?

최근에는 특히 말기 환자의 임종 단계에서 죽음에 따른 두려움을 덜어줄 사이키델릭의 잠재력에 관심이 있습니다. 그래서 마이클 폴란의 《마음을 바꾸는 방법》을 읽고 있습니다. 그 외에도 지역 배낭여행에 관한 책에서 유쾌함과 스릴을 찾습니다.

참고 자료

미국 각 주의 조력 사망 관련법과 발의된 법안에 관한 개괄적 정보

https://www.compassionandchoices.org

https://deathwithdignity.org

환자와 임상의를 위한 실용적인 조력 사망 방법 정보

https://www.acamaid.org

미국 내 일부 주에서 환자와 간병인을 지원하는 자원봉사 단체

캘리포니아 https://endoflifechoicesca.org

메인 https://www.mainedeathwithdignity.org

뉴멕시코 https://endoflifeoptionsnm.org

오리건 https://eolcoregon.org

버몬트 https://www.patientchoices.org

워싱턴 https://endoflifewa.org

미국 전역의 호스피스와 완화 의료에 관한 상세 정보

https://www.nhpco.org

후주

서문 새로운 죽음의 방식

1 "Death with Dignity Legislation," Frequently Asked Questions, Death with Dignity, accessed July 20, 2021, https://deathwithdignity.org/faqs/#laws.

2 Megan Brenan, "Americans' Strong Support for Euthanasia Persists," Gallup, May 31, 2018, https://news.gallup.com/poll/235145/americans-strong-support-euthanasia-persists.aspx.

3 "Euthanasia Bill Moves Ahead in Spanish Parliament," Reuters, February 11, 2020, https://www.reuters.com/article/us-spain-politics-euthanasia/euthanasia-bill-moves-ahead-in-spanish-parliament-idUSKBN2052C0.

4 "Deaths by Manner of Death and County of Residence, Oregon Residents 2018 Final Data," Oregon Health Authority, https://www.oregon.gov/oha/

PH/BIRTHDEATHCERTIFICATES/VITALSTATISTICS/DEATH/Documents/dman18.pdf; Public Health Division, Center for Health Statistics, "Oregon Death with Dignity Act: 2018 Data Summary," Oregon Health Authority, revised April 25, 2019, https://www.oregon.gov/oha/PH/PROVIDERPARTNERRESOURCES/EVALUATIONRESEARCH/DEATHWITHDIGNITYACT/Documents/year21.pdf.

5 지난 10년 사이 조력 사망을 주제로 제작한 영화에는 〈더 페어웰 파티The Farewell Party〉(2014), 〈미 비포 유Me Before You〉(2016), 〈패들턴 Paddleton〉(2019), 〈완벽한 가족Blackbird〉(2019), 〈잠시 여기에Here Awhile〉(2020) 등이 있다. 〈그레이 아나토미Grey's Anatomy〉, 〈그레이스 앤 프랭키 Grace and Frankie〉 등 주요 TV 드라마의 에피소드 전체를 이 주제에 할애하기도 했다.

6 Atul Gawande, Being Mortal: Medicine and What Matters in the End (New York:Penguin, 2014), 58.

7 실제로 몬태나주 의사들은 자체 법률이 없어서 오리건주 법조문을 따르고 있다.

8 Public Health Division, Center for Health Statistics, "Oregon Death with Dignity Act: 2020 Data Summary," Oregon Health Authority, February 26, 2021, https://www.oregon.gov/oha/PH/PROVIDERPARTNERRESOURCES/EVALUATIONRESEARCH/DEATHWITHDIGNITYACT/Documents/year23.pdf.

9 "Oregon Death with Dignity Act: 2020 Data Summary."

10 Census QuickFacts for Oregon from July 1, 2019, United States Census

Bureau, https://www.census.gov/quickfacts/fact/table/OR/PST045219.

11   Census QuickFacts for California from July 1, 2019, United States Census Bureau, https://www.census.gov/quickfacts/CA; "California End of Life Option Act 2019 Data Report," California Department of Public Health, July 2022, https://www.cdph.ca.gov/Programs/CHSI/CDPH%20Document%20Library/CDPHEndofLifeOptionActReport2019%20_Final%20ADA.pdf.

12   Amber E. Barnato et al., "Racial and Ethnic Differences in Preferences for End-of-Life Treatment," Journal of General Internal Medicine 24, no. 6(2009): 695−701, https://doi.org/10.1007/s11606-009-0952-6.

13   역사 기록은 유색인종을 의료적으로 학대하고 실험한 사례로 가득하다. 몇몇 참고 자료를 소개한다. Harriet A. Washington, Medical Apartheid: The Dark History of Medical Experimentation on Black Americans from Colonial Times to the Present (New York: Doubleday, 2007) and Deirdre Cooper Owens, Medical Bondage: Race, Gender, and the Origins of American Gynecology (Athens: University of Georgia Press, 2017).

14   Nathan A. Boucher et al., "Palliative Care in the African American Community," Palliative Care Network of Wisconsin, 2019, https://www.mypcnow.org/fast-fact/palliative-care-in-the-african-american-community/. See also: Kimberly S. Johnson, "Racial and Ethnic Disparities in Palliative Care," Journal of Palliative Medicine 16, no. 11(2013): 1329-34, https://doi.org/10.1089/jpm.2013.9468.

15   "Health Disparities by Race and Ethnicity: The California Landscape,"

California Health Care Almanac, October 2019, https://www.chcf.org/wp-content/uploads/2019/10/DisparitiesAlmanacRaceEthnicity2019.pdf.

16   "Religious Landscape Study: Racial and Ethnic Composition," Pew Research Center(2014), https://www.pewforum.org/religious-landscape-study/racial-and-ethnic-composition/; Kimberly S. Johnson, Katja Elbert-Avila, and James A. Tulsky, "The Influence of Spiritual Beliefs and Practices on the Treatment Preferences of African Americans: A Review of the Literature," Journal of the American Geriatrics Society 53, no. 4(2005): 711-19, https://doi.org/10.1111/j.1532-5415.2005.53224.x.

17   Shirley A. Hill, "Ethnicity and the Ethic of Caring in African American Families," Journal of Personal and Interpersonal Loss 2, no. 2(1996): 109-28, https://doi.org/10.1080/10811449708414410; Anne Streaty Wimberly, Honoring African American Elders: A Ministry in the Soul Community(San Francisco: Jossey-Bass,1997); Jung Kwak and William E. Haley, "Current Research Findings on End-of-Life Decision Making among Racially or Ethnically Diverse Groups," Gerontologist 45, no. 5(2005): 634-41, https://doi.org/10.1093/geront/45.5.634.

18   민간 보험의 치사 약물과 진료 비용 보장 여부는 회사에 따라 다르다. 오리건주 메디케이드 제도인 '오리건 헬스 플랜'은 치사 약물을 보장하지만, 보통 환자가 미리 돈을 치르고 차후 가족이 환급받기를 기약해야 한다. 연방 예산은 조력 사망 비용을 지원하지 않기에 연방 정부 기금으로 운용하는 메디케어 또는 제대 군인 보험은 치사 약물을 보장하지 않는다. 오리건주 존엄사법을 이용하는 환자는 대부분 예순다

섯 살 이상으로 기본 보험이 메디케어인 경우가 많은데, 이는 환자가 직접 약값을 부담해야 한다는 의미다. 환자가 처방 의사의 임종 상담과 관련해 (메디케어로라도) 보험 청구를 할 수 있거나 자원봉사 의사가 상담을 해주는 경우, 환자는 최대 5,000달러까지 진료비를 절감할 수 있다.

1 내 삶이 사라졌다

1 Susan Sontag, Illness as Metaphor and AIDS and Its Metaphors (New York: Picador, 2001), 99.

2 호스피스로는 부족하다

1 "Where Do Americans Die?" Palliative Care, Stanford School of Medicine, https://palliative.stanford.edu/home-hospice-home-care-of-the-dying-patient/where-do-americans-die/.

2 Katy Butler, The Art of Dying Well: A Practical Guide to a Good End of Life(New York: Scribner, 2019), 8.

3 미국 호스피스와 완화 의료 아카데미는 조력 사망을 두고 '신중한 중립' 입장을 채택했다. 성명 전문은 다음을 참조하라. http://aahpm.org/positions/pad.

4 David Marchese, "COVID Has Traumatized America. A Doctor Explains What We Need to Heal," New York Times, March 24, 2021, https://www.nytimes.com/interactive/2021/03/22/magazine/diane-e-meier-interview.html.

5   Jim Parker, "Lack of Palliative Care Definition Impacts Patients, Hospice Business," Hospice News, November 1, 2019, https://hospicenews.com/2019/11/01/lack-of-palliative-care-definition-impacts-patients-hospice-business/.

6   이처럼 적절한 정의를 제시해준 마이클 포타시에게 감사한다.

7   Aleccia JoNel, "Where You Live May Determine How You Die, Study Suggests," Kaiser Health News, March 15, 2017, https://www.statnews.com/2017/03/15/death-end-of-life-states/.

8   "Oregon Death with Dignity Act: 2020 Data Summary."

9   사회학자 샤이 라비는 "〔완화 진정〕 관행의 특이성은 법적·도덕적·공적 조사를 거치지 않고 제도화했다는 점에 있다"라고 지적한다.

10 1994년 대법원 판례인 '바코 대對 퀼' 사건에서 임종 시의 적극적인 통증 관리와 완화 진정을 긍정하는 이중 결과 원칙을 확인했다.

3 제한적 법률

1   이 인터뷰는 오리건보건과학대학교 구술 역사 프로그램의 일환으로 2008년 6월 4일 매튜 E. 시멕이 진행했다. 굿윈 자신도 2012년 희귀성 신경퇴행성 질환을 진단받은 후 존엄사법을 이용했다.

2   오리건 존엄사법 전문은 다음과 같다. Act: https://www.oregon.gov/oha/ph/providerpartnerresources/evaluationresearch/deathwithdignityact/Pages/ors.aspx.

3   하와이에서는 1차와 2차 구두 신청 사이에 반드시 정신건강 검사를 받고 20일의 대기 기간을 거쳐야 한다.

4   최근 빅토리아주, 웨스턴오스트레일리아주, 뉴질랜드주에서 통과된 조력 사망법은 미국 모델과 비슷하지만 허용 범위가 더 넓다. 이 법은 환자가 치사 약물을 직접 투여할 수 없거나 그럴 의사가 없는 경우 의료진이 투여하는 것을 허용한다. 또한 빅토리아주와 웨스턴오스트레일리아주 법은 시한부 12개월 이하 신경퇴행성 질환자에게 조력 사망을 허용한다.

5   Richard N. Cote, In Search of Gentle Death: The Fight for Your Right to Die with Dignity (Mt. Pleasant, SC: Corinthian Books, 2012), 243.

6   "Fourth Interim Report on Medical Assistance in Dying in Canada," Health Canada, April 2019, https://www.canada.ca/en/health-canada/services/publications/health-system-services/medical-assistance-dying-interim-report-april-2019.html.

7   Ari Gandsman, "'A Recipe for Elder Abuse:' From Sin to Risk in Anti-Euthanasia Activism," Death Studies 40, no. 9 (October 2016): 578–88, https://doi.org/10.1080/07481187.2016.1193568.

8   오리건주 존엄사법은 조력 사망 시 의료진 입회를 요구하지 않는다. 그러나 담당 의사는 법적으로 환자에게 다른 사람 입회하에 치사 약물을 복용하는 게 좋다고 조언해야 한다.

9   법적 지침이 없는 상황에서 일부 개인 병원과 자원봉사 단체는 환자가 조력 사망 전에 작성해야 하는 자체 지침서를 마련했다. 이 양식에 따르면 치사 약물이 의도한 효과를 내지 못할 가능성이 적게나마 존재한다. 이럴 때 환자는 두 가지 대처법 중 하나를 선택할 수 있다. 정신과 신체 기능이 이전 수준으로 돌아오지 않을 수 있다는 전제 아래 의

식을 회복하거나, 사망에 이르기까지 의식을 회복하지 않도록 진정제를 추가 투여하는 것이다.

4 보이지 않는 죽음

1. Caitlin Doughty, Smoke Gets in Your Eyes: And Other Lessons from the Crematory(New York: W. W. Norton, 2014), 234.

2. Gawande, Being Mortal, 8-9. 5. Caitlin Doughty, From Here to Eternity: Traveling the World to Find the Good Death(New York: W. W. Norton, 2017), 77-104.

3. Philippe Aries, "The Hour of Our Death," in Death, Mourning, and Burial, ed. Antonius C. G. M. Robben (New York: Blackwell, 2004), 47.

4. Rupert Stasch, Society of Others: Kinship and Mourning in a West Papuan Place(Berkeley: University of California Press, 2009), 208.

5. Caitlin Doughty, From Here to Eternity: Traveling the World to Find the Good Death(New York: W. W. Norton, 2017), 77-104.

6. Daniel Callahan, "Reason, Self-Determination, and Physician-Assisted Suicide," in The Case Against Assisted Suicide: For the Right to End-of-Life Care, ed. Kathleen Foley and Herbert Hendin (Baltimore: Johns Hopkins University Press, 2002), 52-68; Paul T. Schotsmans, "Relational Responsibility, and Not Only Stewardship: A Roman Catholic View on Voluntary Euthanasia for Dying and Non-Dying Patients," Christian Bioethics 9, nos. 2-3(August-December 2003): 285-98, https://doi.org/10.1076/chbi.9.2.285.30288.

7   Ian Hacking, "The Suicide Weapon," Critical Inquiry 35, no. 1(2008): 1–32, https://doi.org/10.1086/595626.

8   Marilyn Golden and Tyler Zoanni, "Killing Us Softly: The Dangers of Legalizing Assisted Suicide," Disability and Health Journal 3, no. 1 (January 2010): 16–30, https://doi.org/10.1016/j.dhjo.2009.08.006.

9   그 덕분에 생명보험 회사가 정책을 취소하는 것을 방지할 수 있었다. 설령 사망 진단서에 조력 사망을 언급하지 않더라도, 미국의 거의 모든 주에서 처방 의사는 전체 사망 사례에 관해 상세한 서류를 주정부에 제출해야 한다.

10 Peter Goodwin, interview by Matthew E. Simek, Oregon Health and Sciences University, Oral History Program, June 4, 2008.

11 John Michael Bostwick and Lewis M. Cohen, "Differentiating Suicide from Life-Ending Acts and End-of-Life Decisions: A Model Based on Chronic Kidney Disease and Dialysis," Psychosomatics 50, no.1 (January–February 2009): 1–7, https://doi.org/10.1176/appi.psy.50.1.1.

12 "Oregon Death with Dignity Act: 2020 Data Summary."

13 Lavi, Modern Art of Dying, 15.

14 아툴 가완디는 묻는다. "의학 발달로 임종하는 사람이 누구인지 확인하기 어려워진 상황에서 어떻게 임종하는 사람의 생각과 관심사를 배려할 수 있겠는가?"

6 의사의 역할

1   "Oregon Death with Dignity Act: 2020 Data Summary"; Frederic Michas,

"Number of Active Physicians in Oregon 2020, by Specialty Area," Statista, June 5, 2020.

2 Gawande, Being Mortal, 169.

3 For AMA's full statement: https://www.ama-assn.org/delivering-care/ethics/physician-assisted-suicide.

4 Giza Lopes, Dying with Dignity: A Legal Approach to Assisted Death (Santa Barbara: Praeger, 2015), 78–80.

5 Nicholas A. Christakis, Death Foretold: Prophecy and Prognosis in Medical Care(Chicago: University of Chicago Press, 1999), xv.

6 Christakis, Death Foretold, xii.

7 Paul Glare et al., "A Systematic Review of Physicians' Survival Predictions in Terminally Ill Cancer Patients," British Medical Journal 327, no. 7408(July 2003):195–98, https://doi.org/10.1136/bmj.327.7408.195.

8 "Oregon Death with Dignity Act: 2020 Data Summary."

9 사람들은 정신장애에 따른 고통 외에도 직장에서의 해고, 공공연한 스캔들, 짝사랑 등 다양한 이유로 극심한 절망에 빠져 자살할 수 있다.

10 "Oregon Death with Dignity Act: 2020 Data Summary."

7 임종 과학

1 "Oregon Death with Dignity Act: 2020 Data Summary."

2 "Oregon Death with Dignity Act: 2020 Data Summary."

3 "Oregon Death with Dignity Act: 2020 Data Summary."

4 Robert Desjarlais, Subject to Death: Life and Loss in a Buddhist World

(Chicago: University of Chicago Press, 2016); Scott Stonington, The Spirit Ambulance: Choreographing the End of Life in Thailand(Berkeley: University of California Press, 2020).

8 가족 문제

1. Talal Asad, Formations of the Secular: Christianity, Islam, and Modernity (Palo Alto: Stanford University Press, 2003), 82.

9 자유로이 날아가다

1. "Oregon Death with Dignity Act: 2020 Data Summary."
2. Christina Nicolaidis, "My Mother's Choice," Journal of the American Medical Association 296, no. 8(2006): 907–8, https://doi.org/10.1001/jama.296.8.907.

10 건너가다

1. Desjarlais, Subject to Death, 50.
2. Vicky Bach, Jenny Ploeg, and Margaret Black, "Nursing Roles in End-of-Life Decision Making in Critical Care Settings," Western Journal of Nursing Research 31, no. 4(June 2009): 496–512, https://doi.org/10.1177/0193945908331178.

11 슬픔 속에 함께하다

1. Deborah Schwing and Leslie Dennett, "Grief Outcomes in Medical Aid in

Dying," conference paper presented at the National Clinicians Conference on Medical Aid in Dying, Berkeley, California, February 15, 2020.

2   Linda Ganzini et al., "Mental Health Outcomes of Family Members of Oregonians Who Request Physician Aid in Dying," Journal of Pain and Symptom Management 38, no. 6(December 2009): 807–15, https://doi.org/10.1016/j.jpainsymman.2009.04.026.

3   Desjarlais, Subject to Death, 115.

4   Maurice Bloch, "Death, Women, and Power," in Death and the Regeneration of Life, ed. Maurice Bloch and Jonathan Parry(Cambridge: Cambridge University Press, 1982), 211–30.

12 새로운 영역

1   Oregon HB 2232, Oregon Legislative Assembly–2019 Regular Session, https://legiscan.com/OR/text/HB2232/id/1843939.

2   Mark Mather, Paola Scommegna, and Lillian Kilduff, "Fact Sheet: Aging in the United States," Population Bulletin 70, no. 2(July 15, 2019), https://www.prb.org/aging-unitedstates-fact-sheet/.

3   Christine Colby, "These Women Want You to Have a Better Death," Bust, August 4,2017, https://bust.com/feminism/193265-death-positive-movement.html.

4   Eleanor Cummins, "Why Millennials Are the 'Death Positive' Generation," Vox, January 22, 2020, https://www.vox.com/the-highlight/2020/1/15/21059189/death-millennials-funeral-planning-cremation-green-

positive; Dan Kadlec, "A Good Death: How Boomers Will Change the World a Final Time," Time, August 14, 2013, https://business.time.com/2013/08/14/a-good-death-how-boomers-will-change-the-world-a-final-time/.

5   John Leland, "The Positive Death Movement Comes to Life," New York Times, June 22, 2018, https://www.nytimes.com/2018/06/22/nyregion/the-positive-death-movement-comes-to-life.html.

6   Barbara Ehrenreich, Natural Causes: Life, Death, and the Illusion of Control (New York: Twelve, 2018), xiii.

내가 죽는 날

1판 1쇄 인쇄 2025년 7월 14일
1판 1쇄 발행 2025년 7월 24일

지은이	애니타 해닉
옮긴이	신소희
발행처	(주)수오서재
발행인	황은희, 장건태
책임편집	마선영
편집	최민화, 박세연
마케팅	황혜란, 안혜인
디자인	피포엘
제작	제이오
주소	경기도 파주시 돌곶이길 170-2 (10883)
등록	2018년 10월 4일(제406-2018-000114호)
전화	031)955-9790
팩스	031)946-9796
전자우편	info@suobooks.com
홈페이지	www.suobooks.com
ISBN	979-11-93238-72-1 03330 책값은 뒤표지에 있습니다.

이 책은 저작권법에 따라 보호받는 저작물이므로 무단전재와 복제를 금합니다.
이 책 내용의 전부 또는 일부를 사용하려면 반드시 저작권자와 수오서재에게
서면동의를 받아야 합니다.

도서출판 수오서재守吾書齋는 내 마음의 중심을 지키는 책을 펴냅니다.